MUSÉE

DE

PEINTURE ET DE SCULPTURE,

OU

RECUEIL

DES PRINCIPAUX TABLEAUX,

STATUES ET BAS-RELIEFS

DES COLLECTIONS PUBLIQUES ET PARTICULIÈRES DE L'EUROPE,

DESSINÉ ET GRAVÉ A L'EAU FORTE

PAR RÉVEIL,

AVEC DES NOTICES DESCRIPTIVES, CRITIQUES ET HISTORIQUES,

PAR DUCHESNE AINÉ.

———

VOLUME IV.

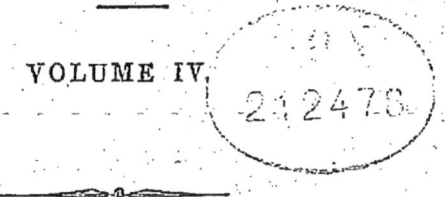

———◆———

PARIS.

AUDOT, ÉDITEUR,

RUE DES MAÇONS-SORBONNE, Nº 11.

———

1829.

PARIS. — DE L'IMPRIMERIE DE RIGNOUX,
Rue des Francs-Bourgeois-Saint-Michel, n° 8.

MUSEUM

OF

PAINTING AND SCULPTURE,

OR

COLLECTION

OF THE PRINCIPAL PICTURES,

STATUES AND BAS-RELIEFS

IN THE PUBLIC AND PRIVATE GALLERIES OF EUROPE,

DRAWN AND ETCHED

BY RÉVEIL:

WITH DESCRIPTIVE, CRITICAL, AND HISTORICAL NOTICES

BY DUCHESNE Senior.

———

VOLUME IV.

———

LONDON:

TO BE HAD AT THE PRINCIPAL BOOKSELLERS

AND PRINTSHOPS.

———

1829.

PARIS : PRINTED BY RIGNOUX,
8, Francs-Bourgeois-S.-Michel's Street.

NOTICE

SUR

JEAN-ANTOINE LICINIO CORTICELLI,

DIT REGILLO ET PORDENONE.

Jean-Antoine Licinio Corticelli naquit à Pordenone en 1484. On ne sait quel fut son maître ; mais on croit qu'à Udine il étudia les ouvrages de Pellegrino, et à Venise ceux de George Barbarelli.

Il n'est pas d'artiste dont les noms aient varié autant que les siens. On assure qu'un frère, avec lequel il était fortement en discorde, lui tira un jour un coup de fusil, et cet assassinat ayant apparemment causé une condamnation, il quitta le nom de Licinio, pour prendre celui de Regillo, sous lequel il est quelquefois désigné; mais, suivant un usage assez ordinaire à cette époque, il porta plus fréquemment encore le nom de Pordenone, sa ville natale.

Pordenone acquit à Venise une telle réputation, qu'il fut même regardé comme un rival dangereux pour Titien, et Vasari, qui ordinairement ne loue que les artistes toscans, dit que Pordenone surpassait tous ses devanciers dans la composition, le dessin et le coloris.

La plupart de ses travaux sont des peintures à fresques, qui se voient aux environs de Venise et dans le Frioul. L'empereur Charles-Quint donna à Pordenone le titre de chevalier, et le duc de Ferrarre, Hercule II, le fit venir à sa cour; mais il mourut en 1540 peu de jours après son arrivée, ce qui a fait penser que peut-être il avait été empoisonné.

NOTICE

OF

JEAN ANTOINE LICINIO CORTICELLI,
ALIAS REGILLO AND PORDENONE.

Jean-Antoine Licinio Corticelli was born at Pordenone in 1484. It is not known who was his master; but it is thought that he observed at Udine the works of Pellegrino, and at Venice those of George Barbarelli.

There is not an artist who had so often his names altered; it is asserted that a brother, with whom he was at variance, shot at him one day with a gun, and this attempted assassination having in all likelihood caused a condemnation, he left off the name of Licinio for that one of Regillo, by which he is sometimes designed, but according to an ordinary use at that time, he more frequently went by that of Pordenone his native town.

Pordenone acquired at Venice such a high fame, that he was even looked upon as a dangerous rival to Titien, and Vasari who generally praises only the toscan artists, says that Pordenone excelled all those before him, altogether in the drawing, composition and coloring.

Most of his works are fresco paintings which are to be met with in the environs of Venice and in the Frioul. The emperor Charles V conferred on Pordenone the title of a Knight, and the Duke de Ferrarre Hercule II called him to his court; but he died in 1540, a few days after his arrival, which prompted some to think he had been poisoned.

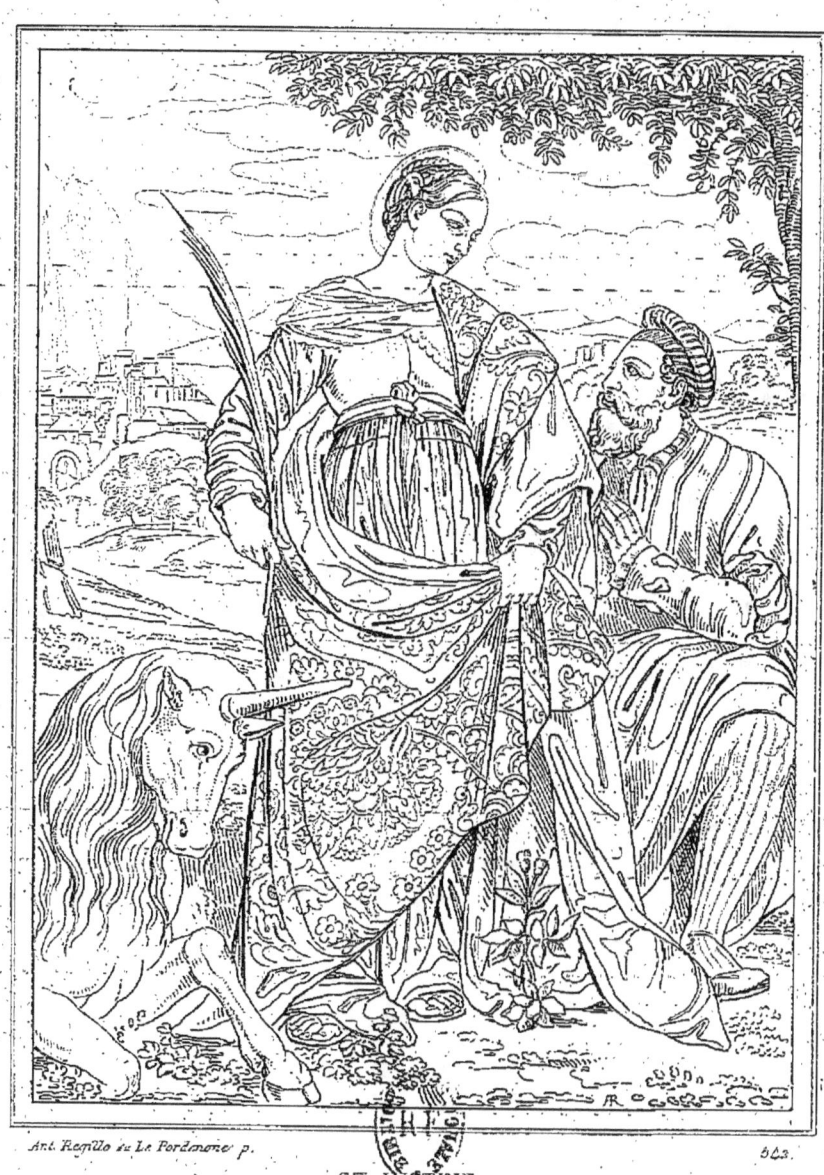

Ant. Regillo de Le Pordenone p.

S⁺ᵉ JUSTINE.

543.

SAINTE JUSTINE.

Ce tableau est de ceux auxquels on donne le nom d'*ex-voto*, comme ayant été commandé par une personne, en souvenir d'un vœu qu'elle avait formé, dans l'espoir d'obtenir une faveur céleste.

Un homme d'une belle physionomie, que plusieurs personnes ont cru être Alphonse Ier. duc de Ferrare, est à genoux les mains jointes; il adresse une prière à une sainte, reconnue pour être sainte Justine, patrone de Padoue, et aussi de la république de Venise, qui la révère avec saint Marc. La ville que l'on voit dans le fond à droite, est celle de Pordenone, où naquit le peintre, Jean-Antoine Regillo, souvent désigné sous le nom de sa ville natale.

C'est dans la galerie de Vienne, que se trouve cet admirable tableau qui est peint sur bois; il est resté long-temps inconnu et mérite cependant d'être cité comme un des chefs-d'œuvre du maître. Le dessin en est noble, ferme et facile, Pordenone a évité les racourcis, qu'il a trop habituellement employés, et qui, quoique bien rendus, ne font pas un bon effet quand ils sont multipliés sans nécessité. Le coloris est vigoureux et rappelle le talent de Giorgion son maître. Le costume est celui du temps où vivait l'artiste.

Berger publia à Berlin une gravure de ce tableau; mais elle n'en rend ni l'esprit, ni le ton; il existe une autre gravure par J. Axmann, et une par Martin Frey.

Haut., 6 pieds 3 pouces; larg., 4 pieds 5 pouces.

542.

S^t. JUSTINE.

This picture is one of those to which the epithet *Votive* is applied, as having been ordered by some individual in remembrance of a vow offered, to obtain a favour from heaven.

A man with a handsome countenance, whom several persons believe to be Alphonso I, Duke of Ferrara, is kneeling with his hands clasped : he addresses his prayer to a female Saint, known to be St. Justine, the patroness of Padua, and also of the city of Venice, which reveres her together with St. Mark. The city seen to the right, in the back-ground, is Pordenone, where the painter Giovanni Antonio Regillo was born, and who is often mentioned by the name of his native town.

This admirable picture, which is painted on wood, is in the Gallery of Vienna : it remained a long time unknown and yet it deserves to be mentioned as one of the masterpieces by that painter. The design is noble, firm, and flowing. Pordenone has avoided those foreshortenings, which he too often employed, and, though well expressed, have not a good effect, when repeated uselessly. The colouring is vigorous, and recals the talent of Giorgione, his master. The costume is that of the time in which the artist lived.

Berger published at Berlin an engraving of it which gives, neither the spirit, nor tone, of the original picture : there exists another by J. Axmann, and one also, by Martin Frey.

Height, 6 feet 7 inches; width, 4 feet 8 inches.

542.

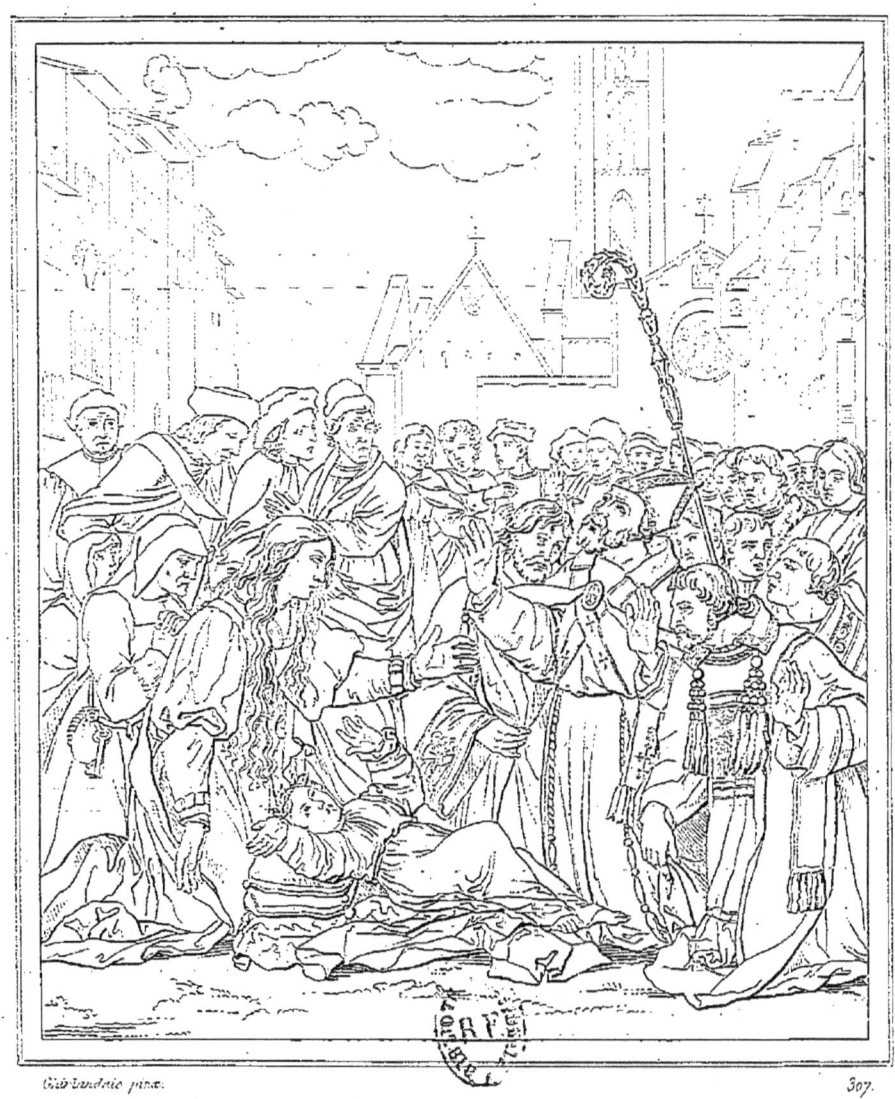

Ghirlandaic pinx.   307.

ST ZANOBE RESSUSCITANT UN ENFANT.

SAINT ZANOBE

RESSUSCITANT UN ENFANT.

Les circonstances de la vie de saint Zanobe sont peu connues, parce que les annales où on aurait pu trouver quelques détails relatifs à son histoire périrent dans l'incendie qui consuma une partie des archives de l'église de Florence dans le xie siècle; cependant on sait que ce saint évêque vivait à la fin du ive siècle, et qu'il se fit remarquer par sa grande piété. On raconte aussi qu'une dame française, allant à Rome, laissa son fils malade à Florence, et qu'elle le confia aux soins de l'évêque de cette ville. Ce jeune homme étant mort, le saint prélat le fit déposer sur la place publique, et tourna processionnellement avec le clergé autour de ce corps inanimé; puis, étant à genoux, il invoqua la bonté céleste avec tant de larmes et une foi si grande, que Dieu écouta sa prière et l'exauça en rappelant le jeune homme à la vie.

Ce tableau, de Ridolphe Ghirlandaïo, est remarquable par la vigueur du coloris, qui cependant est un peu brun dans les chairs; il est également digne d'attention à cause de la variété et de la beauté des expressions. La tête de saint Zanobe est pleine de ferveur, elle indique parfaitement son extrême confiance en Dieu.

Haut., 5 pieds 10 pouces; larg., 5 pieds 2 pouces.

❧⋅⋅❧

Sᴛ. ZANOBI

RAISING A CHILD.

The circumstances of St. Zanobi's life are little known, be-cause the documents, where any details respecting his history might have been found, were destroyed in the fire, which, in the eleventh century, consumed a part of the archives of the church of Florence. Nevertheless it is known that this holy Bishop lived at the end of the fourth century, and was remark-able for his great piety. It is also related that a French lady, on her way to Rome, left at Florence her son, who was ill; and entrusted him to the care of the Bishop of that town. The young man being dead, the holy prelate, caused him to be placed in the public square, and, with the clergy, turned in procession around the corpse: then on his knees, he invoked the heavenly power with so many tears, and so ardent a faith, that God listened to his prayer and granted it, by returning the young man to life.

This picture, by Ridolfi Ghirlandaio, is remarkable for its bold colouring, which, however, is rather dusky in the carna-tions: it is also admirable for the variety and beauty of the different expressions. The countenance of St. Zanobi is full of fervour; it indicates his perfect confidence in God.

Height, 6 feet 2 ½ inches; width, 5 feet 6 inches.

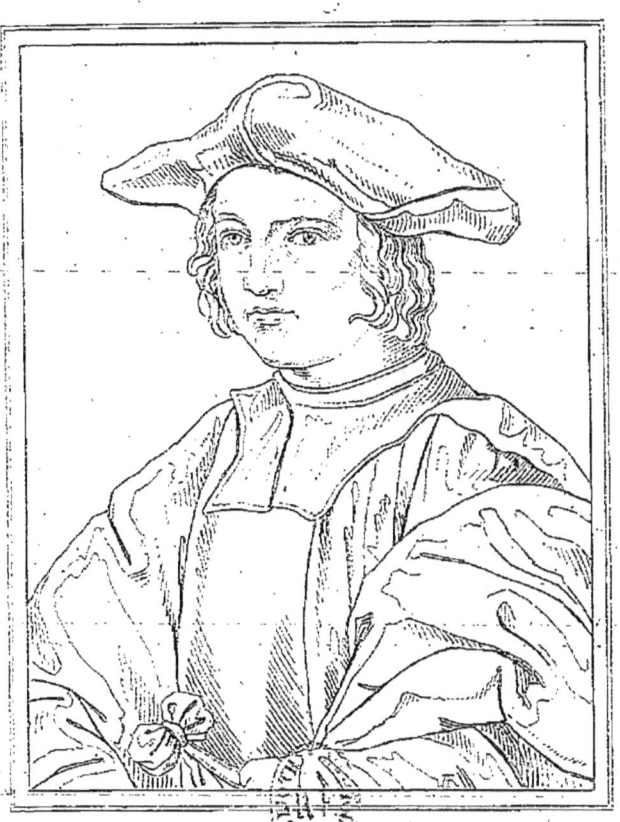

ANDRÉ VANUCCI DIT ANDRÉ DEL SARTE.

XXXV

NOTICE

HISTORIQUE ET CRITIQUE

SUR

ANDRÉ VANUCCI,

DIT ANDRÉ DEL SARTE.

PARMI les premiers peintres de l'école florentine, on doit mentionner d'une manière particulière André Vanucci, né à Florence, en 1488, et ordinairement nommé André *del Sarto,* parce qu'il était fils d'un tailleur. Placé d'abord chez un orfévre, le jeune André s'aperçut que la peinture lui offrait plus d'attrait que la ciselure; il abandonna son premier maître pour entrer chez Jean Barille, peintre médiocre, qu'il quitta bientôt aussi pour suivre l'école de Pierre del Cosimo, bon coloriste, mais qui manquait de talent pour la composition et le dessin. André cependant n'en devint pas moins habile; il se mit à copier avec soin les ouvrages de Michel-Ange et de Léonard, ainsi que les grandes fresques de Masaccio et de Ghirlandajo. Il alla ensuite à Rome, et s'y perfectionna encore par la vue des sublimes travaux de Raphaël.

Le premier ouvrage dont André fut chargé, à Florence, est une histoire de saint Jean-Baptiste, qu'il peignit en camaïeux, dans le cloître de la confrérie *del Scalzo.* Ces douze compositions ne furent pas faites à la même époque. En les examinant il est facile de se convaincre combien le peintre acqué-

raît de talent par le travail et l'étude. On peut y voir aussi
qu'André avait vu des compositions d'Albert Durer, et qu'il
cherchait à imiter les figures et la manière de draper de cet
habile peintre.

André Vanucci fut aussi chargé en même temps de peindre,
dans le cloître inférieur des frères Servites de l'Annonciade,
une suite de tableaux représentant différentes scènes de la
vie de saint Philippe de Benizzi. Ces peintures sont extrêmement gracieuses : on trouve encore plus de beautés dans deux
tableaux du même peintre, représentant l'Épiphanie et la
Naissance de la Vierge. Mais celui qui fit le plus grand honneur à André est une Sainte Famille, ou plutôt un Repos en
Égypte, peint au-dessus d'une des portes du grand cloître.
Cette composition, souvent désignée sous le nom de la *Madone
del Sacco*, est aussi terminée que si elle eût été destinée à orner
un cabinet de tableaux. Elle est très-connue par la belle gravure qu'en a donnée Raphaël Morghen. Nous avons eu l'occasion d'en parler dans ce recueil, sous le n°. 619. Quelques
personnes prétendent que le sac, sur lequel s'appuie saint Joseph a été mis par le peintre pour rappeler que les religieux
du couvent lui avaient donné un sac de blé en paiement de son
tableau ; mais, si l'on doit croire cette anecdote, il est bien
permis de douter, que le peintre ait voulu exercer une espèce
de vengeance contre ceux qui étaient ses bienfaiteurs.

Les connaisseurs se disputèrent bientôt les productions
d'André Vanucci, pour orner les églises et les palais ; les
marchands transportèrent ses tableaux de chevalet dans les
pays étrangers, et surtout en France. Le roi, protecteur
éclairé des sciences et des arts, ayant vu un Christ mort, entouré d'anges qui le soutiennent, et dont la douleur est parfaitement exprimée, il désira exercer les talens du peintre
florentin, l'appela à sa cour et le chargea d'abord de faire
le portrait du jeune dauphin. Il peignit ensuite ce magnifique
tableau de la Charité, donné précédemment sous le n°. 655.

Tandis que Vanucci était à Florence, il avait épousé une jeune veuve qu'il aimait depuis long-temps, mais dont le caractère ne répondait pas à la beauté. Son peu de fortune l'avait engagé à la quitter pour venir à Fontainebleau, où il espérait que ses travaux seraient mieux payés qu'en Italie. Mais une telle séparation lui fit bientôt éprouver des regrets : il demanda et obtint la permission de retourner chercher sa femme, avant même d'avoir terminé un saint Jérôme, qu'il peignait pour la duchesse d'Angoulême, mère du roi.

Le peintre offrit de mettre à profit son voyage, en achetant pour le roi des statues et des tableaux ; en conséquence il reçut une somme considérable. Mais, à peine arrivé à Florence, il ne pensa plus qu'à se divertir, et, cédant aux sollicitations de sa femme, il la laissa dépenser en plaisirs l'argent qu'il avait reçu pour faire des acquisitions. André ne tarda pas à sentir sa faute ; il voulut recourir à la clémence du roi, mais malgré ses efforts il ne put rentrer en grâce, et se vit privé de l'espoir d'une fortune dont il avait cru apercevoir la jouissance en France.

Cette faute lui causa beaucoup de chagrin, et depuis il mena une pénible existence, jusqu'au moment où il succomba, atteint d'une maladie contagieuse qui désolait Florence. Il mourut en 1530, âgé de 42 ans, abandonné de cette même femme qui n'avait cessé de contribuer au malheur de sa vie.

Sans avoir égalé Raphaël et le Corrège, André s'est fait remarquer comme dessinateur et comme coloriste ; on lui a pourtant reproché des teintes généralement trop rouges. Ses têtes sont remplies d'expression et de sentiment ; on trouve cependant trop de ressemblance dans ses têtes de Vierge, parce qu'il les a faites presque toutes d'après celle de sa femme, Lucrèce del Fede. Avec tant de talent pour tirer de son propre fonds, André sut aussi s'astreindre à imiter. Il le fit avec une perfection si extraordinaire, qu'ayant fait pour le duc de Mantoue une copie du portrait de Léon X, par Raphaël ; cette copie fut considérée comme l'original, par Jules Romain lui-même, qui y avait travaillé sous les yeux de son maître.

Parmi les élèves d'André Vanucci, on remarque Jacques Pontorme, François Salviati et George Vasari, peintre moins connu par ses tableaux que par les écrits qu'il a laissés sur les artistes italiens.

HISTORICAL AND CRITICAL

NOTICE

OF

ANDREA VANUCCI.

CALLED DEL SARTO.

———

Among the most distinguished Florentine painters, should be mentioned Andrea Vanucci, commonly called Del Sarto ; who was born at Florence in 1488, and surnamed Del Sarto, from his being the son of a tailor.

This great artist was first apprenticed to a goldsmith, but preferring the art of painting to that of chasing, he left his master, and engaged in the service of an obscure painter, named Giovanni Barile ; whom he also abandoned, and entered the school of Pietro di Cosimo, a skilful colourist, but wanting in the talent of composition and design. — But notwithstanding these disadvantages, Del Sarto became profoundly versed in his profession ; and to form his taste, he copied with care the pictures of Leonardo da Vinci and Michel Angelo ; together with the frescoes of Masaccio and Ghirlandaio ; and afterwards perfected himself at Rome, by studying the sublime works of Raffaelle.

Del Sarto's first undertaking Florence, was a History of St. John the Baptist, in twelve camaïeu compositions in the cloister of the fraternity *del Scalzo*. These pieces were executed at different periods, and, on attentive examination, shew the progress of his talent, as well as his acquaintance with the works of Albert Durer, whose figures and drapery he has imitated.

He was at the same time engaged in painting, in the lower cloister of the *Serviti dell' Annunciata*, a series of pictures representing the life of St. John de Benizzi. These graceful compositions reflect his genius; yet are eclipsed by an Epiphany and a Birth of the Virgin, which he executed for the fraternity. But the work from which he derived the greatest reputation, was the Holy Family, or rather the Abode in Egypt; which he painted over one of the gates of the grand cloister of this convent. This celebrated frescoe, which is commonly designated by the title of the *Madonna del Sacco*, and which is generally known by Raphael Morghen's beautiful engraving, is finished with all the care of a painting destined for the cabinet : is noticed in this work, n°. 619. It has been pretended that the sack on which St. Joseph leans, was introduced by del Sarto, to commemorate his having received a sack of corn, in payment for his picture ; but if the truth of the anecdote be admitted, it may still be questioned whether his intention was to stigmatise a fraternity who were his benefactors.

Del Sarto's large compositions were soon disputed by connoisseurs, to adorn churches and palaces; and his easel pictures were carried, by dealers, to foreign countries, and especially to France. Francis I., an enlightened patron of the arts and sciences, having seen a Dead Christ of his, supported, by Angels in whose countenances grief was strikingly expressed, was desirous of employing him, and invited him to his court. On his arrival at Fontainebleau, he was first engaged to paint the portrait of the young Dauphin, and afterwards executed the magnificent picture of Charity, which we have seen n°.

Before leaving Florence, del Sarto had married a young widow, named Lucrezia del Fede, to whom he had long been attached, but the graces of whose character by no means corresponded to the beauty of her person. The scantiness of his fortune obliged him to leave her and seek resources in France; where he hoped to be better rewarded for his labours than in Italy. But the separation becoming insupportable to him, he obtained permission to return in quest of his wife; and set out without waiting to finish a St. Jerome, which he was painting for the Duchess d'Angoulême, the King's mother.

At his departure he offered to improve the opportunity of this journey, to collect statues and pictures for the King; and considerable sums were entrusted to him for that object. But when once in Florence, he thought only of enjoying himself, and suffered his wife to expend in pleasure the money destined for his purchases. He soon became conscious of his fault, and had recourse to the King's clemency; but his efforts to retrieve the royal favour were vain; and thus vanished the hopes of a fortune which he had begun to enjoy by anticipation in France.

This misconduct was a source of lasting chagrin to del Sarto, and the remainder of his life was bound in shallows and distresses, « till the moment when he fell a victim to the contagious desease that wasted Florence in 1530. He died at the age of 42. abandoned by the woman who had been unceasingly the scourge of his existence.

Without equalling Raffaelle and Coreggio, del Sarto holds an eminent rank both as a designer and a colourist; though he is sometimes reproached for the prevailing redness of his tints. His heads are characterised by powerful expression; yet too close a resemblance is remarked in those of his Madonnas, which arose from their being mostly the portraits of his wife. With such splendid talents for original production, this great artist could submit to the constraint of copying; and so perfect were his imitations, that a copy of Raffaelle's portrait of Leo X., made by him for the Duke of Mantua, was taken by Giulio Romano for the original, at which he had himself worked under the eyes of his master.

Among Andrea del Sarto's pupils are remarked Giacomo Pontormo, Francesco Salviati, and Giorgio Vasari; the last of whom is better known by his writings on the Italian Artists, than by his pictures.

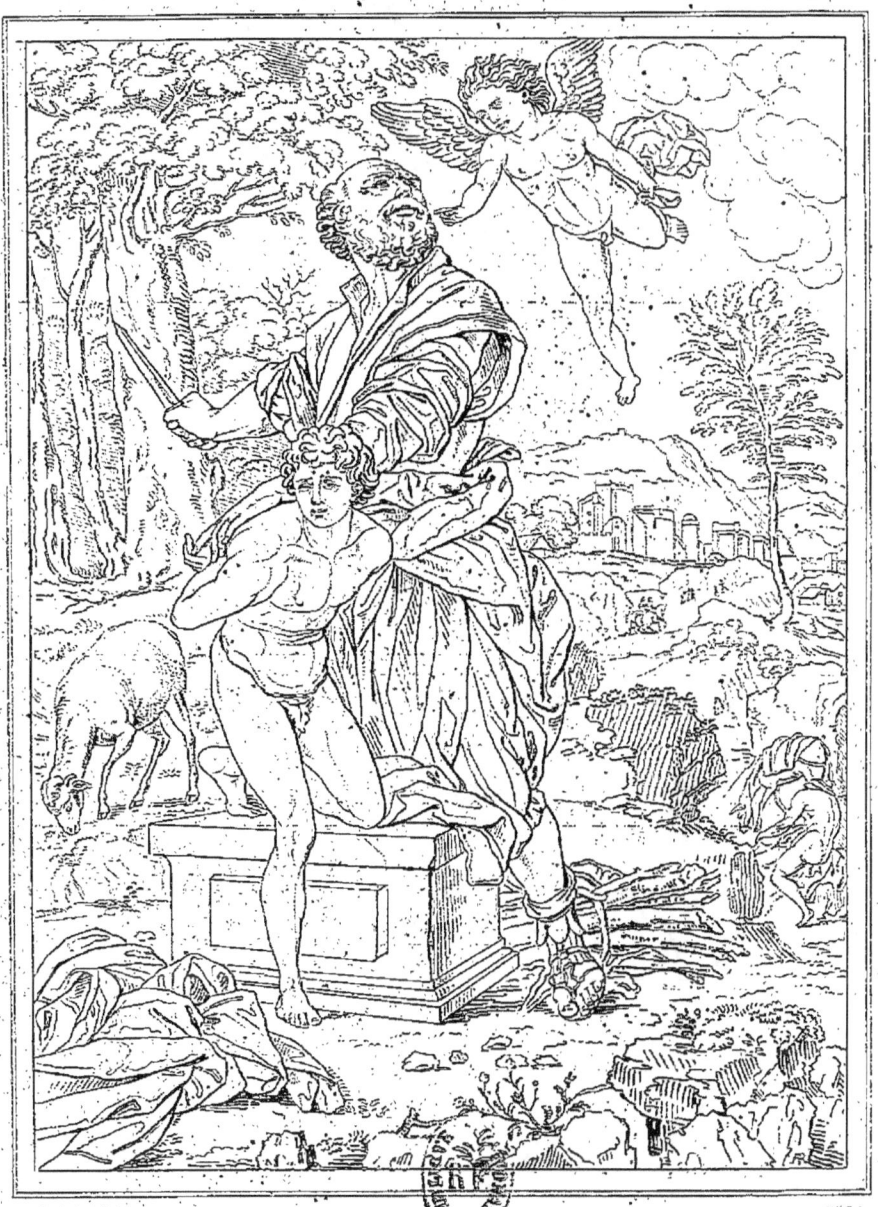

356.

SACRIFICE D'ABRAHAM.

SACRIFICE D'ABRAHAM.

Les détails historiques relatifs à l'histoire d'Abraham ont été donnés lorsque nous avons eu à traiter le même sujet, sous le n° 302. Cette composition offre plus de noblesse que celle de Rembrandt, mais la tête d'Abraham est d'une bien plus belle expression dans le tableau du peintre hollandais. C'est une singulière inconséquence, difficile à pardonner au peintre florentin, d'avoir placé un autel grec dans un sujet qui se passait en Palestine, deux mille ans avant Jésus-Christ.

Le peintre André Vanucci, plus connu sous le nom d'André del Sarte, en faisant ce tableau, avait l'intention de l'offrir au roi François Ier, afin de regagner les bonnes grâces du monarque, qu'il avait mécontenté en dépensant pour ses plaisirs l'argent qui lui avait été confié pour acheter des tableaux de prix. Mais le roi ne voulut pas pardonner au peintre son infidélité, et il refusa le tableau, qui fut acheté par don Alphonse d'Avalos, marquis del Vasto. Le duc de Modène en fit ensuite l'acquisition, et il vint depuis à Dresde, lorsque ce prince vendit toute sa collection à l'électeur Frédéric-Auguste, roi de Pologne. C'est à tort que Terhove a prétendu que ce tableau avait appartenu au prince d'Orange.

Le Sacrifice d'Abraham est peint sur bois; il a été gravé par Louis Surugue.

Haut., 7 pieds 7 pouces; larg., 5 pieds 8 pouces.

≫·꙰·≪

ABRAHAM'S SACRIFICE.

The historical particulars relative to Abraham's history were given, when we before had (n° 302) the same subject to describe. This composition presents more grandeur than Rembrandt's; but in the picture of the Dutch artist, the head of Abraham offers a much finer expression. It is a singular incoherence, and almost unpardonable, in the Florentine painter, to have placed a greek altar, in a scene, which occurred in Palestine, two thousand years before Jesus Christ.

Andrea Vanucci, better known by the name of Andrea del Sarto, intended, when painting this picture, to present it to Francis I, in order to regain the good graces of that monarch, whom he had irritated, by spending, in his own pleasures, the money which had been entrusted to him for the purchasing of some valuable pictures. But the king would not forgive the artist's want of fidelity, and refused the picture, which was bought by don Alfonso d'Avalos, marquis del Vasto. The duke of Modena purchased it afterwards; and it subsequently came to Dresden, when the prince sold the whole of his collection to the elector Frederic Augustus, king of Poland. Terhove is in an error, to have advanced that this picture had belonged to the prince of Orange.

Abraham's Sacrifice is painted on wood: it has been engraved by Louis Surugue.

Height, 8 feet $\frac{2}{3}$ inch; width, 6 feet.

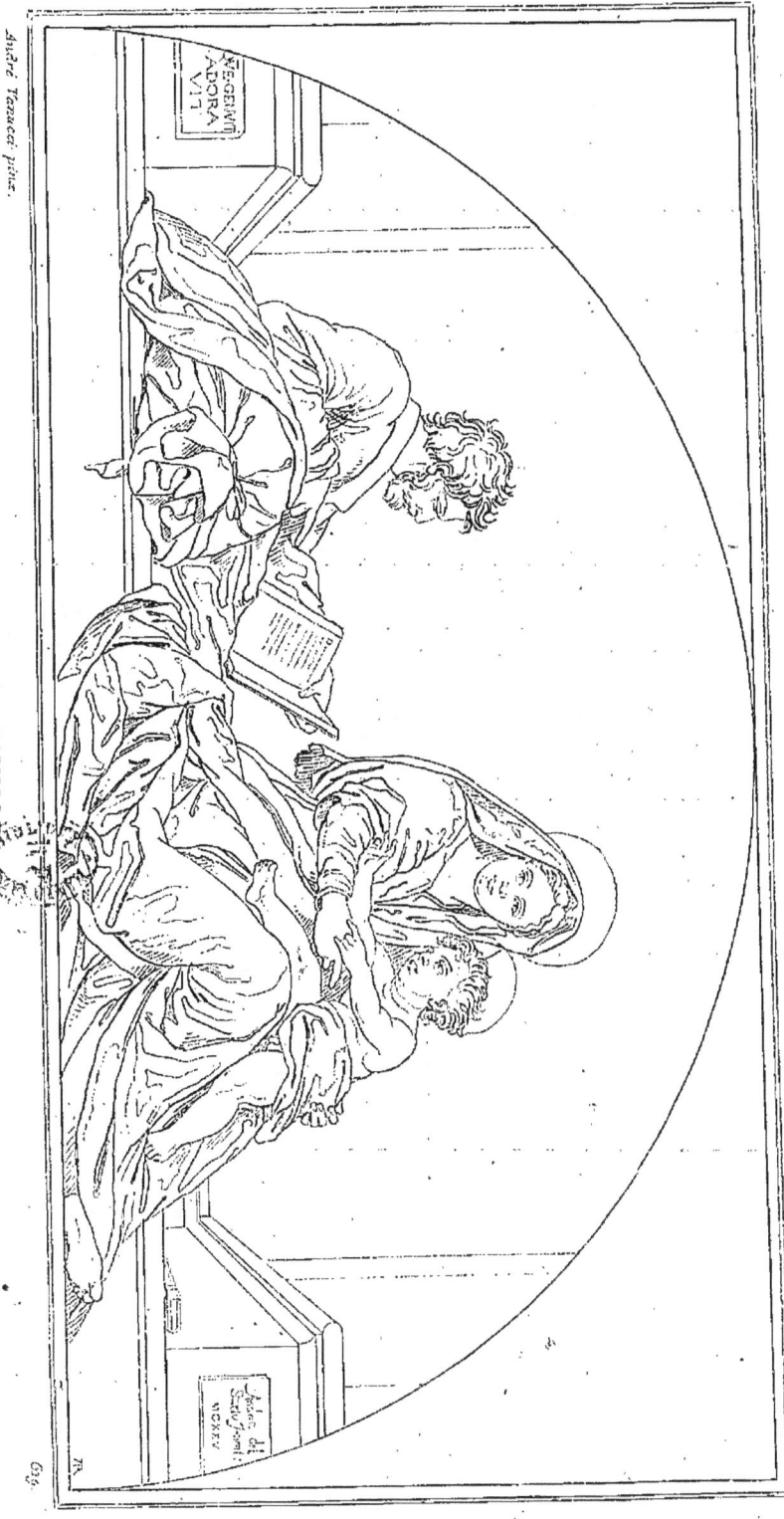

André Tarnca pinx.

Sᵗᵉ FAMILLE

NE GENVI
ADORA
VIT

S^{TE}. FAMILLE,

DITE

LA VIERGE AU SAC.

En laissant à cette composition le titre de Sainte Famille qu'elle porte ordinairement, nous pensons cependant qu'elle devrait être classée parmi les Repos en Égypte, à cause de l'action de saint Joseph, qui, occupé à lire, est accôté sur un sac de voyage. C'est de là qu'est venu le sobriquet de la *Vierge au sac*, sous lequel on désigne souvent ce tableau.

André Vanucci, habituellement nommé André del Sarte, parce qu'il était fils d'un tailleur, a peint, en 1525, cette belle et noble composition pour décorer le cloître des pères Servites, à Florence. C'est un des meilleurs ouvrages du maître; on ne peut rien imaginer, dit Richardson, qui frappe davantage, qui ait plus de vivacité, de grâce et de beauté. La peinture est très-bien conservée. Raphaël Morghen a fait, d'après ce tableau, en 1795, une gravure fort estimée, et qui rend parfaitement bien le tableau original.

Larg., 10 pieds; haut., 5 pieds.

THE HOLY FAMILY,

CALLED,

LA VIERGE AU SAC.

Although we have preserved to this picture the title of the Holy Family, still we think that it ought to be classed among the Riposos in Egypt, because of the incident of St. Joseph, who, resting on a travelling bag, is busied in reading. Thence has come its bye-name of the *Vierge au sac,* under which this painting is often mentioned.

Andrea Vanucci, generally called Andrea del Sarto, from the circumstance of his being the son of a tailor, did, in 1573, this beautiful and grand composition to adorn the monastery of the *Padri Serviti,* at Florence. It is one of that master's best works. Nothing, says Richardson, can be conceived more striking, having more life, gracefulness, and beauty. This painting is in very good preservation. Raphael Morghen gave, in 1795, a highly esteemed engraving from this picture, perfectly rendering the original.

Width 10 feet 7 inches? height 5 feet 3 inches?

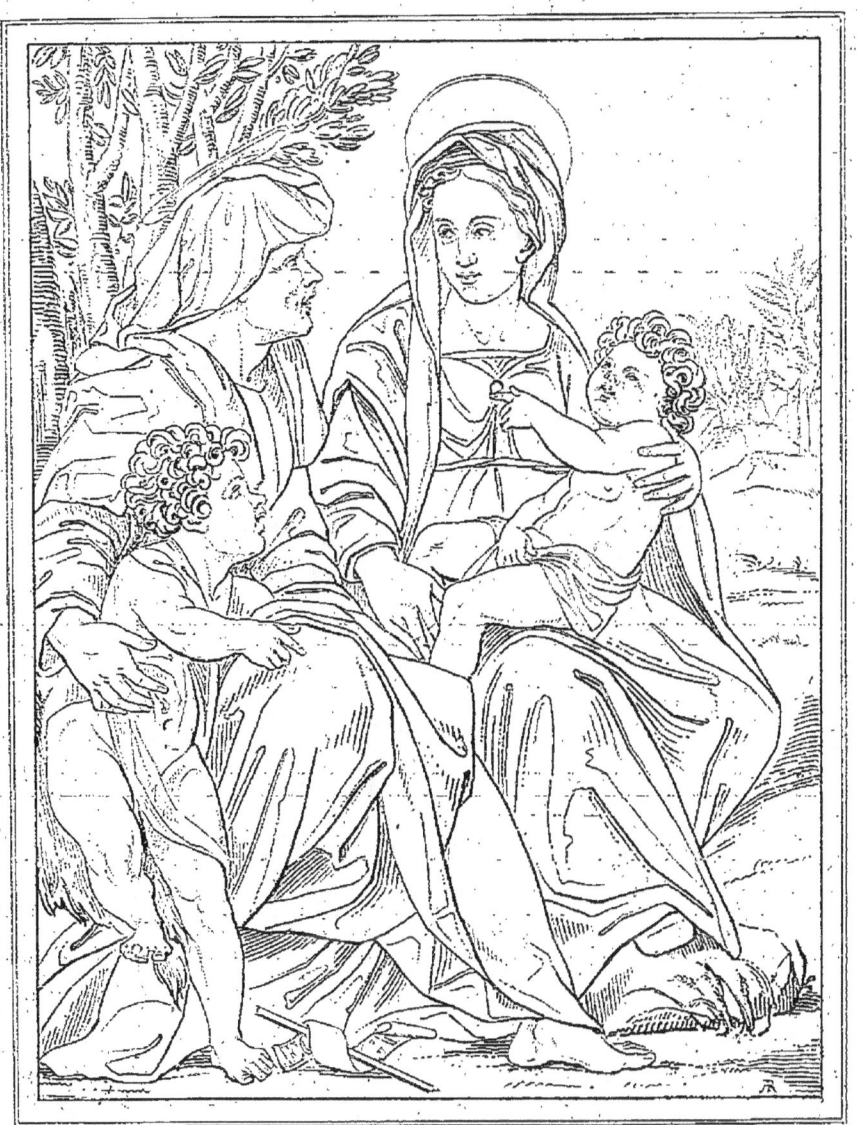

André del Sarte.　　　　　　　　　　　　　254.

SAINTE FAMILLE.

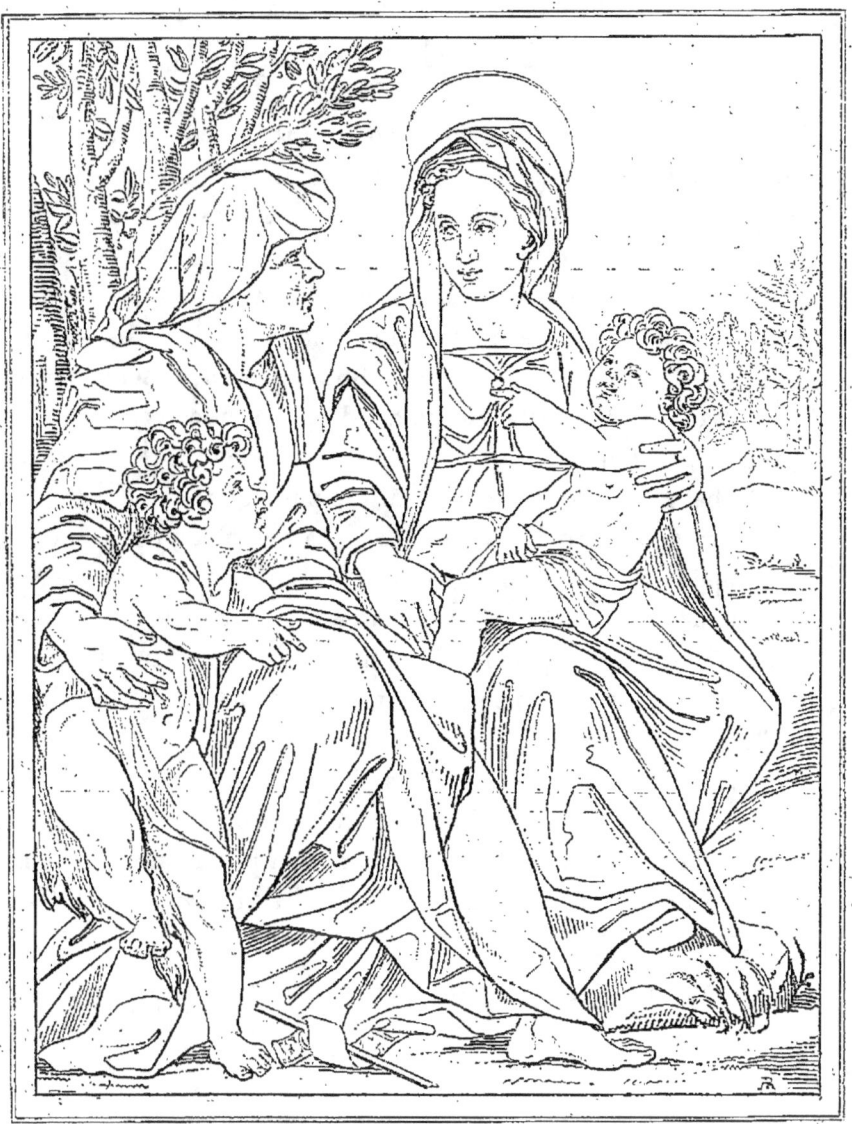

André del Sarte.   254.

SAINTE FAMILLE.

SAINTE FAMILLE.

Les tableaux d'André del Sarte sont tellement rares, que peu de cabinets en possèdent, et celui que nous donnons ici est des plus remarquables sous le rapport de l'expression, sous celui de la couleur, ainsi que par le soin avec lequel toutes les parties sont étudiées, et par la facilité de son exécution. La composition est charmante, et pourtant elle ne ressemble à aucune des Saintes Familles qui ont été publiées précédemment dans cet ouvrage; la tête de la Vierge est d'une grande beauté, et contraste merveilleusement avec les traits caractérisés de la vieille Élisabeth. Les deux enfans sont pleins de grace; l'air de satisfaction avec lequel le petit saint Jean contemple le Sauveur n'empêche pas de remarquer aussi la déférence qu'il a pour celui dont il n'est que le précurseur. La beauté de sa figure semblerait faire croire que les peintres florentins trouvaient un plaisir particulier à retracer l'image du patron de la ville de Florence.

Ce tableau est peint sur bois; il se voyait autrefois à Rome dans le palais Aldobrandin. Apporté en Angleterre en 1806, il appartenait alors à M. Irvine; depuis il passa dans le cabinet de M. Buchanan; maintenant il fait partie de celui de M. Guillaume Holwell Carr à Londres.

Haut., 3 pieds 5 pouces $\frac{1}{4}$; larg., 2 pieds 8 pouces.

THE HOLY FAMILY.

The pictures of Andrea del Sarte are so scarce, that few galleries possess any of them, and this which we give here is singularly remarkable in regard to expression and colouring, as likewise for the care with which every part has been studied, and also for the facility of its execution. The composition is charming, and yet ressembles not in the least any of the Holy Families that have proceeded it in this work; the head of the Virgin is of great beauty, and contrasts admirably with the characteristic features of the old Elisabeth. The two children are full of grace; the air of satisfaction with which the young saint John contemplates the Saviour prevents us not from discovering the deference he feels towards him before whom he comes only as an harbinger. The beauty of his figure seems to show that the Florentine painters felt particular pleasure is retracing the image of their city's patron.

This picture is painted on wood; it was formerly at Rome in the palace Aldobrandino. Taken to England in 1806, it then became the property of Mr Irvine; it afterwards past into the cabinet of Mr Buchanan; it now form parts of that belonging to Mr William Holwell Carr in London.

Height, 3 feet 7 inches; breadth, 2 feet 9 inches.

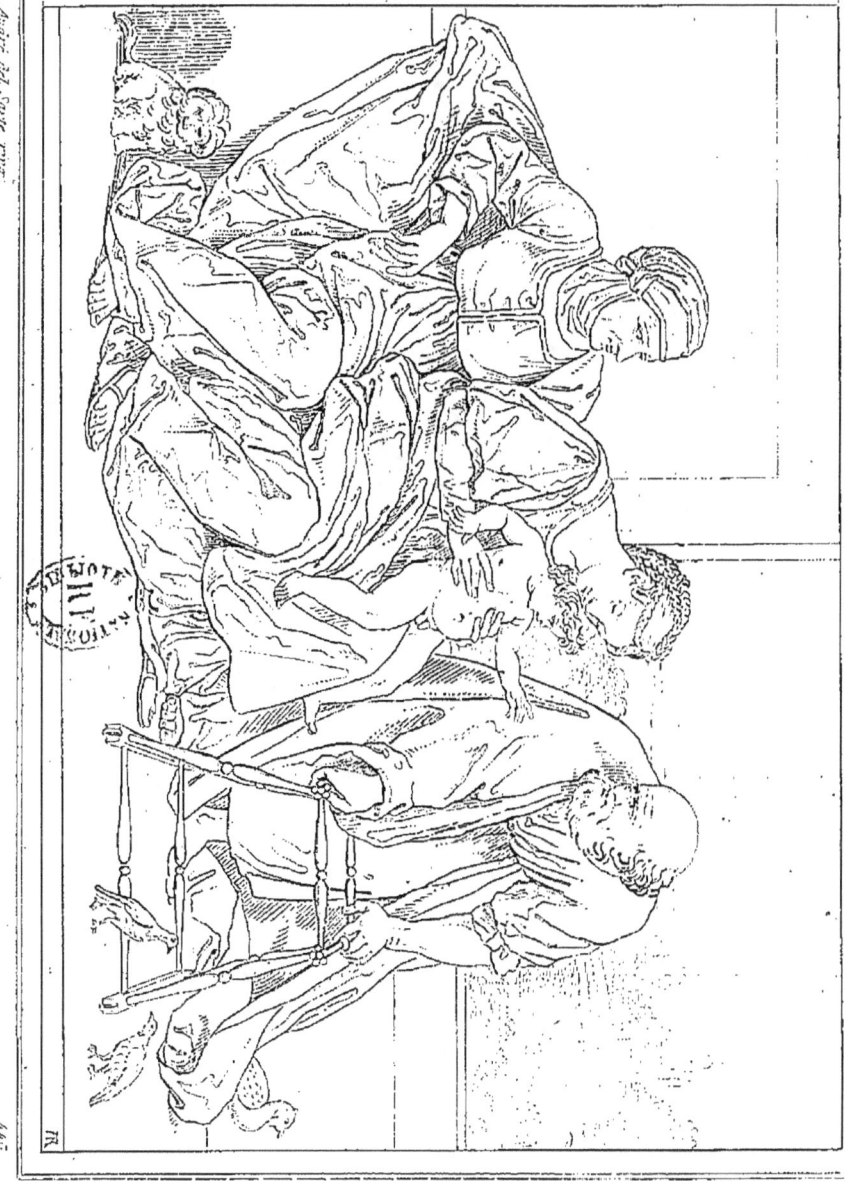

SAINTE FAMILLE.

SAINTE FAMILLE.

La Vierge, assise auprès de sainte Élizabeth, tient sur ses genoux l'enfant Jésus; St. Joseph approche un charriot dont on faisait usage autrefois pour apprendre à marcher aux enfans, et la Vierge s'apprête à y placer le petit Jésus. A gauche est un petit chien, et à droite deux perdrix et un canard.

Cette composition est remarquable par sa simplicité; les draperies en sont bien jetées, les têtes pleines d'expression et d'une belle couleur. Les figures sont un peu plus petites que nature. C'est à tort que quelques personnes ont attribué cette composition à Raphaël, puisque sur la pierre où s'appuie sainte Élizabeth on trouve le nom de l'auteur ainsi tracé : F. ANDRÉ SART. S.

Ce tableau a appartenu au duc de Modène; il est maintenant dans la galerie de Dresde et a été gravé par P. E. Moitte.

Larg., 7 pieds; haut., 5 pieds 2 pouces.

446.

THE HOLY FAMILY.

The Virgin seated near St. Elizabeth, has the infant Jesus in her lap; St. Joseph is dragging towards them a kind of go-cart, formerly made use of to teach children to walk, and the Virgin is preparing to place in it young Jesus. To the left is a little dog; and to the right, two partridges and a duck.

This composition is remarkable for its simplicity : the dra-peries are well thrown, the heads full of expression and of a fine colouring. The figures are rather of a smaller size than life. It is erroneously that some persons have attributed, this composition to Raphael, since, on the stone upon which St. Elizabeth is resting, the name of the author is seen traced thus, F. ANDRÉ SART S.

This picture belonged to the Duke of Modena; it is now in the Dresden gallery, and has been engraved by P. E. Moitte.

Width, 7 feet 5 inches; height , 5 feet 6 inches.

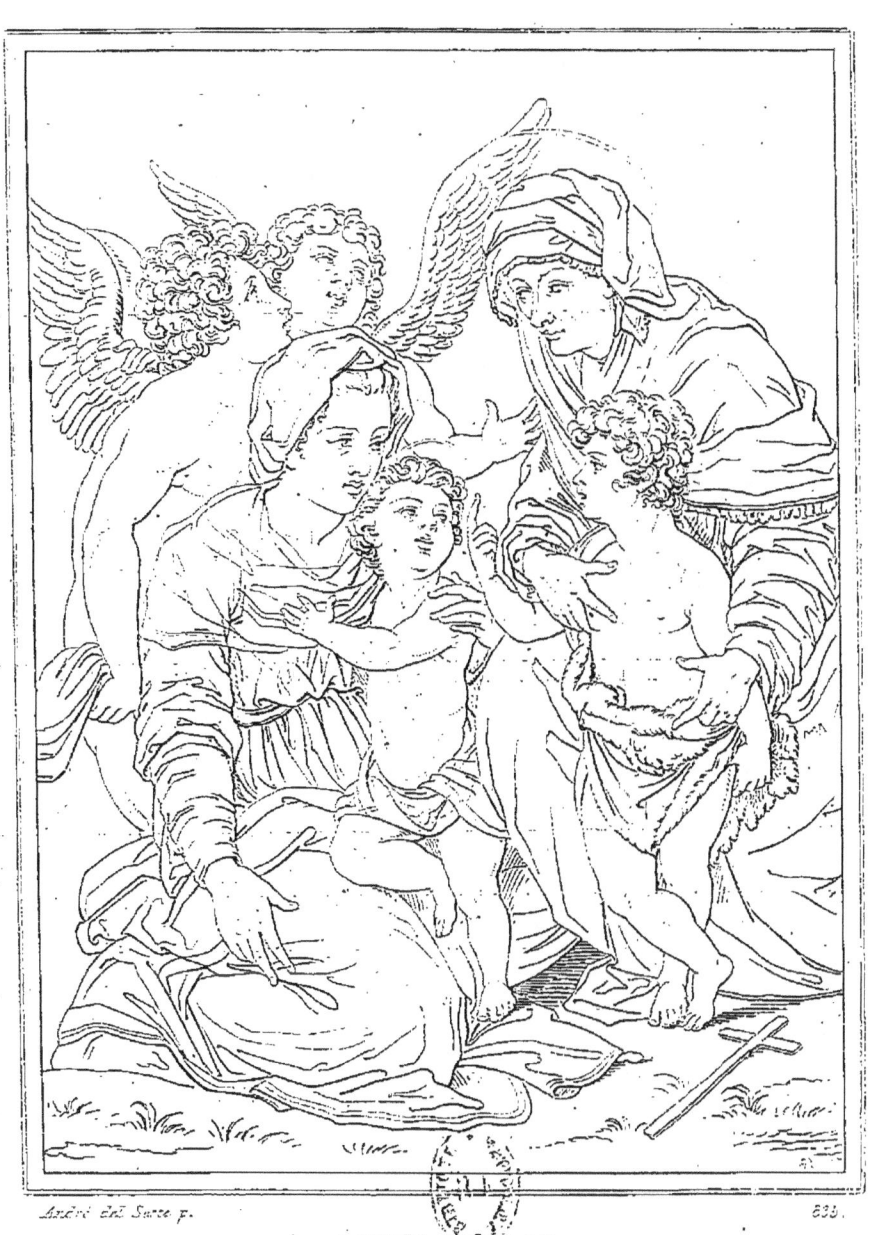

André del Sarte p.   839.

SAINTE FAMILLE.

U

SAINTE FAMILLE.

Ce sujet, répété si souvent par les peintres anciens, offre dans le tableau d'André Vanucci une composition des plus agréables; aussi le peintre en a-t-il fait plusieurs répétitions, et chacune d'elle est peinte avec tant de talent, qu'elles sont toutes regardées comme originales.

Elles se trouvent dans la galerie de Munich; dans celle de Madrid; au palais du prince d'Orange; une autre, maintenant à Florence, a été pendant vingt ans au Musée de Paris.

Le dessin est d'un bon goût, quoiqu'on y aperçoive quelques incorrections. La coiffure de la Vierge est bleue, sa robe est rouge; elle porte en dessous un vêtement jaune dont on voit une manche. La coiffure de sainte Élisabeth est blanche, la bordure de tous les habillemens et toutes les auréoles sont en or, suivant un usage assez fréquent chez les anciens peintres florentins.

Ce tableau a été gravé par L.-J. Cossé et par Éléonore Lingée.

Hauteur, 4 pieds 2 pouces; largeur, 3 pieds 2 pouces.

THE HOLY FAMILY.

This subject, so often handled by the ancient painters, has inspired Andrea del Sarto with a very pleasing composition, which was so highly esteemed by himself, that he executed several copies of it with such spirit that they are all regarded as originals. One of these productions is in the Munich Gallery, another in that of Madrid, and a third in the palace of the Prince of Orange; a fourth, now in Florence, was during twenty years in the Museum of Paris.

The design of this piece is in a pure taste, though in some parts incorrect. The Virgin's head-dress is blue, and her robe red, with a yellow under-garment, of which one sleeve only is seen. St. Elisabeth's head-dress is white, and the borders of all the garments, as well as the circles of rays, are of gold, agreeably to a frequent practice of the elder Florentine painters.

This picture has been engraven by L. J. Cossé, and by Eleanore Lingée.

Height, 4 feet 5 inches; width, 3 feet 4 inches.

835.

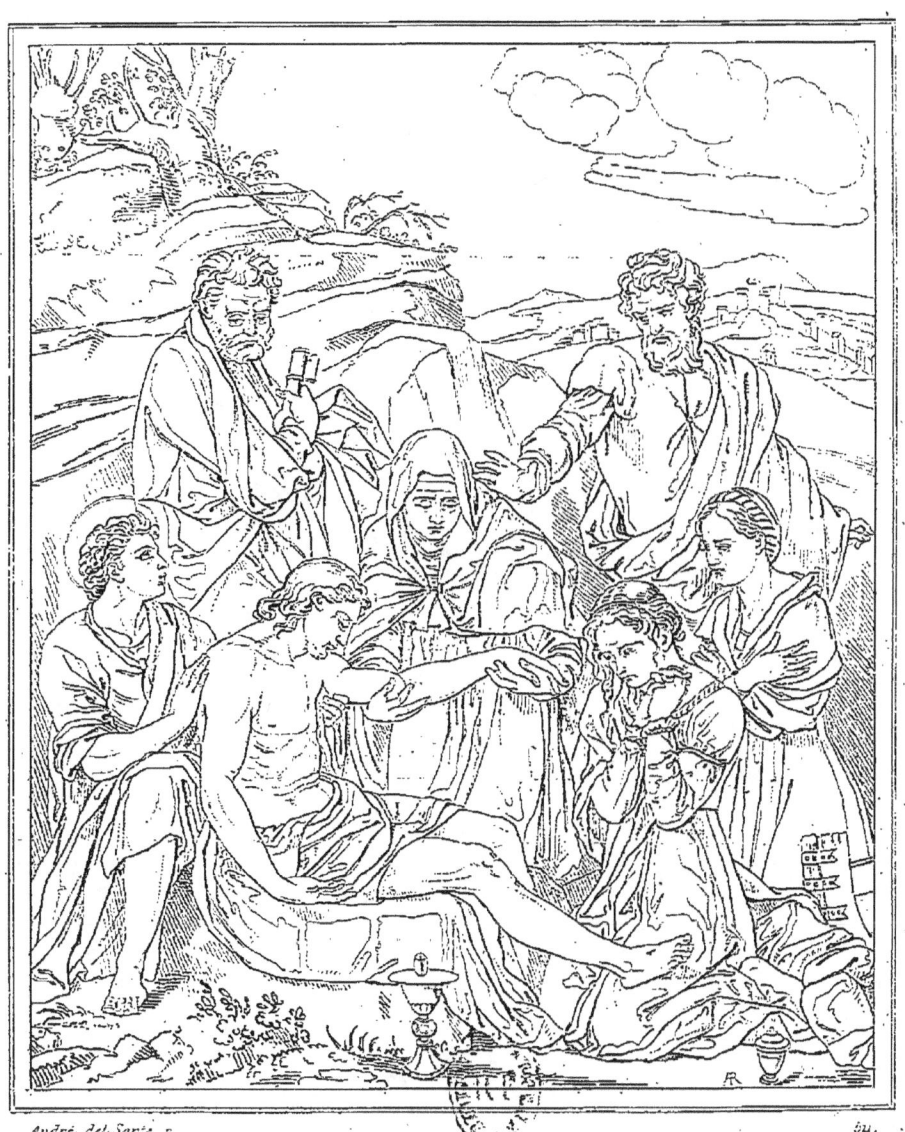

André del Sarte p.   Su.

JÉSUS-CHRIST AU TOMBEAU.

JÉSUS-CHRIST AU TOMBEAU.

C'est encore ici un sujet emblématique désigné souvent sous le nom de *Notre-Dame-de-Pitié*. La Vierge, en adoration, tient un des bras de son divin fils; son âme n'est point abattue ; elle exprime une douleur noble et pieuse. L'apôtre saint Jean, fidèle compagnon de la Vierge, la regarde avec compassion; il est à genoux derrière le Christ et soutient son corps. Aux pieds du Sauveur, Madeleine est à genoux. Ces personnages sont les seuls que l'Évangile désigne comme présens à la passion de Jésus-Christ; les autres figures n'ont été placées dans le tableau que par une dévotion particulière des personnes qui l'ont ordonné au peintre. Les deux figures du fond sont celles de saint Pierre et de saint Paul; sur la droite on reconnaît sainte Catherine. Le calice couvert d'une patène, et surmonté d'une hostie, désigne le sacrement de l'Eucharistie, que Jésus-Christ institua au moment de sa mort. Cela ne peut faire penser, comme on l'a dit, que ce tableau ait été fait pour quelque confrérie du Saint-Sacrement, puisqu'on sait qu'il fut peint pour les religieuses du couvent de Muzello, près de Florence. Il est peint sur bois, et fait maintenant partie de la galerie du Grand-Duc, où il est regardé comme le chef-d'œuvre du peintre, sous le rapport de l'expression, comme sous celui du dessin et de la couleur. Il causa l'admiration de Michel-Ange lui-même, qui s'écria en le voyant : « Il aurait fait suer le front de Raphaël lui-même. »

Ce tableau a été gravé par Pauquet et Forster.

Haut., 7 pieds 2 pouces; larg., 6 pieds.

THE BURIAL OF CHRIST.

This is an emblematical subject often called *Mater Dolorosa*. The adoring Virgin, holds one of the arms of her Divine Son : her soul is not cast down, she shows a noble and pious grief. The Apostle St. John, the Virgin's faithful companion, looks at her with pity : he is on one knee, behind Christ, whose body he supports. Mary Magdalen is kneeling at our Saviour's feet. These are the only personages mentioned in the Gospel as being present at Christ's Passion. The other figures have been introduced through the particular devotion of the persons who ordered the picture. The two figures, in the back-ground, are St. Peter and St. Paul : St. Catherine is discerned on the right hand. The chalice covered with a patine, and surmounted by a Host, marks the sacrament of the Eucharist, or Lord's supper, which Jesus Christ instituted previous to his death. This however cannot induce the belief, as has been advanced, that this picture was painted for some brotherhood of the Holy Sacrament ; for it is known, that it was done for the Nuns of the Convent of Muzello, near Florence. It is painted on wood and forms part of the Grand Duke's Gallery, where it is considered as the painter's masterpiece, as to the expression, as also with respect to the designing and colouring. It caused the admiration even of Michael Angelo, who, on seeing it, exclaimed : « It would have brought the sweat on the brow of Raphael himself. »

This picture has been engraved by Pauquet, and Forster. With 22 inches; height 16 inches.

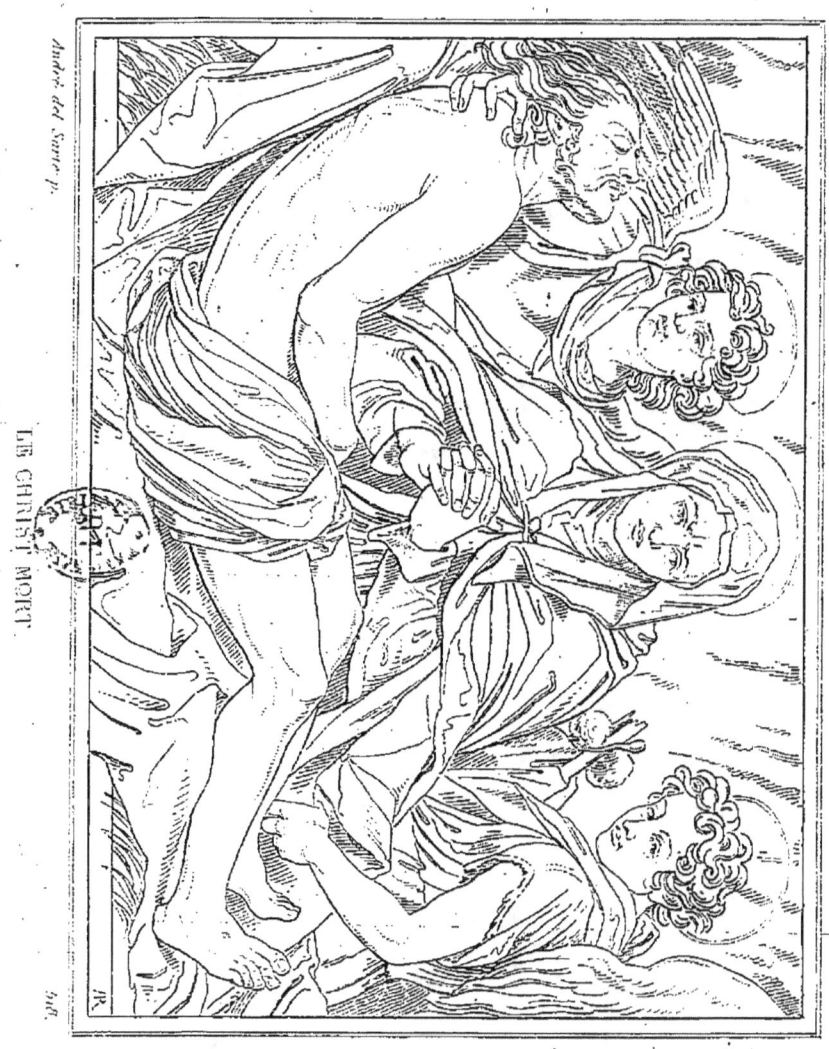

Andrea del Sarto p.

LE CHRIST MORT

LE CHRIST MORT.

C'est encore une *Notre-Dame de Pitié*, mais ici la Vierge n'est entourée d'aucun des personnages de la Passion; elle est seulement accompagnée de deux anges, dont l'un soutient le corps du Christ, et l'autre porte des instrumens de sa Passion.

André del Sarte en répétant cette composition l'a changée entièrement. Si celui que l'on a vu sous le n° 511 est le chef-d'œuvre du peintre, celui-ci est aussi d'une grande beauté; l'expression en est également bien sentie, mais elle est tout autre. Dans la tête de Jésus-Christ, « ce n'est pas la douleur de l'agonie, c'est un calme céleste qui anime cette face divine, et ces lèvres qui, dans les souffrances les plus douloureuses, prononçaient ces paroles : *Mon père, pardonnez-leur.* » L'expression de la Vierge s'accorde parfaitement avec celle du Sauveur; son cœur est rempli de douleur, mais elle n'y succombe pas; elle se soumet avec résignation, et joint les mains pour rendre grâce à Dieu de l'avoir choisie pour être l'instrument de ses volontés.

« Malgré le calme qui règne dans la composition, les figures sont animées par la sage disposition avec laquelle elles sont placées. Le dessin est exact et correct; le coloris, quoique peut-être un peu trop brillant, est très tendre et agréable; la touche est d'une délicatesse admirable. »

Ce tableau, peint sur bois, est signé ainsi AND. SAR. FLO. FAC. (*Andrea Sarta Florentinus, faciebat.*) Il fait partie de la galerie du Belvédère à Vienne, et a été gravé par Bl. Hofel, pour l'ouvrage publié par Charles Haas.

Larg., 3 pieds 10 pouces; haut., 3 pieds.

518.

A DEAD CHRIST.

This is another *Mater Dolorosa;* but here the Virgin is surrounded by none of the personages of the Passion : she is accompanied by two angels only , one of whom supports Christ's body , and the other bears the instruments of his Passion.

In repeating this composition, Andrea del Sarto has entirely changed it. If that, which was given , n° 511, is the painter's masterpiece , this also has great beauty : the expression of it is well given , though quite different from the former. In the head of Jesus Christ, « it is not the pain of agony , it is a heavenly composure animating that divine countenance, and those lips , which , in the most excruciating anguish , uttered these words, « Father, forgive them.» The expression of the Virgin is in perfect unison with that of our Saviour : her heart is filled with grief , but she yields not to it; she submits with resignation , and joins her hands to return thanks to God for having chosen her as the instrument of his will.

Notwithstanding the calm that reigns in the composition, the figures are animated from their judicions arrangement. The designing is faithful and correct; the colouring , although rather too bright, is very soft and agreeable : the pencilling is of an admirable delicacy.

This picture, painted on wood, is signed thus AND. SAR. FLO. FAC. It forms part of the Belvedere Gallery at Vienna , and has been engraved by Von Bl. Hofel in the work published by Charles Haas.

Width , 4 feet 1 inch; height, 3 feet 2 inches.

518.

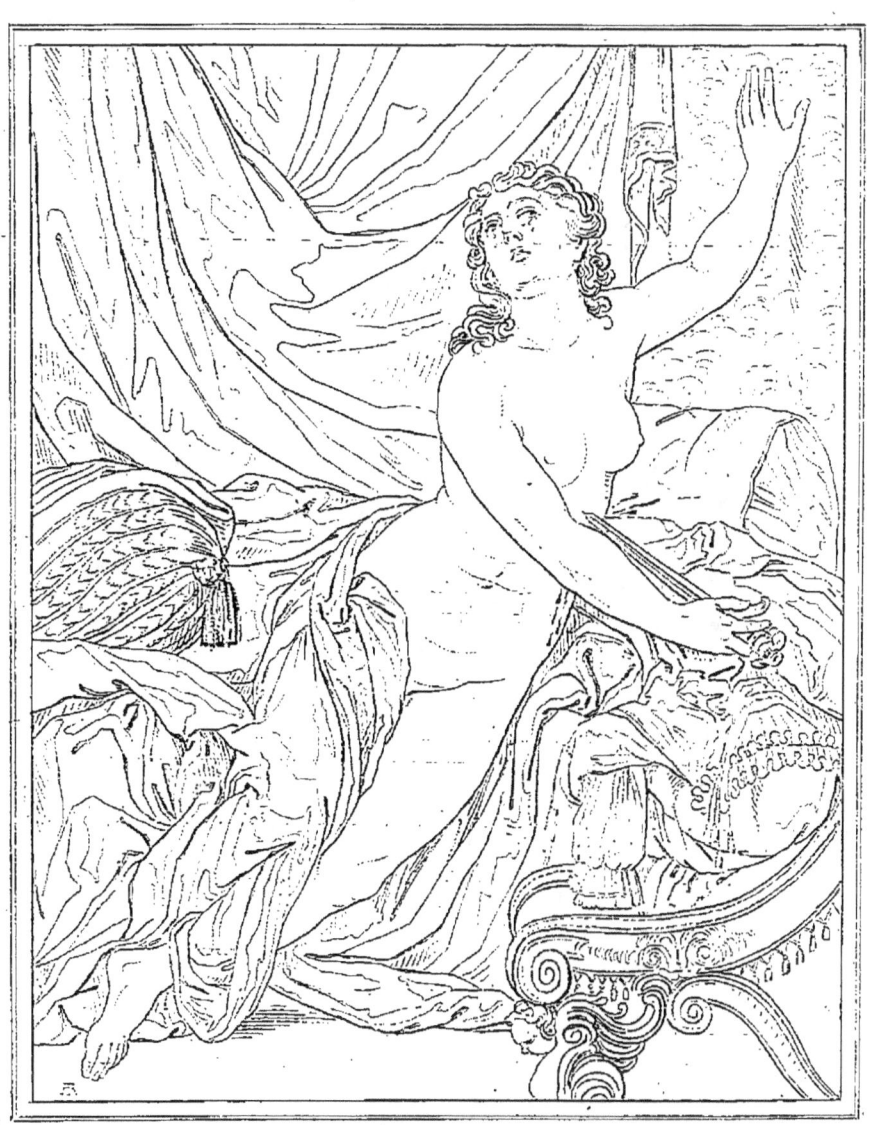

788.

MORT DE LUCRÈCE.

MORT DE LUCRÈCE.

La violence de Tarquin ayant forcé Lucrèce de lui céder, elle ne voulut pas survivre à son déshonneur et elle se donna la mort, en se plongeant un poignard dans le cœur.

Cet instant terrible est celui que choisit André Vanucci pour le sujet de son tableau. Lucrèce au désespoir, le visage inondé de larmes, est décidée à se donner la mort; déjà le poignard fait couler le sang, mais la douleur ne l'arrête pas et sa figure exprime la volonté qu'elle a de terminer son existence.

Le dessin de cette figure est élégant et fait voir que le peintre Vanucci étudia Léonard de Vinci et Michel-Ange. La couleur est suave et argentée, les draperies et les accessoires sont rendus avec vérité.

Ce tableau appartenait autrefois à un amateur peu connu, nommé Dorat; il passa ensuite chez le duc d'Orléans qui ne possédait que deux tableaux d'André del Sarte. Il était alors peint sur bois et fut mis sur toile. Ayant passé en Angleterre avec la collection du Palais-Royal, il fut acheté 2500 francs par M. Mitchell. Il a été gravé par Lemire.

Haut., 4 pieds 5 pouces; larg., 3 pieds 3 pouces.

THE DEATH OF LUCRETIA.

The brutal violence of Tarquin having forced Lucretia to yield to him, she determined to not survive her dishonour and killed herself by plunging a dagger in her heart.

Andrea Vanucci has chosen this terrible moment as the subject of his picture. Lucretia in despair, her countenance bathed in tears, is determined to destroy herself; the dagger has already caused her blood to flow, but the pain arrests not her hand, and her looks express the decision she has taken of terminating her existence.

The design of this figure is elegant and shows that Vanucci had studied Leonarda da Vinci and Michael Angelo. The colouring is soft and silvery; and the draperies and accessories are rendered with truth.

This picture formerly belonged to an amateur but little known, named Dorat; it afterwards belonged to the Duke of Orleans who had only two of Andrea del Sarto's paintings. It was then painted on wood, but was transferred on canvass. When it got into England with the Collection of the Palais Royal, it was purchased by M^r. Mitchell. It has been engraved by Lemire.

Height, 4 feet 8 inches; width, 3 feet 5 inches.

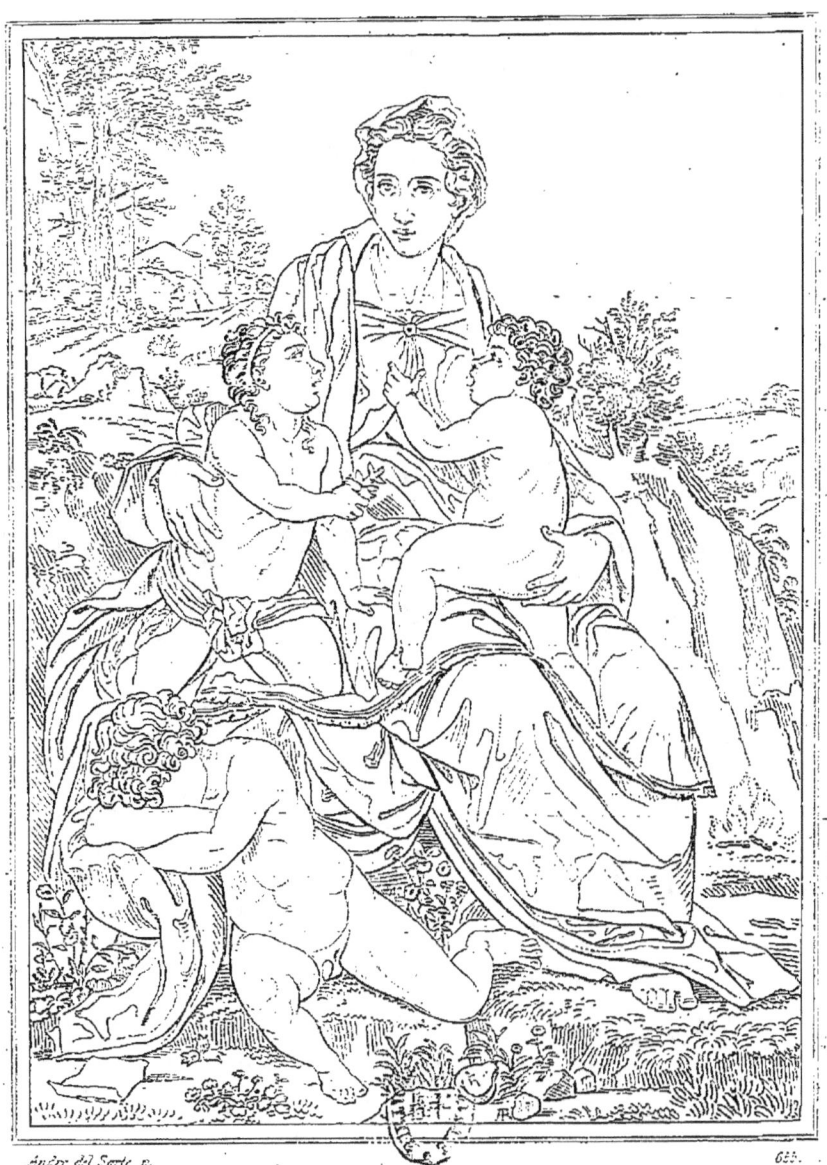

Andra del Sarte p.   633.

LA CHARITÉ.

LA CHARITÉ.

C'est à Paris qu'André del Sarte peignit ce tableau pour l'illustre protecteur des arts et des lettres, le roi François Iᵉʳ. Lomazzo, dans son Traité de la Peinture, le cite comme un des chefs-d'œuvre du peintre. Le sujet convenait en effet à son caractère naturellement simple, doux et sensible.

André Vanucci n'a pas donné à sa figure la tendresse d'une mère soignant ses enfans. Une gravité religieuse semble indiquer que la Charité remplit un devoir; elle éprouve de la satisfaction du bien qu'elle fait, et paraît méditer en songeant à celui qu'elle trouvera l'occasion de faire. Calme et sérieuse, mais pleine de dignité, cette figure exprime d'une manière parfaite les sensations qu'inspire la première et la plus importante de toutes les vertus.

Ce tableau fut peint sur bois; les vers hâtaient sa destruction, au moment où l'invention de Picault, pour transporter les tableaux sur toile, fit espérer de pouvoir conserver ce chef-d'œuvre. En effet, confié alors à cet habile restaurateur de tableaux, l'opération réussit parfaitement, et cette peinture fut une des deux premières exposées au Luxembourg en 1750, pour faire connaître au public le résultat d'une découverte si importante.

Ce tableau a été gravé par P. Audouin, Raph. Urb. Massard, et C. Normand.

Haut., 5 pieds 7 pouces; larg., 4 pieds 2 pouces.

655.

CHARITY.

Andrea del Sarto painted this picture in Paris for that illustrious protector of the Arts and Letters, King Francis I. Lomazzo, in his Treatise on Painting, quotes it as one of the artist's masterpieces. In fact the subject suited his disposition which was naturally plain, mild, and feeling.

Andrea Vanucci has not imparted to his figure the kindness of a mother tending her children. A religious gravity seems to indicate that Charity fulfils a duty: she derives satisfaction from the good she does, and appears to meditate on that which she may have occasion to do. Calm and serious, but full of dignity, this figure expresses perfectly the feelings inspired by the first and most important of all virtues.

This picture was painted on wood, and the worms were hastening its destruction, when Picault discovered a method of transferring paintings to canvass which gave the hope of preserving this masterpiece. Being intrusted to that skilful restorer of pictures, the operation succeeded perfectly, and this painting was one of the two first, exhibited at the Luxembourg, in 1750, to show the public the result of so important a discovery.

This picture has been engraved by P. Audouin, R. U. Massard, and C. Normand.

Height 5 feet 11 inches; width 4 feet 5 inches.

655.

NOTICE

FRANÇOIS PRIMATICE.

François Primatice naquit à Bologne en 1490. Sa famille
était noble, et il reçut une éducation convenable à sa naissance ; puis il fut placé d'abord chez un peintre nommé Innocent de Imola ; mais il passa ensuite dans l'école de Bagna Cavallo, élève de Raphaël ; puis il étudia à Mantoue les beaux
ouvrages de Jules Romain.

François Ier. ayant demandé au duc de Mantoue de lui en-
voyer un peintre habile, pour décorer le palais de Fontainebleau, Jules Romain désigna Primatice, qui arriva en 1531,
et fonda cette célèbre école où travaillèrent tant d'artistes
Italiens et Français, dont les travaux sont fort estimés
quoique leurs noms soient peu connus.

Primatice fut chargé d'aller à Rome en 1540, et il rapporta
en France cent vingt-cinq morceaux de sculpture antique,
ainsi que les creux du Laocoon, de l'Ariadne et de la Vénus de Médicis, d'après lesquels ces statues furent alors
coulées en bronze. Le roi donna à Primatice l'abbaye de
Saint-Martin près de Troyes, qui rapportait plus de vingt
mille francs, et, sans être ecclésiastique, il fut alors désigné
sous le titre d'abbé de Saint-Martin, de même que l'architecte Pierre de Lescot sous celui d'abbé de Clagny, et Pierre
de Bourdeille sous le titre d'abbé de Brantôme.

Primatice mourut à Paris en 1570, âgé de 80 ans.

NOTICE

OF

FRANÇOIS PRIMATICE.

François Primatice was born at Bologne in 1490. His family was noble, and his education suitable to his birth; he was at first placed at a painter's named Innocent de Imola, and afterwards entered the school of Bagna Cavallo, a pupil of Raphael; he then praticed at Mantoue the beautiful works of Jules Romain.

Francis I having desired the duke of Mantoue to send him a skilful painter, to adorn the palace of Fontainebleau, Jules Romain pointed out Primatice, who arrived in 1531, and settled that famous school wherein so many French and Italian artists have laboured, and whose works are much valued, although their names are but little known.

Primatice was ordered to Rome in 1540, and he brought to France a hundred and twenty five pieces of antique sculpture, as also the moulds of Laocoon, Ariadne and the Venus of Medicis, from which these statues were then cast into brazen ones. The king gave to Primatice Saint Martin's abbey near Troies, which brought him yearly more than twenty thousand franks, and though not a clergyman, he was then designed by the name of the abbot of Saint Martin, as likewise the architect Pierre de Lescot by that of the abbot of Clagny, and Peter of Bourdeille by that of the abbot of Brantome.

Primatice died at Paris in 1570, aged 80.

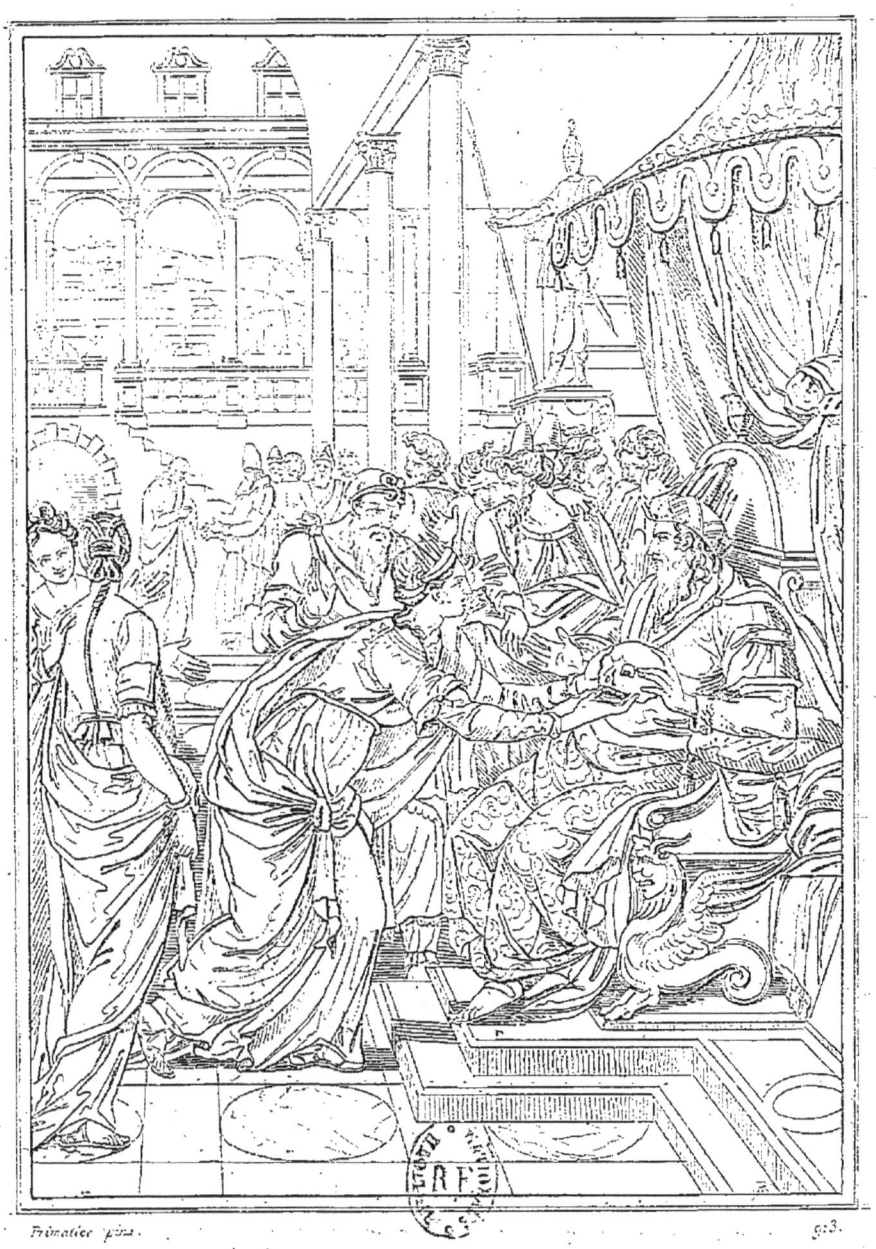

ADÉLAÏDE DEMANDE JUSTICE A OTHON 1ᵉʳ.

SAINTE ADÉLAÏDE

DEMANDANT JUSTICE A L'EMPEREUR OTHON Ier.

Lothaire, roi d'Italie, en 945, épousa deux ans après Adélaïde, fille de Rodolphe II, roi de Bourgogne. Ce mariage fut bientôt troublé par les guerres que Lothaire eut à soutenir contre Béranger, qui fit, à ce que l'on croit, empoisonner le roi d'Italie, en 950.

Le vainqueur voulait forcer la veuve de Lothaire à épouser son fils Adalbert, afin de lui assurer le royaume; mais cette princesse s'y refusa, et elle fut enfermée au château de Gorda. Un prêtre, nommé Martin, étant parvenu à la tirer de sa prison, elle réclama le secours d'Othon Ier., dit le Grand. L'empereur, touché de la beauté d'Adélaïde, l'épousa en 951, et obtint par ce mariage la soumission de la Lombardie. Devenue veuve une seconde fois, Adélaïde vécut longtemps et mourut saintement, le 16 décembre 999.

Si l'histoire nous donne comme certain les faits que nous venons de rapporter, nous pouvons avoir quelques doutes sur la manière étrange dont la reine Adélaïde se serait présentée devant l'empereur, tenant à la main la tête de son mari, mort depuis une année. Sans doute le peintre François Primatice aura trouvé ce fait ainsi rapporté dans une vie de sainte Adélaïde, où l'auteur a recueilli les faits les plus extraordinaires, sans s'inquiéter beaucoup s'ils pouvaient être vrais.

Ce petit tableau de Primatice est peint sur bois; il a fait partie de la collection formée par Lucien Bonaparte, prince de Canino, et se trouve gravé par Fabri.

Haut.,   ; larg.

913.

S^t. ADELAIDE

DEMANDING JUSTICE OF THE EMPEROR OTHO I.

Lothaire became King of Italy in 945, and, two years after, espoused Adelaide, the daughter of Rodolph II., King of Burgundy. The happiness of this union was soon disturbed by Lothaire's wars with Beranger; who, as is believed, caused him to be poisoned in 950.

The conqueror, to secure the crown for his son Adalbert, wished to compel Lothaire's widow to marry him; but she refused, and was, in consequence, confined in the castle of Gorda. Having effected her escape, by the aid of a priest named Martin, she claimed the protection of the Emperor Otho I., surnamed the Great; who, touched by her beauty, married her in 951, and thus became master of Lombardy. Adelaide survived her second husband a great number of years, and died, with exemplary piety, in 999.

Such is the testimony of history : but doubts may well be entertained as to the manner in which the Queen is here made to present herself before the Emperor, holding in her hand the head of her husband, who had been dead a year. Primaticcio doubtless took this particular from a Life of St. Adelaide, in which the most extraordinary facts are related, without regard to truth or probality.

This little picture, which is painted on wood, belonged to the collection formed by the Prince of Canino (Lucian Bonaparte), and has been engraved by Fabri.

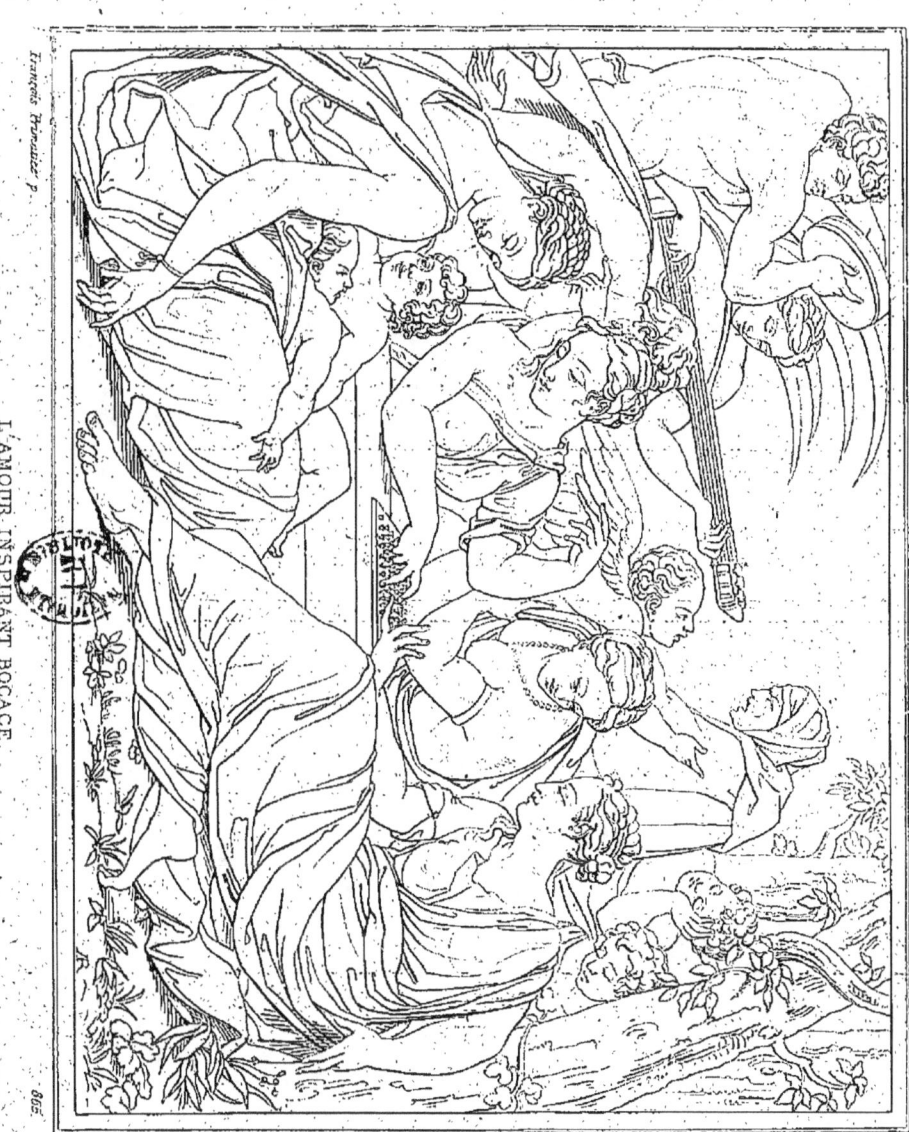

L'AMOUR INSPIRANT BOCACE.

L'AMOUR INSPIRANT BOCACE.

Quoique Primatice ait beaucoup travaillé, on voit peu de tableaux de lui dans les collections, parce qu'il a preque toujours employé son pinceau pour la décoration de galeries et de vastes palais. Ce tableau est un des deux que possède le Musée du Louvre. Il représente, à ce que l'on croit, d'une manière allégorique, Bocace sollicité par l'Amour, pour composer son fameux Décameron. Le Satyre qui joue du tambourin, et la Dryade qu'il accompagne, indiquent le genre licencieux de cet ouvrage.

On suppose que la femme assise au milieu, du côté gauche, est la célèbre Diane de Poitiers; elle pose la main sur une tablette, où l'on a cru reconnaître les armes de sa maison. On en a conclu que les deux enfans, qu'elle regarde avec tendresse, sont ceux qu'elle eut du grand-sénéchal de Brezé, son mari. Dans l'autre femme assise auprès d'elle, on a cru reconnaître Marguerite de Valois, si célèbre par les contes qu'elle a faits à l'imitation de Bocace. De la main gauche, elle paraît indiquer à sa compagne la scène qui se passe derrière elle. La femme assise sur le devant, à droite, pourrait être Catherine de Médicis; mais on ne peut reconnaître ses traits en les comparant avec les portraits que l'on connaît d'elle. Tous, il est vrai, la font connaître déjà avancée en âge, tandis qu'elle serait fort jeune ici, et avant l'époque où Diane était devenue la maîtresse de Henri II.

Le dessin de ce tableau est correct et élégant; les airs de têtes sont gracieux, mais un peu maniérés; le coloris est faible. On n'en connaît pas d'autre gravure que celle de C. Normand.

Larg., 4 pieds 2 pouces; haut., 3 pieds 9 pouces.

A. 5.   865.

LOVE INSPIRING BOCCACE.

Primaticcio was a prolific artist, but his pictures are rarely found in collections, as he was generally employed in decorating galleries and palaces. Two of his productions exist in the Museum of the Louvre. That before us is supposed to be an allegorical representation of Boccace, solicited by Love to compose his Decameron. The Satyr playing on the tambarine, and the Dryad that accompanies him, indicate the licentious character of the work.

The female seated in the centre, on the left, is supposed to be Diana of Poictiers, as the arms of her house are thought to be distinguishable on the tablet, on which she rests her hand : it is thence concluded that the two children whom she regards with an air of tenderness, are those she bore her husband, the constable of Brèze. The woman seated near her is conjectured to be Margaret of Valois, celebrated for her tales, composed in imitation of Boccace : with her left hand, she seems to be directing her companion's attention to the scene passing behind her. The other female, sitting in the foreground, on the right, is perhaps Catherine of Medicis; though the features offer no ressemblance to the portraits of that queen. But in all her portraits Catherine is in years ; and she is here represented in the flower of youth, and before Diana became the mistress of Henry II.

The design of this picture is correct and elegant, and the air of the heads is graceful, though tainted with manner: the colouring is feeble : no engraving of it is known except that of C. Normand.

Width, 4 feet 5 inches ; height, 3 feet 11 inches.

865.

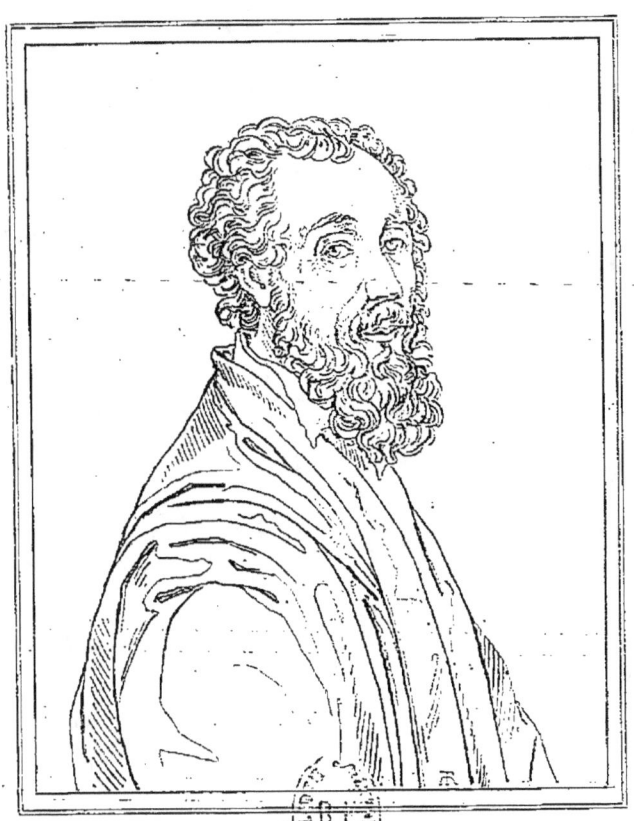

JULES PIPPI DIT JULES ROMAIN.

XXXVI

NOTICE

HISTORIQUE ET CRITIQUE

SUR

JULES PIPPI.

DIT JULES-ROMAIN.

Parmi ses nombreux élèves, Raphaël eut une affection particulière pour deux d'entre eux. François Penni, dit *il fattore*, parce qu'il avait été le *factotum* de son maître ; et Jules Pippi qui, n'ayant que sept années de moins que lui, l'aida dans ses travaux les plus importans, et fut son légataire universel.

Jules Pippi, connu sous le nom de *Jules-Romain*, naquit à Rome en 1492. On ne sait rien sur sa famille, mais on doit croire qu'elle n'était pas dans le besoin, puisque Jules avait reçu de l'instruction, et avait fait une étude particulière des médailles et des antiquités.

Doué d'un génie ardent et d'une imagination féconde, Jules surpassa bientôt tous ses condisciples, et, n'ayant pas eu d'autre maître que Raphaël, il ne tarda pas à utiliser son talent pour l'aider dans l'exécution des travaux immenses dont il se trouvait chargé au Vatican. Lors de la mort de ce grand peintre, en 1520, Jules, avec l'aide de François Penni, continua les travaux commencés par son maître. En 1523 il fut chargé, par le pape Clément VII, de peindre, dans la salle de Con-

stantin, les grandes fresques dont Raphaël avait laissé les
dessins : il fit celles représentant l'allocution de Constantin
à son armée, lors de l'apparition du *labarum*, n°. 343, et la
bataille dans laquelle Constantin fut victorieux de Maxence,
sur les bords du Tibre, n°. 355.

Jusqu'à cette époque Jules-Romain n'avait été considéré
que comme le disciple habile d'un maître plus habile encore ;
mais il fit voir alors qu'il pouvait se passer de guide, et s'il
perdit un peu de la grâce que possédait Raphaël à un aussi
haut degré, il ne cessa pas d'être sublime, majestueux et
profond dans ses compositions comme dans son style. Il peignit plusieurs Madones pour divers couvens ; une flagellation
de J.-C. pour l'église de Sainte-Praxède. Son chef-d'œuvre est
un martyre de saint Étienne, qu'il fit, pour Mathieu Ghiberti,
dataire du pape. Placé d'abord à Gènes, sur le maître-autel
de l'église des moines du mont Olivet, il fut donné par la ville
de Gènes au gouvernement français ; puis, repris en 1814, il
se voit maintenant au Musée de Turin, où il ne cesse de faire
l'admiration des connaisseurs.

La renommée de Jules-Romain ayant pris un grand ac-
croissement comme peintre et aussi comme architecte. Il fut
appelé par Frédéric de Gonzague, alors marquis de Mantoue,
et chargé par lui de l'exécution des grands travaux qu'il avait
pris la résolution de faire, pour l'embellissement et l'assainis-
sement de la ville.

Ces motifs devaient être suffisans pour déterminer Jules à
quitter Rome. Pourquoi donc Vasari a-t-il cherché à faire
croire qu'une cause peu honorable l'avait forcé à sortir de la
ville pour éviter la prison. Ce conte ridicule, rapporté depuis par tous les biographes, comme si le fait ne présentait
aucun doute, me paraît cependant loin d'être prouvé.

On a déjà de l'incertitude pour savoir si ce serait Jules Romain qui aurait fait quelques figures obscènes, destinées à accompagner certains sonnets de l'Arétin, ou bien si le poëte aurait

fait ces vers, pour être placés au bas des figures faites par le peintre son ami. Mais bien qu'on ait répété que ces postures avaient été gravées par Marc-Antoine, que le pape n'osant sévir contre le poëte, dont on craignait la plume hardie, ne pouvant attendre le peintre qui s'était enfui, il aurait exercé sa vengeance sur le graveur, en le mettant en prison pour avoir fait servir son burin, à la reproduction de dessins licencieux; toutes ces assertions manquent de preuves, et avant de les répéter on aurait dû réfléchir que, si en effet il eût existé vingt gravures de cette nature, quelques soins que l'on ait pu prendre alors, pour détruire ces estampes, il serait impossible qu'il n'en fût échappé quelques épreuves, qui se seraient retrouvées depuis. Les recherches de Mariette, de Heinécken et de Bartsch ont toujours été infructueuses depuis plus de soixante ans. Moi-même, en parcourant les cabinets de Munich, de Vienne, de Dresde et de Leipsik, je n'ai rien vu de ce genre qui raisonnablement puisse être attribué, ni à Jules Romain ni à Marc-Antoine. Je n'ai rien trouvé non plus dans les collections d'Amsterdam et de La Haye, ni dans celles de Buckingham, à Stowe, ni au British Museum. Il n'existe rien non plus à Paris ni à la bibliothèque du roi, ni dans les cabinets particuliers. Cependant on rencontre encore des amateurs, qui prétendent que ces pièces ont existé, et qu'ils en ont vu des calques; mais, en insistant, ils sont toujours forcé de convenir, que les calques qu'ils ont vus étaient faits sur d'autres calques et non d'après des gravures de Marc-Antoine. Pourquoi donc alors chercher à accréditer une anecdote qui ne peut rien offrir d'honorable pour ceux qui y auraient donné lieu, lorsque surtout on ne peut trouver aucune trace positive de ce dont on les accuse.

Un des travaux les plus importans que Jules eut à faire ensuite, est ce magnifique palais du T, dont l'architecture et les peintures sont également admirables. C'est là que, donnant l'essor à son imagination, il créa une foule de tableaux dans lesquels on ne sait ce qui doit le plus étonner, ou de la fécondité de son génie ou de la facilité de son exécution.

Plus tard Jules eut à peindre, dans le palais de Mantoue, une galerie où il représenta l'histoire de la guerre de Troie. Il fit aussi des tableaux, parmi lesquels on doit citer l'Adoration des Bergers, qui, placée d'abord à la chapelle St.-André de Mantoue, fut dans la suite donnée par le duc à Charles Ier, roi d'Angleterre, puis achetée après sa mort par Jabach ; elle se voit maintenant dans la galerie du Louvre.

Jules eut aussi à construire un grand nombre d'édifices publics et particuliers, qui embellirent la ville de Mantoue et la rendirent méconnaissable. Le duc, admirateur des talens de Jules Romain, l'en récompensa par des faveurs et des bienfaits souvent renouvelés. Après la mort du duc Frédéric, en 1540, Jules alla à Bologne, où il donna le plan d'une nouvelle façade pour l'église de Saint-Pétrone ; et, lors de la mort d'Antoine Sangallo, il aurait sans doute été nommé architecte de Rome, si sa santé ne se fût dérangée à un tel point, qu'il succomba peu de temps après, le 1er, novembre 1446, à l'âge de cinquante-quatre ans.

HISTORICAL AND CRITICAL

NOTICE

OF

GIULIO PIPPI,

CALLED GIULIO ROMANO.

———

Among his numerous pupils, Raffaelle entertained a particular affection for Francesco Penni, surnamed *Il Fattore*, as
being his master's *factotum;* and for Giulio Pippi, who was
only seven years younger than himself, and who aided him
in his most important works, and was named his universal
legatee.

Giulio Pippi, more commonly called Giulio Romano,
was born at Rome, in 1492. Nothing is known of his family;
but they are presumed to have been above want, as Giulio
had received a liberal education, and had made a particular
study of medals and antiquities.

Gifted with a fertile genius and ardent imagination,
young Giulio quickly out-stripped his companions; and having had no master but Raffaelle, he was soon qualified to
assist him in the execution of his labours in the Vatican;
and at his death, in 1520, he continued, with the aid
of Francesco Penni, the works begun by their master. In
1523, he was charged by Pope Clement VII., to paint the
frescoes of the Hall of Constantine, for which Raffaelle, had

left designs; and he executed those representing Constantine's address to his army, at the appearance of the *labarum*, n°. 343; and his victory over Maxentius, on the banks of the Tiber, n°. 355.

Hitherto, Giulio Romano had been considered only as the accomplished pupil of an unrivalled master; but he now prov·ed the sufficiency of his own powers, and if he lost a part of the grace which so eminently distinguished Raffaelle, he still continued sublime, majestic and profound, both in his compositions and his style. He painted several Madonnas, for different convents, and a Scourging of Christ for the church of St. Praxede. But his master-piece was a Martyr-dom of St. Stephen, which he executed for Matteo Ghiberti, the Pope's datary. This picture was first placed over the grand altar of the church of the Monks of Mount Olivet at Genoa; in the revolution, it was given, by the city of Genoa, to the French government, and was taken back in 1814; and it is now in the Museum of Turin, where it still commands the admiration of connoisseurs.

Giulio Romano's reputation was now so great, both as a painter and an architect, that he was appointed by Frederic de Gonzaga, to direct the immense works which that prince had resolved upon, for the embellishment and salubrity of Mantua. This cause sufficiently explains his leaving Rome, without admitting the ridiculous story told by Vasari, that he fled to avoid imprisonment for a scandalous offence.

This anecdote, which subsequent biographers have repeated as an undoubted fact, is far from being proved. In the first place, it is not agreed whether Giulio Romano drew the figures, to illustrate Aretine's sonnets or Aretine composed the sonnets to explain Giulio's designs. It is asserted that these *postures* were engraved by Marc Antonio; and that the Pope not daring to punish Aretine, whose pen he feared, and unable to chastise the painter, who had fled, visited the

offence on the engraver; who was imprisoned for multi-
plying licentious drawings. But no facts are adduced in sup-
port of these assertions; though it is incredible that, if
twenty such engraving had existed, some copies of them
should not have escaped, and have since been brought to
light. The researches of Mariette, Heinecken and Bartsch
for more than sixty years, have discovered nothing of this
kind which could reasonably be attributed either to Guilio
Romano, or to Marc Antonio. Those of the author of
this article have been equally unavailing, in the cabinets
of Munich, Vienna, Dresden and Leipsic; and in the
collections of Amsterdam and the Hague, Buckingham,
Stowe and the British Museum. In Paris, no trace of
these engravings is found, either in the Royal Library,
or in private cabinets. Still these are amateurs who
affirm that they existed, and that they have seen fac
similes of them; though, on closer examination, they are
compelled to admit, that these facsimiles were made from
others, and not from the engravings of Marc Antonio. Why
then iterate a charge, which is substantiated by no positive
evidence?

One of Giulio Romano's most important works at Mantua, was the magnificent palace of the T; of which the architecture and the painting are alike admirable. It was here
that, giving scope to his imagination, he produced an immense multitude of pictures; in contemplating which, we
are at a loss whether most to admire the astonishing fertility
of his invention, or his wonderful powers of execution. He
subsequently painted, in the palace of Mantua, a gallery
representing the war of Troy; and also executed a variety of
other pictures, among which should be mentioned the Adoration of the Shepherds; which was first placed in the chapel
of St. Andrew at Mantua, and in the sequel given by the
Duke to Charles I. of England; after whose death, it

was bought by Jabach; and it is now in the Gallery of the Louvre.

Giulio Romano also constructed a great number of public and private edifices in Mantua, which wholly changed the face of that city. The Duke was an admirer of his talents, and evidenced his esteem by frequent benefactions.

After the death of Duke Frederic, Giulio removed to Bologna; where he furnished the plan of the new façade for the church of St. Petronius : and he would doubtless have succeeded Antonio San Gallo, as architect of Rome; but his health was now totally dilapidated, and he died soon after, on the 1st. Nov. 1546, at the age of fifty four.

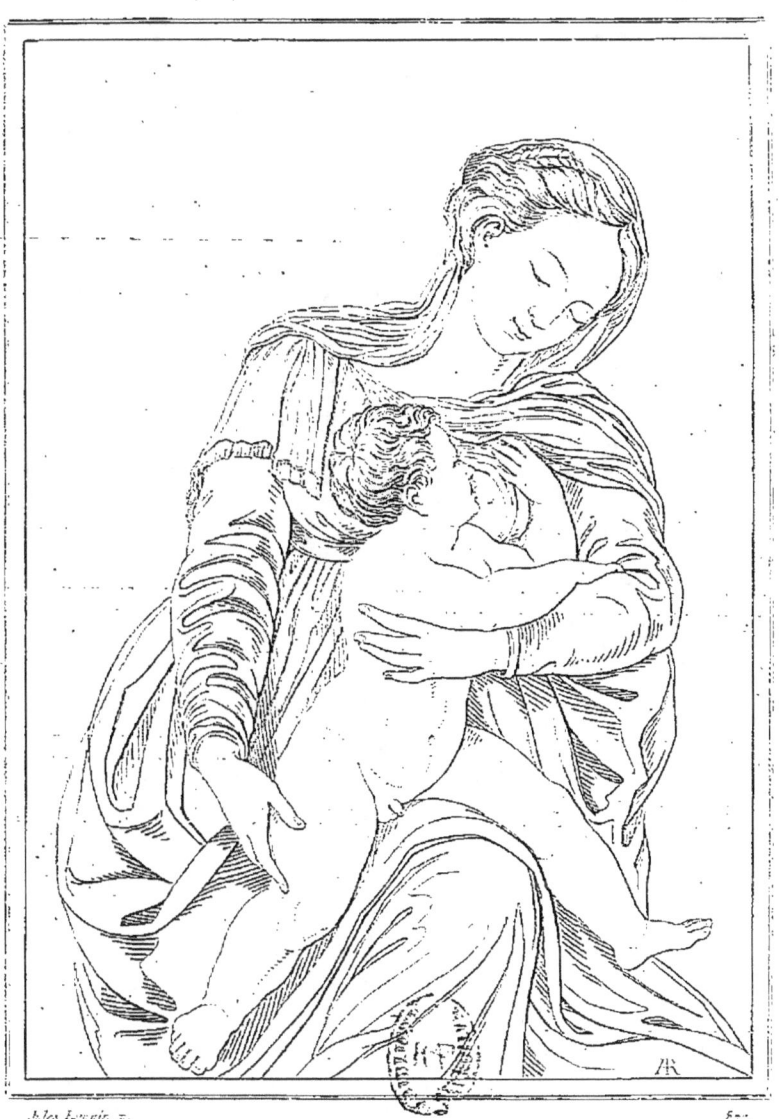

Jules Lenain p.   87.

LA VIERGE ET L'ENFANT JÉSUS.

LA VIERGE ET L'ENFANT JÉSUS.

L'expression de la Vierge et la composition de ce groupe, rappellent aux yeux quelque chose du divin Raphaël, dont Jules Romain était l'élève ; cependant on peut trouver la pose de l'Enfant Jésus un peu outrée. Les figures de ce tableau sont peintes de grandeur naturelle, la couleur en est vigoureuse.

Il faisait partie du cabinet du comte de Frieses, et fut vendu à Vienne en 1825.

Haut., 6 pieds ; larg., 3 pieds 6 pouces.

872.

❦❦❦

THE VIRGIN AND THE INFANT.

The composition of this group, and the expression of the Virgin, remind us of Giulio Romano's master, the divine Raffaelle; still, there is something forced in the attitude of the Infant. The figures are of the natural size, and the colouring is vigorous.

This picture belonged to the collection of Count de Frieses, and was sold at Vienna, in 1825.

Height, 6 feet 4 inches; width, 3 feet 8 inches.

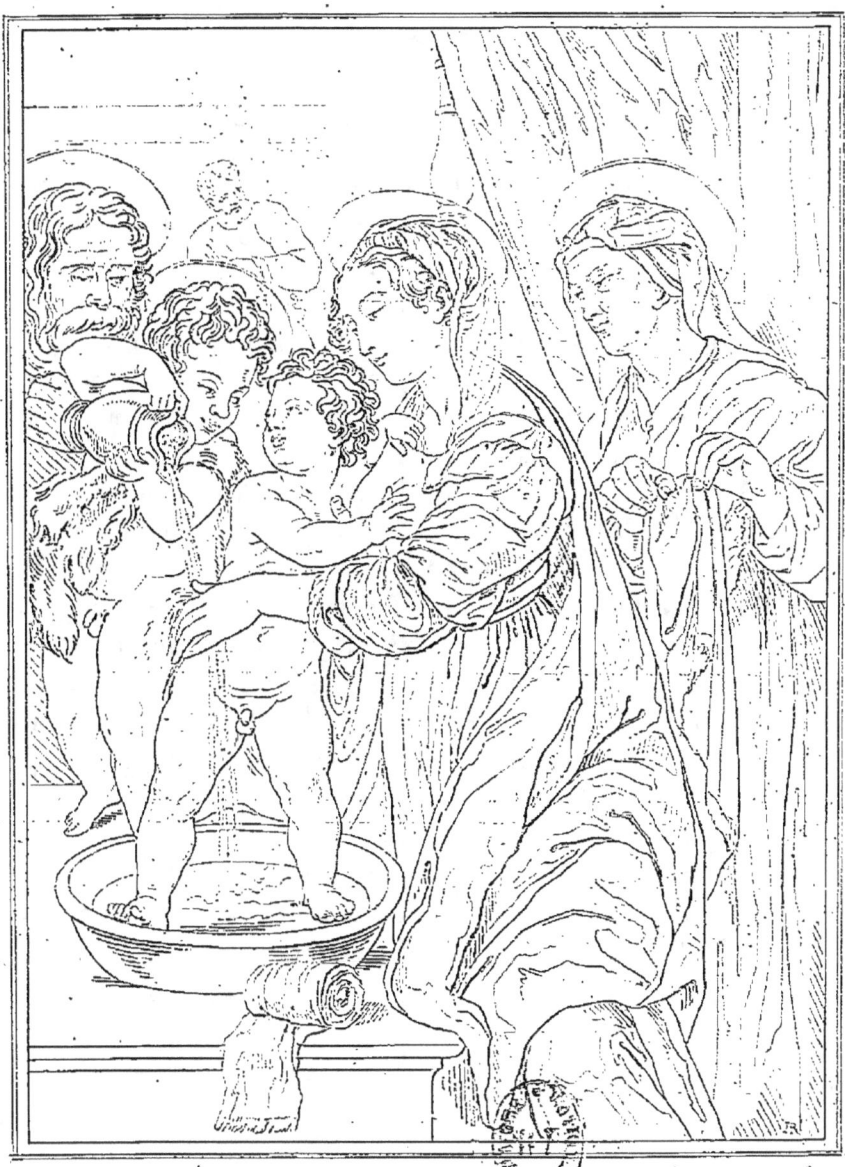

Jules Romains p.   759.

STᵉ FAMILLE.

SAINTE FAMILLE.

Nous avons déjà eu l'occasion de dire que les Saintes Familles peuvent être classées en deux grandes divisions, fondées sur la représentation de scènes *mystiques* ou *familières*. On doit mettre, dans la première, toutes les grandes Saintes Familles dans lesquelles la Vierge et l'enfant Jésus se trouvent placés sur un trône, ou bien debout sur les nuées, entourés d'anges ou accompagnés de saints, saintes, ou autres personnages, souvent en adoration.

Celle-ci, au contraire, représente une des actions les plus simples de la vie domestique. La Vierge a déshabillé l'enfant Jésus et le tient debout dans un bassin; le petit saint Jean verse sur lui de l'eau, tandis que la Vierge le lave avec sa main. Derrière elle est sainte Élisabeth tenant un linge pour essuyer l'enfant; une bande roulée, posée sur la table, indique qu'à l'époque où vivait le peintre, on était dans l'usage d'entourer les enfans d'une longue bandelette, qui serrait tous leurs membres, et les rendait, dans l'âge de la mobilité, presque semblables à des momies.

Ce tableau, peint sur bois par Jules Romain, se voit dans la galerie de Dresde; il est souvent désigné sous le nom de *la Sainte Famille au bassin.* Elle a été gravée par J. J. Flipart.

Haut., 5 pieds 8 pouces; larg., 4 pieds 3 pouces.

76).

THE HOLY FAMILY.

We already have had occasion to say that the Holy Families might be classed into two grand divisions, founded on the representation of *Mystical* or *Familiar* scenes. In the former, must be placed all the great Holy Families in which the Virgin and Infant Jesus are sitting on a throne, or else standing on the clouds, surrounded by angels, or accompanied by saints or other personages generally in adoration.

The present picture on the contrary, presents one of the simplest actions of domestic life. The Virgin has undressed the Infant Jesus and holds him standing in a basin; young St. John is pouring water upon him, whilst the Virgin washes him with her hand. Behind her is St. Elisabeth holding a linen to wipe the child; a band rolled up and placed upon the table, indicates that in the painter's time, it was customary to swathe children with a long bandage, which compressed all their limbs and held them like Egyptian mummies at a time they need most action.

This picture, painted on wood by Giulio Romano, is in the Gallery of Dresden; it often is called the Holy Family *au Bassin*. It has been engraved by J. J. Flipart.

Height, 6 feet; width, 4 feet 6 inches.

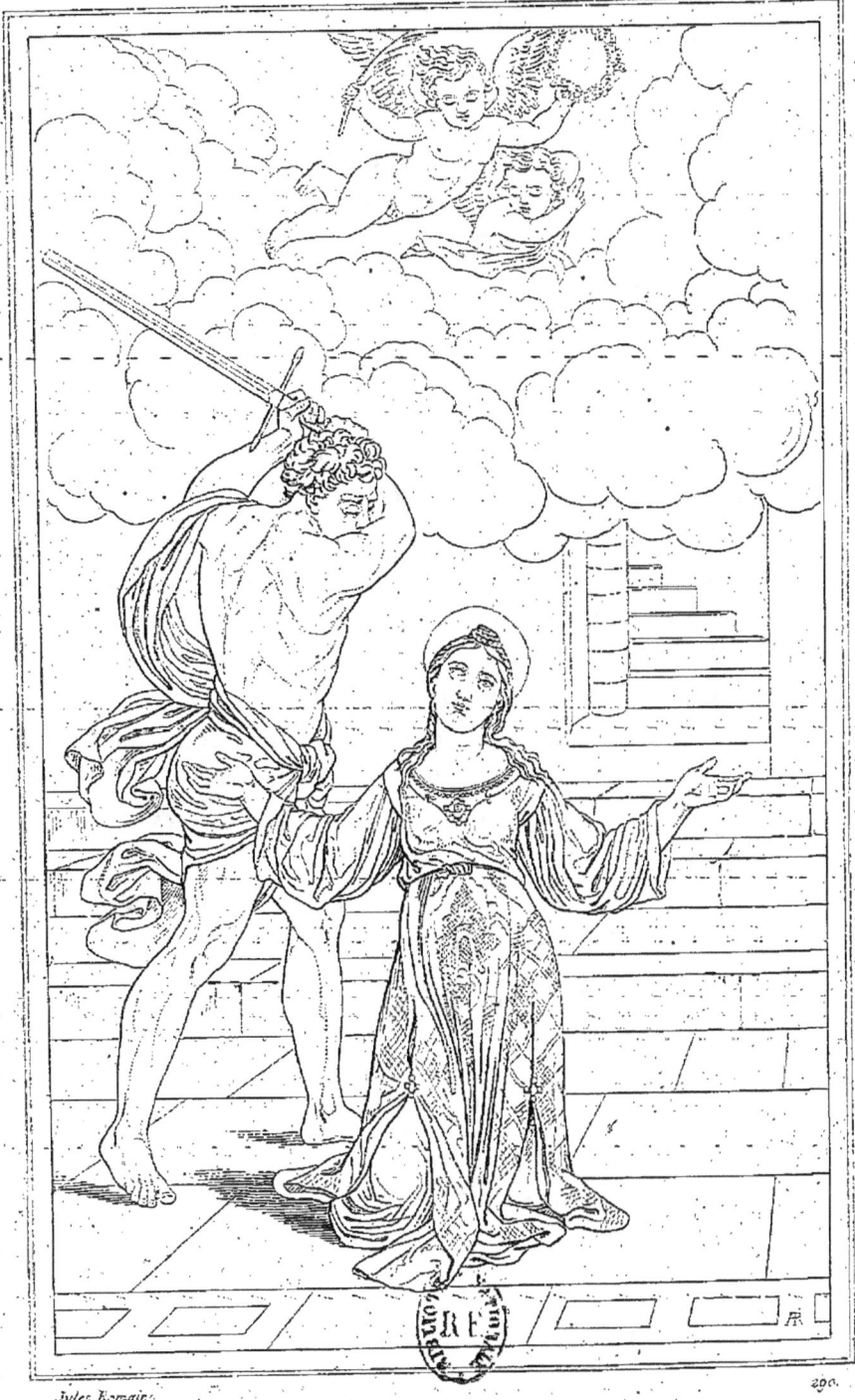

Jules Romain.   290.

Ste CÉCILE.

SAINTE CÉCILE.

Nous avons eu déja l'occasion de parler de sainte Cécile sous le n° 10, et alors nous avons fait connaître l'incertitude qui règne sur les circonstances de la vie et de la mort de cette sainte. Le peintre, Jules Romain, a suivi dans ce tableau la version qui la fait martyriser à Rome ; il n'en pouvait être autrement, puisque son tableau était destiné à orner l'église que l'on croit bâtie dans le lieu même habité par sainte Cécile, et qui lui a été consacrée. Une salle souterraine où étaient établis des bains existe encore, ainsi que les conduits qui y amenaient l'eau ; c'est dans ces lieux souterrains, dit-on, que sainte Cécile reçut le martyre.

Cette peinture est remarquable par la pureté du dessin et la fermeté de l'exécution ; la tête de la sainte est d'une expression sublime ; cette partie du tableau ne le cède en rien aux belles productions de Raphaël, il semble que Jules Romain ait été inspiré par une idée de son maître.

Il existe de ce tableau une estampe gravée par M. Dien, pensionnaire de l'Académie de France à Rome.

Haut., 8 pieds ; larg., 5 pieds.

290.

➣·℮·≾

SAINT CECILIA.

We have already had occasion to speak of St. Cecilia (n° 10), and we then pointed out the uncertainty which exists, relative to the circumstances of the life and death of that saint. The painter, Giulio Romano, has, in this picture, adhered to the version, that relates she suffered martyrdom at Rome: in fact, he could scarce do otherwise since, his picture was intended to ornament the church believed to have been built on the very spot inhabited by St. Cecilia, and which is dedicated to her. A subterranean room, where some baths had been erected, still exists, as also their aqueducts. It was in these subterranean retreats that St. Cecilia, is said to have suffered.

This painting is remarkable for the chasteness of the draw ing, and firm execution. The saint's head is of a sublime ex- pression : and this part of the picture is inferior to none of Raffaelle's productions; Giulio Romano appears as if he had been inspired by an idea of his master.

There is an engraved print of this picture, by M. Dien, pensionary of the French Academy at Rome.

Height, 8 feet 6 inches; width, 5 $\frac{1}{3}$ feet.

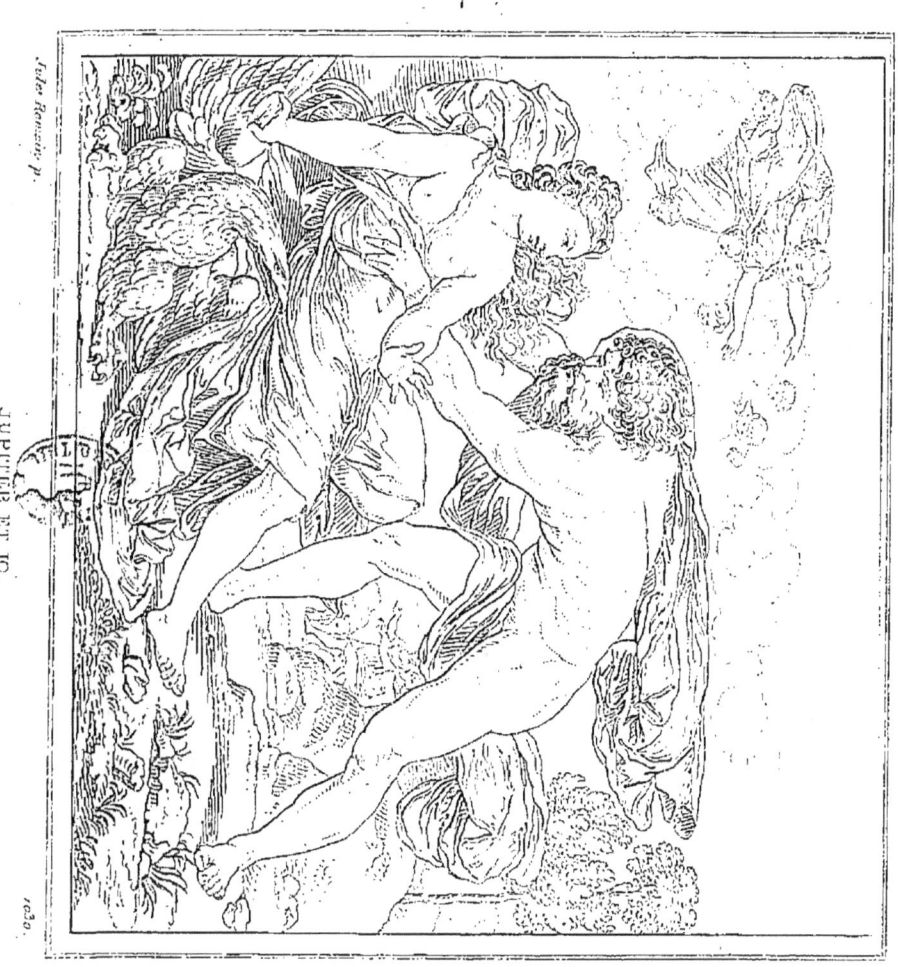

Jules Romain p.

JUPITER ET IO.

1639

JUPITER ET IO.

La beauté de la nymphe Io la fit facilement remarquer de Jupiter, qui en devint fort épris, et ne put pourtant la déterminer à consentir à ses désirs. La nymphe avait même pris la fuite pour se dérober aux poursuites du souverain des Dieux, mais un nuage dont elle fut enveloppée, répandit autour d'elle une telle obscurité, qu'elle ne trouva plus de moyen pour s'échapper.

Junon l'ayant su vint trouver Jupiter, qui, pour mettre celle qu'il aimait à l'abri de la jalousie de la déesse, crut ne pouvoir mieux faire que de la métamorphoser en une belle vache blanche. Mais Junon devina la ruse et demanda cette vache à Jupiter, qui ne put la lui refuser dans la crainte d'éveiller ses justes soupçons. La malheureuse Io fut alors confiée à la garde d'Argus. Le peintre a placé cette scène dans le fond de sa composition, afin d'en rendre la compréhension plus facile.

Ce carton fait partie de la suite qui se voyait au Palais-Royal, il a été gravé par Bernard Lépicier.

Largeur, 8 pieds 11 pouces ; hauteur, 8 pieds 6 pouces.

JUPITER AND IO.

The beauty of the nymph Io, readily made her remarked by Jupiter, who became greatly enamoured of her; she however could not be prevailed upon to consent to his desires; the nymph had even taken flight, to conceal herself from the pursuit of the sovereign of the Gods, but a cloud with which she was surrounded spread about her, so great an obscurity, that she could find no means of escaping.

Juno knowing that, came to Jupiter who in order to place her whom he loved, safe from the jealousy of Juno, thought that he could not do better than to metamorphose Io into a beautiful white cow. Juno however detected the fraud, and requested this cow of Jupiter, who was unable to refuse it without awakening her just suspicions. The unfortunate Io was then confided to the care of Argus, and the painter has placed this scene in the back-ground of his composition in order to render the comprehension of it more easy.

This cartoon formed part of the collection of the Palais Royal, and was engraved by Bernard Lépicier.

Breath, 9 feet 6 inches; height, 9 feet 1 inch.

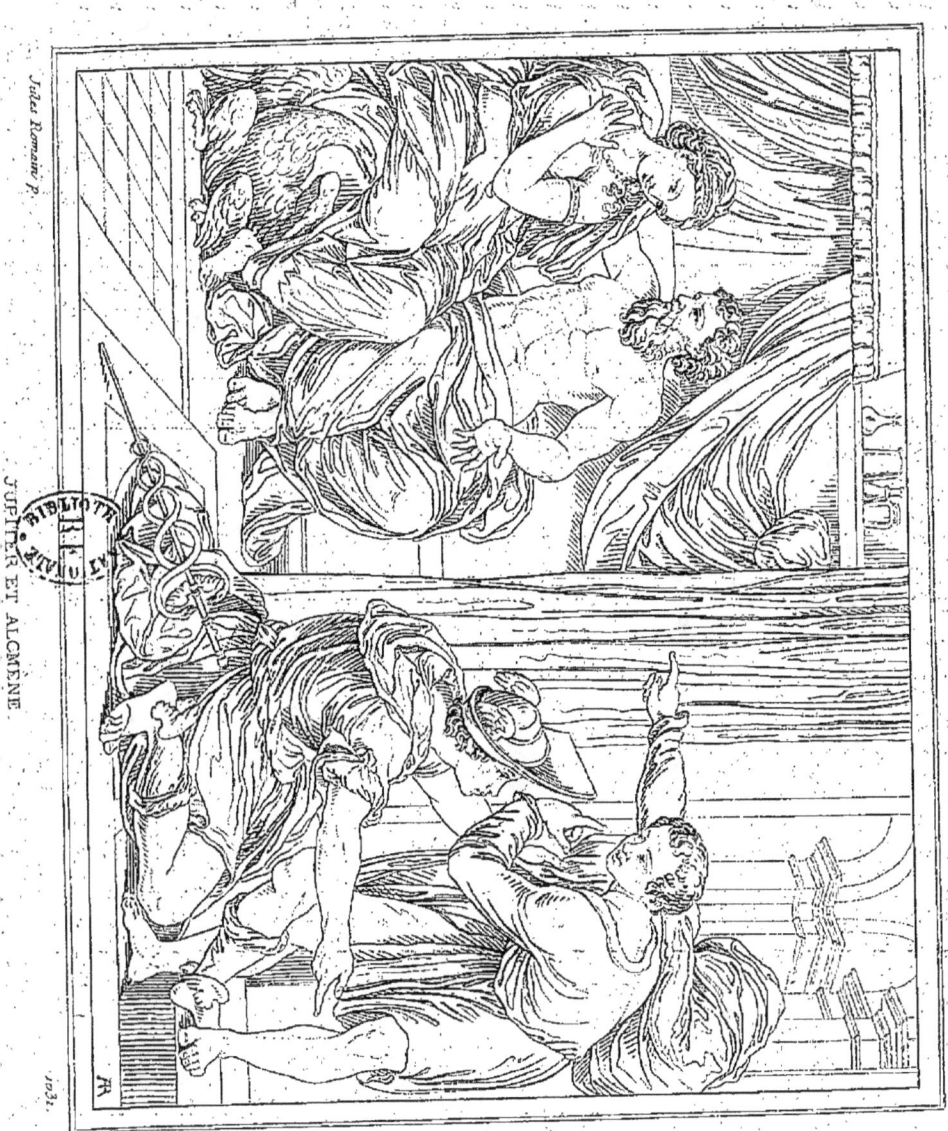

JUPITER ET ALCMENE

1831.

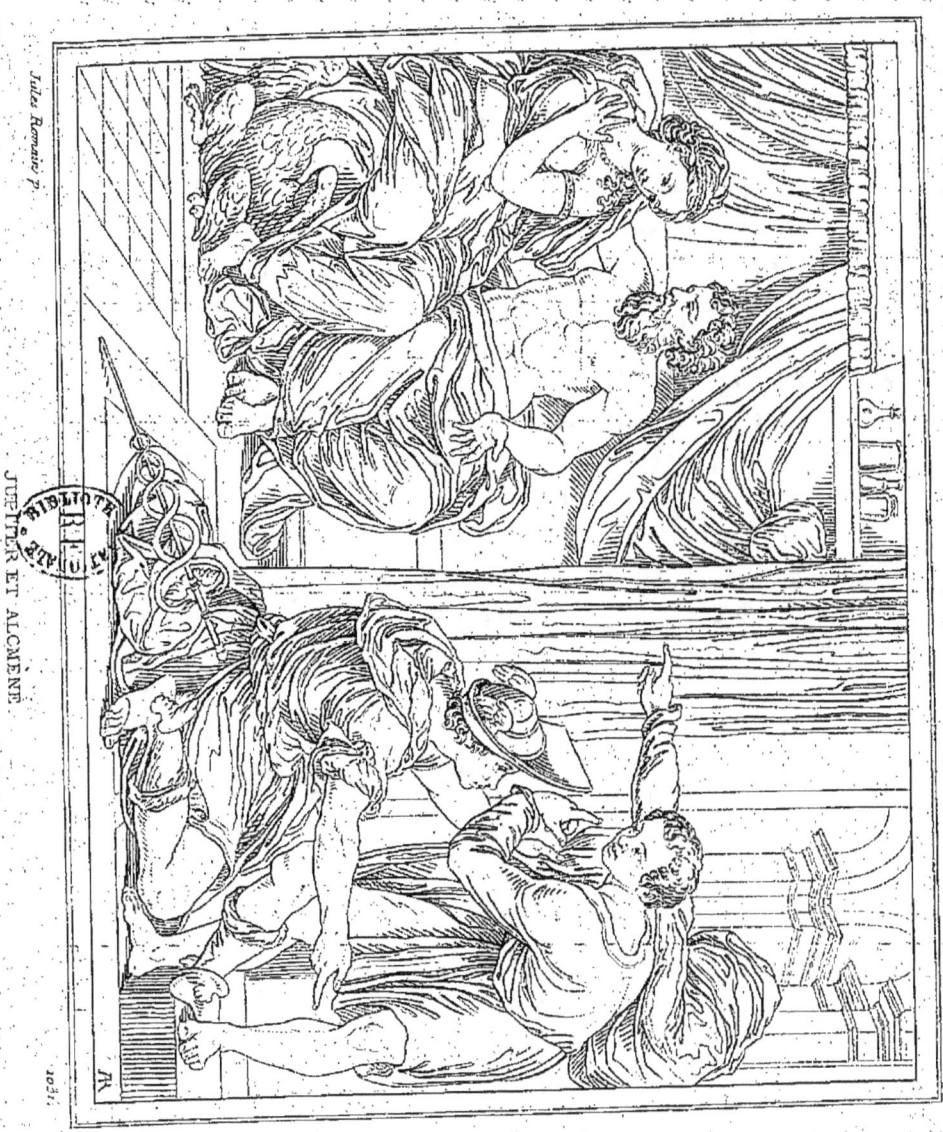

Jules Romain p.

JUPITER ET ALCMENE

1031

JUPITER ET ALCMENE.

L'aventure d'Amphitryon et de Sosie est tellement connue, qu'il n'est pas nécessaire de la rappeler ; d'ailleurs on peut retrouver dans la comédie de Plaute, ou bien dans celle de Molière.

Le peintre Jules Romain nous représente ici deux scènes distinctes qui se passent, l'une dans l'intérieur de la maison, et l'autre sur la place publique. A droite, on voit Jupiter assis sur le lit d'Alcmène qui croit être avec Amphitryon. Le manteau de Jupiter est rouge, les rideaux du lit sont verts, et le voile d'Alcmène est bleu. De l'autre côté du tableau on voit Mercure assis sur le seuil de la porte, et s'opposant à l'entrée de Sosie, lorsque celui-ci, après avoir long-temps disserté sur ce qu'il va raconter de la bataille qu'il n'a pas vue, se détermine enfin à dire : « Allons, j'entre chez nous, pour faire part à ma maîtresse de ce que mon maître m'a chargé de lui dire. Mais quel est cet homme que j'aperçois devant la maison ? à l'heure qu'il est, cela m'est suspect. »

Ce carton a fait autrefois partie de la galerie du Palais-Royal, il a été gravé par Nicolas Tardieu.

Largeur, 11 pieds 2 pouces ; hauteur, 9 pieds 1 pouce.

JUPITER AND ALCMENE.

The adventure of Amphitryon and Sosius is so well known, that it is not necessary to speak of it, besides it may be met with in the comedy of Plautus, or in that of Molière.

The artist here presents us with two distinct scenes which are passing, the one in the interior of the house, and the other on the public place. On the right is seen Jupiter, seated on the bed of Alcmena, who believes herself with Amphitryon. The mantle of Jupiter is red, the curtains of the bed are green, and Alcmena's veil is blue. On the other side of the picture, Mercury is seen seated at the threshold of the door, opposing the entrance of Sosius, when the latter after making a long dissertation about what he is going to relate, about a battle that he had not seen, at length says « Well, I am going in to the house to tell my mistress of what my master directed me to inform her! » But who is that man that I see before the house? At this hour that appears to me suspicious. »

This cartoon formed part of the Gallery of the Palais Royal formerly, and has been engraved by Nicolas Tardieu.

Breath, 11 feet 11 inches; height, 9 feet 8 inches.

1031.

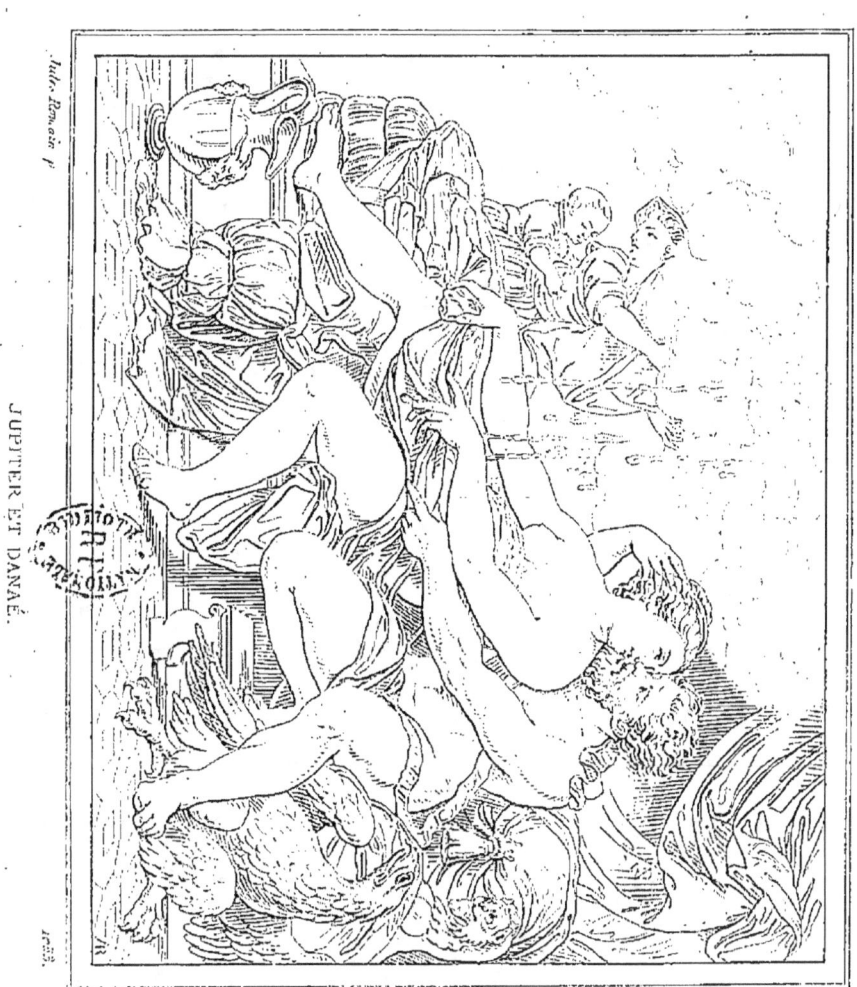

Juls. Lemoir p'

JUPITER ET DANAÉ.

C'est avec raison qu'Horace, en parlant du pouvoir de l'or, a dit : « Plus puissant que la foudre, l'or se glisse facilement entre les sentinelles; il traverse les rochers les plus durs. L'amour de l'or a causé la mort du célèbre devin d'Argos, et la ruine de toute sa race. C'est avec de l'or que le héros macédonien forçait les portes des villes et supplantait les rois ses rivaux. Avec de l'or on parvient même à adoucir la barbarie des pirates. »

C'est avec de l'or aussi que Jupiter parvint à tromper la vigilance d'Acrise, qui avait enfermé Danaé dans une tour, parce que l'oracle lui avait prédit qu'il périrait par la main d'un enfant auquel sa fille donnerait naissance.

Ce carton de Jules Romain faisait partie de la galerie du Palais-Royal, il fut alors gravé par Jean-Baptiste Poilly

Largeur, 8 pieds 8 pouces; hauteur, 7 pieds 6 pouces.

JUPITER AND DANAE.

Horace was right, in speaking of the power of Gold, to say : « More powerful than the thunder bolt, gold finds its way amongst sentinels; it traverses the hardest rocks. The love of gold, caused the death of the celebrated soothsayer of Argos, and the destruction of his race. It was with gold, that the macedonian hero forced the gates of cities, and supplanted kings his rivals. With gold, we even succeed in lessening the barbarity of pirates. »

It was with gold also, that Jupiter, was enabled to deceive the vigilance of Acrisius, who had confined Danae in a tower, because the oracle had predicted, that he would perish by the hand of the child, of which his daughter would be delivered.

This cartoon of Giulio Romano, formed part of the Gallery of the Palais Royal, and was then engraved by Jean Baptiste Poilly.

Breath, 9 feet 3 inches; height, 7 feet 11 inches.

1033.

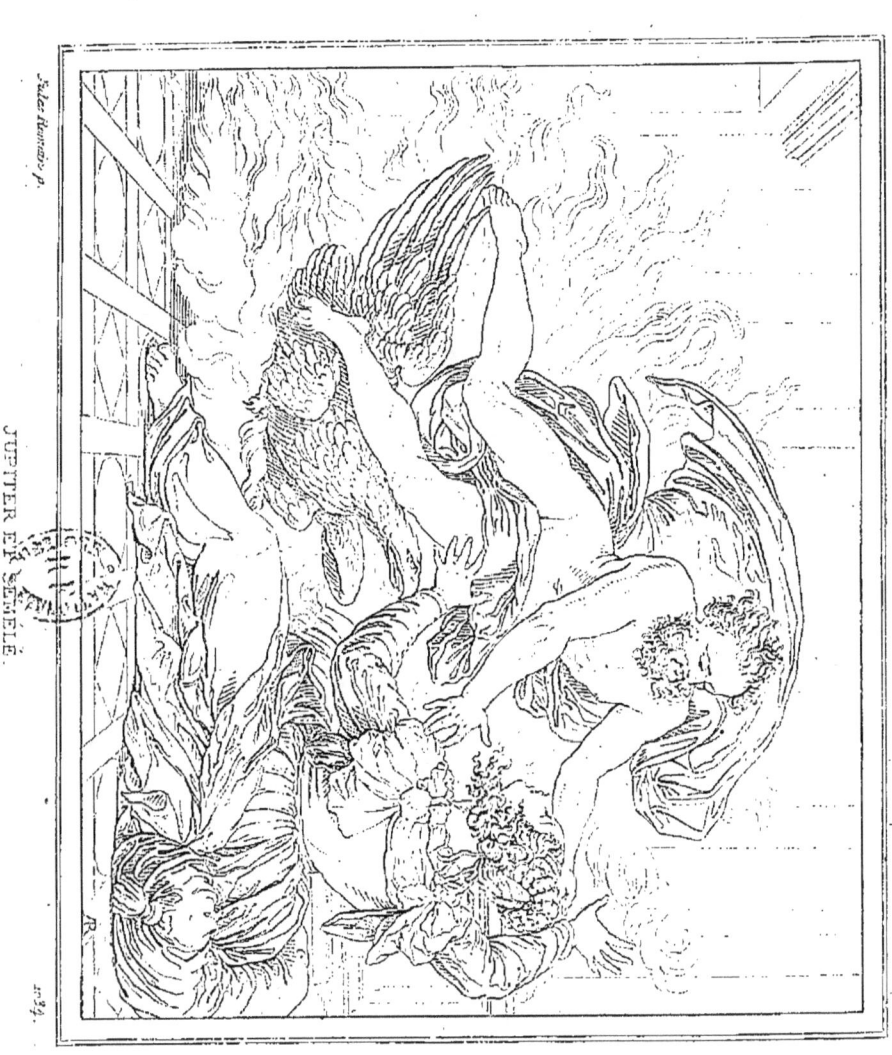

Jules Hreveau p.

JUPITER ET SÉMÉLÉ.

n° 24.

JUPITER ET SÉMÉLÉ.

Les nombreuses infidélités de Jupiter allumaient sans cesse la jalousie de Junon, qui, ne pouvant punir le souverain des Dieux, cherchait du moins à satisfaire sa vengeance, sur les mortelles dont la beauté avait causé le malheur.

Sémélé, fille de Cadmus, allait devenir mère de Bacchus, lorsque Junon, dans l'espoir de s'opposer à cette naissance, se présenta à la princesse, sous la figure de Beroé sa nourrice, et lui fit entendre que celui qu'elle aimait n'était peut-être qu'un imposteur qui prenait le nom de Jupiter. « S'il est vrai que ce Dieu soit en effet votre amant, qu'il vous en donne des marques certaines, qu'il le fasse connaître, qu'il vienne vous voir avec la majesté qui l'accompagne, lorsqu'il s'approche de Junon, qu'il prenne pour vous l'assurer tout l'appareil de sa grandeur. »

Sémélé ayant obtenu cette promesse de Jupiter, il vint en effet avec ses foudres et ses éclairs, mais à l'instant même la maison fût embrasée et Sémélé périt dans l'incendie. Cependant Jupiter eut le temps d'enlever de son sein l'enfant qu'elle portait et de lui conserver ainsi l'existence.

On peut s'étonner de voir que dans ce carton Jules Romain ait vêtu la fille de Cadmus à la manière des dames romaines du XVIᵉ siècle. Sa figure exprime bien l'effroi qu'il est naturel d'éprouver dans une semblable situation. Le manteau de Jupiter est bleu, ce qui fait une grande opposition avec les flammes dont il est entouré.

Jean Haussart a gravé ce carton, lorsqu'il était dans la galerie du Palais-Royal.

Largeur, 11 pieds 2 pouces; hauteur, 9 pieds 1 pouce.

1034.

JUPITER AND SEMELE.

The numerous infidelities of Jupiter, awakened unceasingly the jealousy of Juno, who unable to punish the sovereign of the Gods, sought at least to satisfy her vengeance on the mortals whose beauty had caused the misfortune. Semele, the daughter of Cadmus was about to became the mother of Bacchus, when Juno, in the hope of preventing the birth, presented herself to the princess under the form of Beroe, her nurse, and gave her to understand, that he whom she loved, might perhaps be an impostor, who assumed the name of Jupiter. « If it be true that this lover of yours is indeed a God, let him give you certain proof of it, let him make himself known, let him come to see you with all the majesty which accompanies him when he approaches Juno, let him give you the assurance of it by appearing in all his grandeur. »

Semele having obtained this promise of Jupiter, he came indeed with his thunder bolts, and lightnings, instantly the house was set on fire, and Semele perished in the blaze. Jupiter however, had time to take from her besom the child she bove, and thus to preserve its existence.

In this cartoon, we may be surprised that Giulio Romano, should have dressed the daughter of Cadmus in the fashion of Italian ladies of the 16th. century. Her countenance expresses well the fright that a similar situation may be supposed to inspire. The mantle of Jupiter is blue, which forms a great contrast to the flames with which she is surrounded.

Jean Haussart engraved this cartoon when it was in the Gallery of the Palais Royal.

Breath, 11 feet 11 inches; height 9 feet 8 inches.

1034.

JUPITER AND SEMELE.

The numerous infidelities of Jupiter, awakened unceasingly the jealousy of Juno, who unable to punish the sovereign of the Gods, sought at least to satisfy her vengeance on the mortals whose beauty had caused the misfortune. Semele, the daughter of Cadmus was about to became the mother of Bacchus, when Juno, in the hope of preventing the birth, presented herself to the princess under the form of Beroe, her nurse, and gave her to understand, that he whom she loved, might perhaps be an impostor, who assumed the name of Jupiter. « If it be true that this lover of yours is indeed a God, let him give you certain proof of it, let him make himself known, let him come to see you with all the majesty which accompanies him when he approaches Juno, let him give you the assurance of it by appearing in all his grandeur. »

Semele having obtained this promise of Jupiter, he came indeed with his thunder bolts, and lightnings, instantly the house was set on fire, and Semele perished in the blaze. Jupiter however, had time to take from her besom the child she bove, and thus to preserve its existence.

In this cartoon, we may be surprised that Giulio Romano, should have dressed the daughter of Cadmus in the fashion of Italian ladies of the 16th. century. Her countenance expresses well the fright that a similar situation may be supposed to inspire. The mantle of Jupiter is blue, which forms a great contrast to the flames with which she is surrounded.

Jean Haussart engraved this cartoon when it was in the Gallery of the Palais Royal.

Breath, 11 feet 11 inches; height 9 feet 8 inches.

1034.

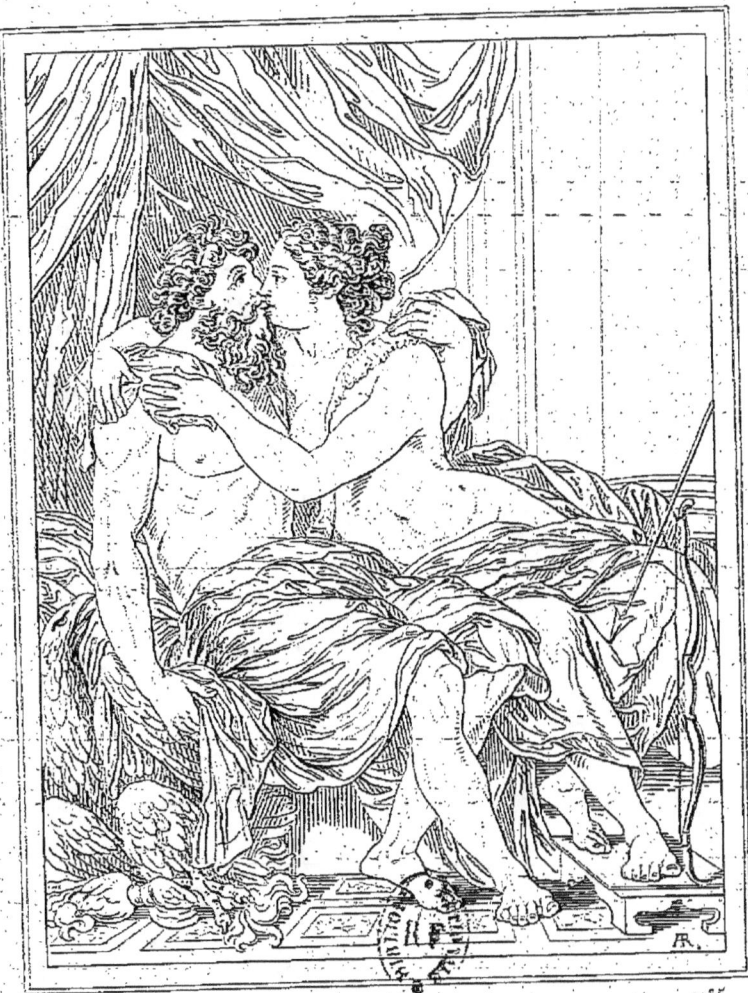

JUPITER ET CALISTO.

JUPITER ET CALISTO.

Ce carton de Jules Romain était autrefois dans la galerie du Palais-Royal, à Paris. Il faisait partie d'une suite que l'on croit avoir été acquise par la reine de Suède, qui sans doute les avait trouvés en Flandre. Ils y avaient été envoyés par le duc de Mantoue, pour servir de modèle à des tapisseries.

On a désigné ce carton comme représentant Jupiter et Junon; mais certainement c'est une erreur, puisque l'on ne voit dans la composition aucun des attributs de l'épouse de Jupiter. La beauté de la figure, la simplicité de la parure, l'arc et la flèche doivent ici faire reconnaître Calisto, dont Ovide dit : « Cette nymphe ne s'appliquait ni à filer, ni à se parer; un ruban blanc attachait ses cheveux, qu'elle ne prenait aucun soin d'arranger. Sa robe était retroussée avec une simple agrafe. On la voyait toujours avec un arc et une flèche. »

Cette composition a été gravée par Bernard Lépicier, lorsqu'elle était dans la galerie du Palais-Royal.

Largeur, 8 pieds 11 pouces; hauteur, 8 pieds 6 pouces.

1035.

JUPITER AND CALISTO.

This cartoon of Giulio Romano, belonged formerly to the Gallery of the Palais Royal, and formed part of a collection obtained by the Queen of Sweden, who no doubt met with them in Flanders, where they had been sent as models for tapistry.

It was formerly said to represent Jupiter and Juno; this is undoubtedly an error, since the composition does not exhibit any of the attributes of the wife of Jupiter.

The beauty of countenance, the simplicity of dress, the bow and arrow, all serve to recal Calisto of whom Ovid relates : « This Nymph neither applied herself to spinnin nor to ornament her person, a white ribbon bound her hair, which she took no care to arrange in order. Her robe was fastened up with a clasp only. She appeared always with a bow and arrow. »

This composition has been engraved by Bernard Lépicier, when it was in the Gallery of the Palais Royal.

Breath, 9 feet 6 inches; height 9 feet 1 inch.

1035.

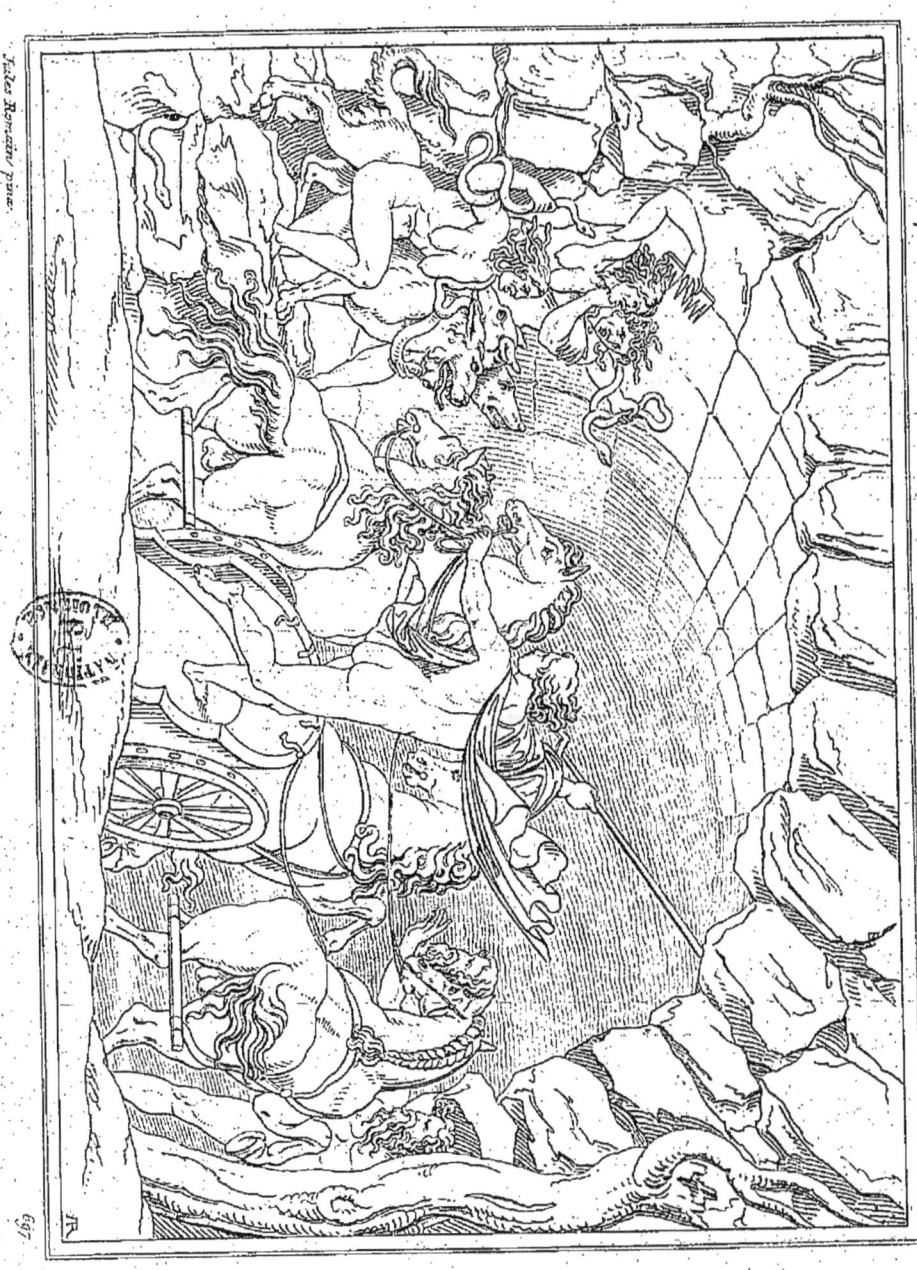

PLUTON ENTRANT AUX ENFERS.

Le peintre Jules Romain fut chargé de construire le palais du T, situé dans une île près de Mantoue; c'est lui qui donna les dessins et exécuta, en grande partie, les nombreuses peintures qui décorent les chambres de ce palais. Il représenta, dans la troisième chambre, la victoire de Jupiter sur les géans. Cette composition embrasse d'un seul jet les murs et le plafond de la salle, c'est le poëme tout entier de la gigantomachie. L'invention est impétueuse, terrible; les groupes sont pleins de vigueur, mais la couleur est un peu rouge, et le dessin n'est pas toujours des plus corrects.

Jupiter occupe la partie la plus élevée. Les géans sont dispersés tout autour; dans une autre partie on voit les Danaïdes, puis les Titans écrasés : dans celle-ci Pluton, sur un char attelé de quatre chevaux noirs, rentrant aux enfers, après avoir aidé son frère à remporter la victoire.

La galerie de Vienne possède une grande étude de la figure de Pluton. C'est un objet d'autant plus précieux, que les tableaux de Jules Romain sont rares.

La composition entière a été gravée en cinq planches, par Pietre-Sante Bartoli. La figure de Pluton l'a été par Troyen.

697.

PLUTO'S ARRIVAL IN HELL.

The painter Giulio Romano was commissioned to build the Palazzo del T, situated in an island near Mantua. It was he who gave the designs and executed a great part of the numerous paintings that adorn the apartments of this palace. He represented in the third chamber, Jupiter's victory over the giants. This composition takes up the whole of the walls and ceiling of the room : it is the entire poem of Gigantomachia. The invention is forcible, terrible; the groups are full of vigour, but the colouring is reddish, and the drawing is not always exceedingly correct.

Jupiter occupies the highest part : the giants are dispersed all around; in another part are the Danaides, also the Titans who are overpowered. Here Pluto is seen on a car drawn by four black horses returning into hell, after having assisted his brother in gaining the victory.

The Gallery of Vienna possesses a large study of the figure of Pluto : it is an object the more precious, as Giulio Romano's pictures are scarce.

The whole composition has been engraved in five plates by Pietro San Bartoli, and the figure of Pluto has been given by Troyen.

697.

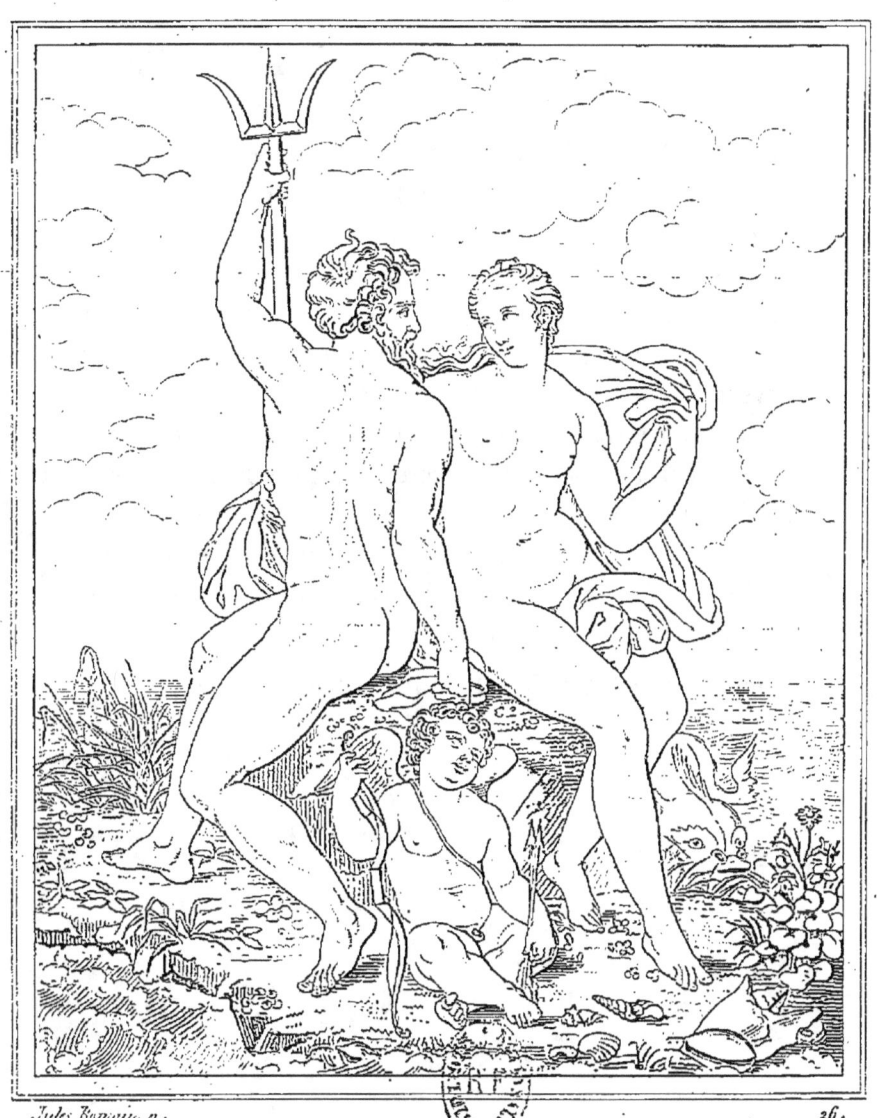

Jules Romain. p.   26.

NEPTUNE ET AMPHITRITE

NEPTUNE AND AMPHITRITE.

The drawing is the only thing to be admired in this picture, since the colouring is rather harsh, as is generally the case with Giulo Romano. The composition presents some irregularities and too little action. It is difficult to imagine two persons sitting by each other on a rock that can scarcely contain them, and still more difficult to explain the posture of Cupid seated between them.

This picture was probably intended as an ornament between two windows, in a room where heathenish divinities were equally grouped.

Amphitrite's head seems to be a portrait. The picture was bought in 1810 for cardinal Fesch, and has been engraved by M. Richomme.

Height, 6 feet 4 inches; breadth, 4 feet 3 inches.

NEPTUNE ET AMPHITRITE.

Le dessin est la seule chose qu'on puisse admirer dans ce tableau, car sa couleur est un peu crue, comme l'est ordinairement celle de Jules Romain. Quant à la composition, elle offre quelques irrégularités et trop peu d'action. Il est difficile de concevoir deux personnes assises l'une auprès de l'autre sur un rocher qui peut à peine les contenir, et on ne sait comment expliquer la pose de cet Amour assis entre eux.

On doit croire que ce tableau a été fait pour orner un trumeau dans une pièce où probablement d'autres dieux de la fable se trouvaient également groupés.

Il est probable que la tête d'Amphitrite est un portrait. Le tableau fut acheté en 1810 pour le cardinal Fesch; il a été gravé par M. Richomme.

Haut., 6 pieds; larg., 4 pieds.

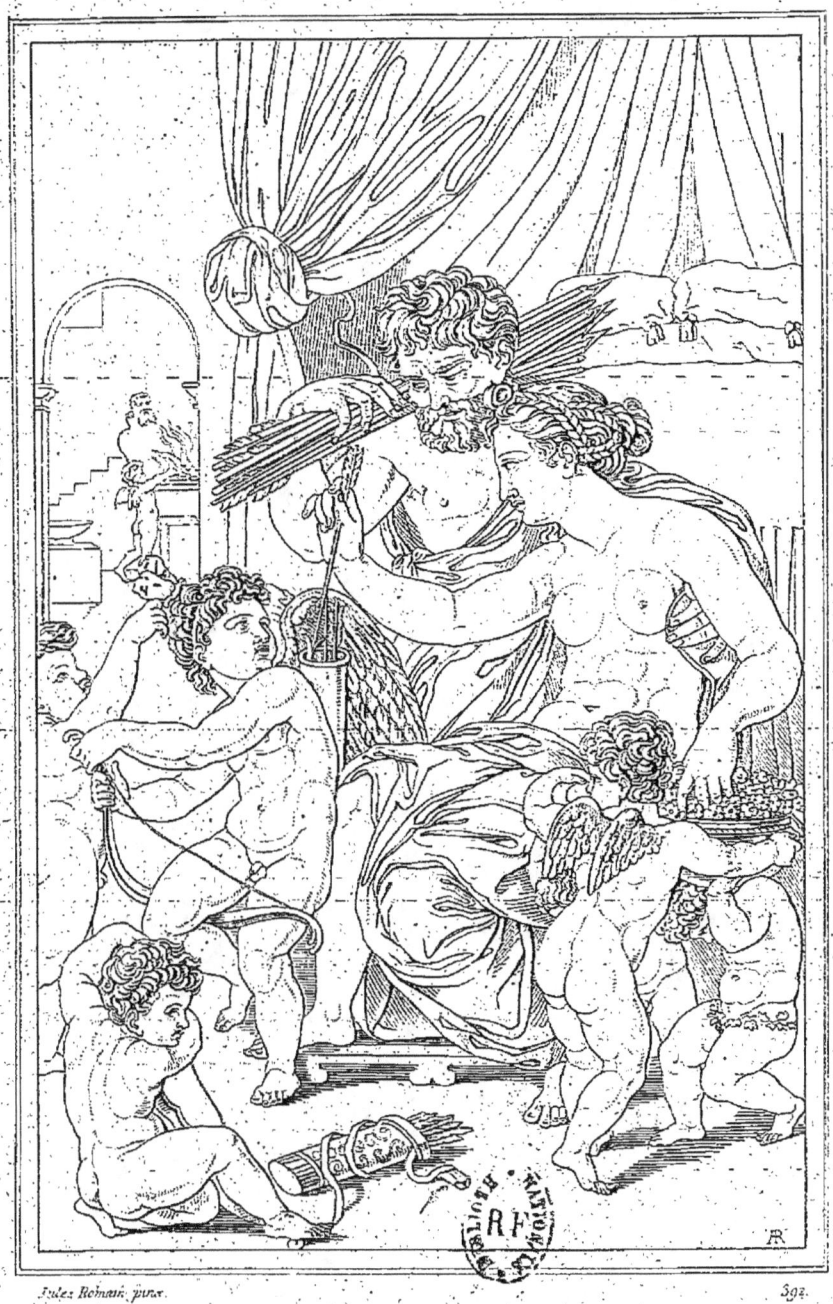

Jules Romain pinx.

392.

VÉNUS ET VULCAIN.

VÉNUS ET VULCAIN.

Les compositions de Jules Romain offrent quelque chose de la noblesse de celles de Raphaël, dont il fut l'élève chéri; mais elles n'ont ni la grace ni la pureté que cet habile maître savait mettre dans ses ouvrages.

Le dessin de Jules Romain est généralement moins correct et moins pur; quant à sa couleur, elle n'est ni aussi fondue ni aussi vraie que celle de Raphaël.

Vulcain, assis près de Vénus, semble prendre plaisir à voir des amours jouer avec les armes qu'il leur a fabriquées. Ce dieu porte encore sur son épaule d'autres flèches plus grandes que celles que Vénus tire du carquois de l'un des amours; on peut croire qu'elles sont destinées à Cupidon, ce tyran de la terre et des cieux, qui blesse d'une manière si terrible les dieux et les hommes. Les figures de ce tableau sont très belles; mais, peint sur bois, il a éprouvé quelques altérations, et aurait besoin d'être transporté sur toile.

Il a été gravé par E. Morace.

Haut., 1 pied 2 pouces; larg., 9 pouces.

Nota. C'est par erreur que sur la planche quelques épreuves portent le titre de Vénus et l'Amour.

VENUS AND VULCAN.

Giulio Romano's compositions present something of the grandeur of those of Raphael, of whom he was the favourite disciple : but they have neither the grace nor the purity which this skilful master displayed in his works.

Giulio Romano's designing is generally less correct and less pure : as to his colouring, it is neither so well blended nor so faithful as Raphael's.

Vulcan, seated near Venus, seems to derive pleasure in seeing the loves sport with the arms which he has forged for them. The god has also over his shoulder other arrows larger than those that Venus draws from the quiver of one of the loves : these may be supposed to be intended for Cupid, the tyrant of the heavens and earth, who so deeply wounds both gods and men. The figures, in this picture, are very beautiful, but, being painted on wood, are damaged in parts, and would require to be transferred to canvass.

This picture has been engraved by E. Morace.

Height, 14 inches; width, 9 ½ inches.

N. B. It is by error that some of the impressions of the plate bear the title of VENUS AND CUPID.

392.

Jules Romain p.

DANSE DES MUSES

DANSE DES MUSES.

Cette danse d'Apollon avec les Muses est sans doute une allégorie par laquelle l'auteur a voulu faire entendre que tous les arts se tiennent par la main, et que tous ils ressortent du génie.

Le fond de ce tableau est doré, et toutes les figures n'ayant pas d'attributs particuliers, sont distinguées par leur nom écrit en grec dans une banderole qui occupe toute la largeur du tableau. La pose de chaque figure est des plus agréables; il y a de la vérité et de la grace dans tous leurs mouvemens, les draperies en sont jetées avec goût, mais la couleur est un peu crue, ainsi que cela est assez fréquent chez les maîtres habitués, comme Jules Romain, à peindre des fresques.

Quoique ce tableau soit regardé comme de Jules Romain, quelques personnes ont prétendu qu'il était de Polidore Caldara, mais rien ne vient à l'appui de cette opinion. Il fait partie de la galerie de Florence, est peint sur bois, et a été gravé par M. Massard.

Larg., 1 pied 8 pouces; haut., 1 pied 2 pouces.

99.

DANCE OF THE MUSES.

This dance of Apollo and the Muses is evidently an allegory by which the author wishes to explain that all the arts go hand-in-hand, and all spring from genius.

The back-ground of the picture is gilt, and the figures not exhibiting peculiar attributes are distinguished by bandrols, on which are respectively written in greek the name of each Muse.

The posture of all the figures is highly agreeable, truth and grace is expressed in all their movements, the draperies are tastefully thrown, but the colouring is rather harsh, which is frequently the case with great artists accustomed, like Julio Romain, to paint in fresco.

Although this picture is received as Julio Romain's, some persons have pretended it was by Polidorus Caldara, but such opinion is totally unfounded. It belong to the Florence gallery, is painted on wood, and has been engraved by M. Massard.

Breadth, 1 foot 2 inches; height, 1 foot 3 inches.

Jules Romain pinx.

PANDORE PRÉSENTÉE À JUPITER.

PANDORE
PRÉSENTÉE A JUPITER.

Quelques personnes ont cru voir dans ce tableau Prométhée venant remercier Jupiter et lui exprimer sa reconnaissance pour un bienfait tel que Pandore. Cette explication ne nous paraît pas admissible, puisque Prométhée, méfiant et rusé, n'accepta pas l'épouse que lui destinait Jupiter. Il semble plus naturel de voir dans le personnage placé près de Pandore le dieu Vulcain à qui Jupiter avait ordonné de faire une femme pour Prométhée. Le dieu du feu nous paraît suffisamment désigné par la cuirasse que l'on aperçoit en dessous de son manteau. La chouette, le livre et la sphère, indiquent les dons que Pandore reçut de Minerve, de Mercure et des autres divinités. Vulcain, en la présentant à Jupiter, semble dire au maître des dieux : Elle est belle, c'est mon ouvrage, et je pense que vous devez être satisfait; mais les autres dieux, voulant tous vous plaire, l'ont douée de toutes les qualités.

Jules Romain, dans ce tableau, s'est montré digne élève de Raphaël. On y trouve le témoignage d'une parfaite connaissance de la science anatomique. La figure de Pandore est très belle, et la couleur est merveilleuse. Le paysage mérite aussi d'être admiré et fait honneur à son auteur.

Les amateurs verront sans doute avec plaisir un tableau qui n'a jamais été gravé, et qui est l'un des plus beaux du cabinet de M. le marquis Manfrin, à Venise.

Larg., 5 pieds 5 pouces? haut., 4 pieds 2 pouces.

TRIOMPHE DE TITUS.

TRIOMPHE DE TITUS.

Le jeune Titus gagna si bien l'affection de ses soldats, qu'après la prise de Jérusalem ils le saluèrent du nom d'*empereur* et voulaient l'obliger à rester en Judée, avec eux, ou à les emmener tous avec lui. On conçut à Rome quelques soupçons sur la fidélité de Titus, et le diadème, qu'il avait ceint lors de la cérémonie de la consécration du bœuf Apis, sembla les confirmer. Suétone rapporte qu'informé de ces bruits le jeune Titus se rendit en toute hâte à Rome, et, se présentant inopinément devant l'empereur Vespasien, il l'aborda en disant : « Me voici, mon père, me voici. »

Un langage aussi simple et aussi respectueux amena une union franche et entière entre le père et le fils. Les deux princes triomphèrent ensemble, la cérémonie fut des plus pompeuses, et on voit encore l'arc qui fut élevé pour perpétuer le souvenir de ce triomphe. Vespasien employa les dépouilles des Juifs à bâtir un temple consacré à la paix. Jules Romain a représenté les deux triomphateurs placés sur le même char, et tous deux couronnés par la Victoire. Sur la droite du tableau on aperçoit en partie l'arc de Titus. On voit aussi une Juive captive, qu'un Romain tient par les cheveux ; un autre guerrier porte ce fameux chandelier à sept branches, pris dans le temple de Jérusalem, et qui resta dans le temple de la Paix jusqu'au sac de Rome par les Vandales.

Cette composition n'est qu'un épisode de la grande scène qui devait représenter le peuple-roi, venant jouir de l'humiliation du peuple captif. Les chevaux sont beaux, quoique de forme un peu lourde.

Ce tableau, peint sur bois, fut acheté par M. de Jabach, à la vente du roi d'Angleterre, Charles Ier.; il a été gravé par Louis Desplaces.

Larg., 5 pieds 1 pouce; haut., 3 pieds 8 pouces.

644.

≥◦⊆

THE TRIUMPH OF TITUS.

The young Titus gained to much upon the affections of his soldiers that after the taking of Jerusalem, they greeted him with the title of *Imperator*, and wished to force him to remain with them in Judæa. Some suspicion arose at Rome respecting the fidelity of Titus, and the diadem which he wore during the ceremony of the consecration of the Ox Apis, seemed to confirm it. Suetonius, relates that young Titus hastened immediately to Rome, and, presenting himself unexpectedly before the Emperor Vespasian, accosted him saying : « Father, behold me. » A language, so simple and respectful, led to a free and entire union between the father and son. The two princes triumphed together; and the Arch, raised to perpetuate the remembrance of this Triumph, is yet to be seen. Vespasian made use of the spoils taken from the Jews to build a temple consecrated to Peace. Giulio Romano has represented the princes on the same car, both crowned by Victory. On the right hand of the picture, a part of Titus' Arch is discerned. A captive Jewess is also seen, whom a Roman holds by her hair, whilst another warrior bears the famous candlestick with the seven branches, taken in the temple of Jerusalem, and which remained in the Temple of Peace until the sacking of Rome by the Vandals.

This composition is but an episode of the grand scene which was to represent the Nation of Kings enjoying the humiliation of a captive people. The horses are beautiful, although of a rather heavy form.

This picture, which is painted on wood, was purchased by M. de Jabach, at the sale of the effects of Charles I, King of England : it has been engraved by Louis Desplaces.

Width, 5 feet 5 inches ; height, 3 feet 11 inches.

644.

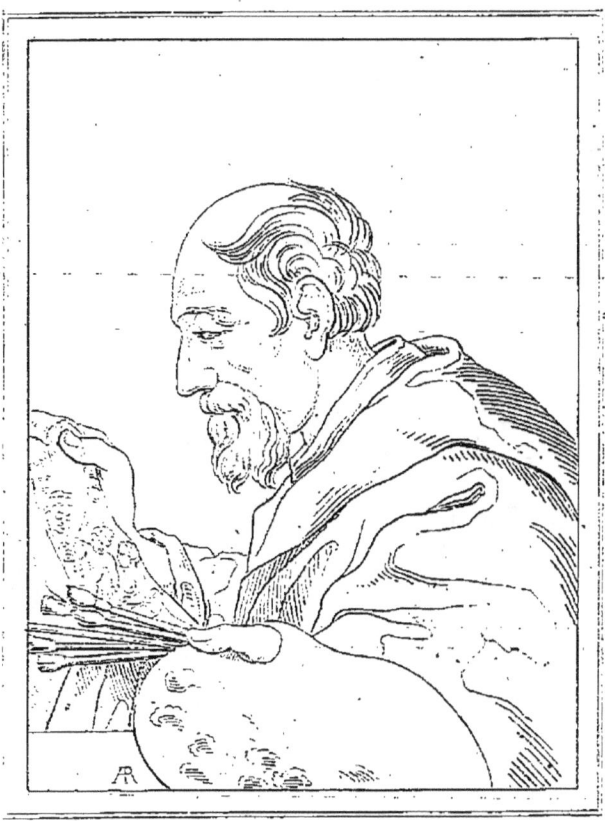

A. Corrège pinx.

ANTOINE ALLEGRI dit LE CORRÈGE.

NOTICE

HISTORIQUE ET CRITIQUE

SUR

ANTOINE ALLEGRI,

DIT

LE CORRÉGE.

Si le nom de Raphaël est cité de préférence à celui d'autres peintres, c'est seulement parce qu'il est arrivé dans toutes les parties de la peinture à un point remarquable, car d'autres artistes l'ont surpassé dans quelques-unes. Ainsi, lorsque l'on veut vanter le coloris on met en première ligne Titien, Rubens et Murillo. Si on parle du clair-obscur on cite de préférence François Barbieri et Rembrandt. On place Dominique Zampierri et Guido Reni comme ceux qui ont le mieux rendu l'expression de leurs figures. Puis enfin Corrége est regardé comme celui qui a mis le plus de grâce dans la composition et dans la pose des figures.

Antoine Allegri naquit en 1494, à Corrégio, village près de Parme. Par cette raison il est plus souvent désigné sous le nom de *Corrége*. On ne peut désigner positivement son maître, puisqu'il se créa une manière qui ne tient en rien de celle d'aucun autre artiste. Cependant on a lieu de présumer qu'il reçut les premières leçons de dessin d'un de ses oncles, nommé Laurent, et qu'il eut aussi quelques conseils de François Mantegna, fils du célèbre André, mort dès l'an 1506, et dont, par cette raison, il ne put être l'élève. On croit aussi qu'il apprit à modeler d'un sculpteur de Modène, nommé François Bianchi. Dès l'âge de 16 ans, Corrége peignit à Carpi un tableau qui est maintenant à Dresde, et dans lequel sont représentés la Vierge et l'enfant Jésus recevant les hommages de saint Jean-Baptiste, saint François, saint Antoine de Padoue et sainte Catherine. Quelques auteurs ont dit que la famille de ce peintre était pauvre; Menghs, examinant ses tableaux avec soin, s'est convaincu du contraire en voyant qu'il s'est toujours servi de toiles très-fines; souvent de planches de cuivre, pour ses tableaux de petite dimension; enfin il employait à profusion des couleurs de prix, telles que la laque et l'outremer. Il paraît cependant certain qu'il n'alla ni à Rome ni à Venise, et que c'est à son génie seul qu'il dut tout son talent.

On ne parle jamais du Corrége sans rapporter l'exclamation que lui fit faire la vue d'un tableau de Raphaël; mais s'il est vrai qu'en le voyant il se soit écrié : « Anch' io son pittore, » moi aussi je suis peintre; loin de croire que ce soit l'examen de ce tableau qui ait fait éclore en lui le goût de la peinture, nous pensons, au contraire, qu'il aura senti, en le voyant, que rien n'empêchait d'arriver à un tel point, et de mériter une semblable réputation. Cela paraîtra d'autant plus probable, que cette expression ne lui fut pas inspirée en voyant les grandes compositions de Raphaël au Vatican, mais par l'examen du petit tableau des Cinq Saints, qui est loin d'offrir tout le sublime, si souvent déployé par Raphaël dans ses nombreux ouvrages.

Les caractéres distinctifs du talent de Corrége sont la grâce, une grande intelligence du clair-obscur et un coloris inimitable. Il osa, le premier, faire des figures vues de bas en haut, écueil que Raphaël évita. Il surmonta ainsi toutes les difficultés qui restaient alors à vaincre, et atteignit la perfection

dans cette partie de la perspective. Il est souvent difficile de
bien apprécier les talens de ce peintre, parce que ses tableaux
sont rares, et que ceux que l'on rencontre quelquefois, n'offrant qu'un petit nombre de figures, ne mettent à même de le
juger que sous le rapport de l'expression et de la grâce.

Une des compositions les plus spirituelles, les plus gran-
dioses et les plus savantes qui soient sorties du pinceau du
Corrége, est celle qu'il fit dans le monastère de Saint-Paul.
Elle représente : sur la cheminée, une chasse de Diane avec
une foule de petits Amours; dans la voûte, les Grâces, les
Parques et des Vestales occupées de leur sacrifice; Junon,
traversant les airs, puis d'autres images qui semblent peu
convenables à l'ornement d'un couvent. Mais il faut se rappeler qu'à l'époque où vivait Corrége, les religieuses de Saint-
Paul n'étaient pas cloîtrées, que Jeanne de Plaisance, l'ab-
besse qui les gouvernait alors, ne menait pas la vie régulière,
exigée maintenant dans les couvens. Ces peintures firent
tant d'honneur au peintre que, bientôt après, les moines du
Mont-Cassin le chargèrent de peindre la coupole de l'église
Saint-Jean. Cette fresque et les autres peintures de la grande
nef de cette église l'occupèrent de 1520 à 1524. Il reçut
5,600 francs pour ce travail.

Le sujet de cette coupole est l'Ascension de Notre-Seigneur
en présence des apôtres; leur attitude exprime le respect et
l'étonnement. Cette coupole a été gravée en 9 planches par
Jacques-Marie Govannini, à Bologne, en 1700. En considérant
la grandeur des figures, la beauté des parties nues, la science
des raccourcis et la manière sage avec laquelle sont jetées les
draperies, on reconnaîtra que cette peinture serait le chef-
d'œuvre du peintre, si elle n'était encore surpassée par celle
du dôme de la cathédrale de Parme, représentant l'assomp-
tion de la Vierge, et qu'il termina en 1530. Incomparable-
ment plus grande que la précédente, le peintre y a aussi
placé les apôtres dans des attitudes pieuses et tout-à-fait diffé-

rentes cependant, de celles qu'ils ont dans la première fresque.
Le haut de la coupole fait voir une foule immense de bien-
heureux groupés et séparés d'une manière tout-à-fait admirable. Puis une multitude d'anges de diverses grandeurs, les
uns accompagnant et soutenant la Vierge, d'autres jouant
des instrumens ou célébrant son triomphe par leurs chants,
ou enfin tenant des flambeaux et des cassolettes sur lesquelles
brûlent des parfums. Quoique cette grande fresque soit fort
endommagée, sa vue produit une espèce de ravissement qui
transporte l'âme. La variété des figures et leur beauté font
sentir avec quel soin Corrége étudiait la nature. Cette fresque
a été gravée en 19 planches, par Jean-Baptiste Vanni, à
Florence, en 1642. Ce peintre s'arrêtait dans les prome-
nades où il voyait jouer des enfans, il étudiait leurs mouvemens, leur joie, leur colère ; savait rendre dans ses dessins
leurs formes arrondies, l'innocence des uns, la malice des
autres et la grâce de tous. Cette grande fresque fut payée
4,200 fr. à l'auteur.

Ce n'est qu'à Parme que l'on peut admirer ces magnifiques
fresques d'Allegri. C'est aussi à l'académie de la même ville
que se voit maintenant son célèbre tableau connu sous le
nom de Saint-Jérôme, et publié dans cet ouvrage sous le
n°. 44, et le Christ mort donné sous le n°. 27.

Parmi les autres tableaux à l'huile de ce peintre on doit
citer d'une manière toute particulière Jupiter et Antiope, du
Musée, n°. 128. A Florence, une Vierge adorant l'enfant
Jésus ; à Munich un *ecce-homo* admirable ; dans la galerie de
Dresde la célèbre Nativité, connue sous le nom de la Nuit du
Corrége, n°. 571 ; cette petite figure de la Madeleine, couchée dans le désert, n°. 97, et qui fut payée 1 0,000 francs
par le roi de Pologne, Auguste III. Dans la galerie de Sans-
Souci, le bain de Léda, qui fit autrefois partie de la galerie du Palais-Royal. Dans la galerie de Vienne, trois
tableaux représentant Jupiter et Io, l'enlèvement de Gani-

mède, n°. 524, et l'Amour taillant son arc. Quelques personnes attribuent ce dernier tableau à François Mazzuoli, connu
sous le nom de Parmesan. Enfin un Christ en prière au jardin des Oliviers, maintenant chez le duc de Wellington,
qui s'en est emparé lors de la déroute de Joseph Bonaparte, à
Vittoria. Ce précieux tableau avait été acheté à Milan,
moyennant 75,000 francs pour le roi d'Espagne, Philippe VI.

L'Italie vit périr Allegri à l'âge de 40 ans. On a prétendu
qu'ayant reçu à Parme 200 francs en monnaie de cuivre, pour
le paiement d'un tableau, il avait apporté lui-même cette
somme à Corrégio, et que ce voyage de quatre lieues, dans
une grande chaleur, lui avait occasioné une pleurésie dont il
mourut peu de jours après. Sans discuter la singularité de
cette anecdote, il est permis d'en douter, avec d'autant plus
de raison, qu'on sait qu'il laissa quelque bien à sa famille.

Antoine Allegri mourut à Corrégio, en 1534, laissant une
femme et quatre enfans. On peut trouver les détails concer-
nant sa vie et ses ouvrages dans le second volume des Mé-
moires de Menghs; dans ceux du chevalier Ratti; dans les
notices du P. Affo; dans l'Histoire de la peinture, par Lanzi;
et enfin dans l'ouvrage intitulé : *Memorie istoriche di Antonio
Allegri detto il Corregio, di P. Luigi Pungileoni Parme* 1818,
3 *vol. in-8°.*

HISTORICAL AND CRITICAL

NOTICE

OF

ANTONIO ALLEGRI,

CALLED,

CORREGGIO.

If Raphael's name is mentioned preferably to those of other painters, it is merely because he reached, in every part of painting, a remarkable degree of perfection; but other artists have surpassed him in some points. Thus, when Colouring is the theme of praise, Titian, Rubens, and Murillo, are named first. If Light and Shade be spoken of, Francesco Barbieri and Rembrandt are preferred. Dominichino Zampieri and Guido Reni, are quoted as those who have rendered best the expressions of their figures. But Correggio is considered as having put most grace in his compositions and in the attitudes of his figures.

Antonio Allegri was born, in 1494, at Correggio, a village near Parma; from which he is often designated by the name of *Correggio*. It cannot be positively asserted that he had a master, for he created to himself a manner that appertains in nothing to that of any other artist. Yet it is presumable that he received his first lessons in drawing from one of his

uncles, named Lorenzo, and that he also had assistance
from Francesco Mantegna, the son of the celebrated Andrea,
who died in the year 1506, and whose pupil, for this reason,
he cannot be considered. It is also thought he learnt the art
of modelling, from a sculptor named Francesco Bianchi. At
the early age of sixteen, Correggio painted at Carpi, a picture, which is now in Dresden, and in which are represented
the Virgin and Infant Jesus receiving homage from St. John
the Baptist, St. Francis, St. Anthony of Padua, and St. Catherine. Some authors have asserted that this artist's family
was poor: Mengs on examining his pictures carefully, was
convinced of the contrary, by observing that he always
made use of very fine canvass, often of copper plates for
paintings of small dimensions, and that he used, in profusion,
dear colours, such as Gum Lac and Ultramarine. It however
appears certain that he went neither to Rome, nor to Venice ;
and that he was indebted solely to his own genius for all
his talent.

Correggio is never mentioned, without his name bringing
to mind an exclamation he made, when viewing a picture
by Raphael : but if it is true that on seeing it, he cried out :
Anch'io son pittore, And I also am a painter; far from believ-
ing that it was the sight of this picture, that inspired him
with a taste for painting, we believe on the contrary, that
he must have felt, on seeing it, there was nothing to prevent his arriving at such a degree, and from deserving a
similar reputation. This will appear the more probable as
this expression was not elicited by the sight of Raphael's
grand compositions in the Vatican; but by that of the small
picture of the Fives Holies which is far offering all the
sublimity, so often displayed in Raphael's numerous works.

The characteristics of Correggio's talent are, Gracefulness,
a great knowledge of Light and Shade, and an inimitable
Colouring. He was the first who dared represent figures seen

from below, a difficulty avoided by Raphael. He thus over-
came all the points remaining at that time to be conquered,
and reached perfection in this part of perspective. It is
often arduous to rightly appreciate the talents of this painter ;
for his pictures are scarce, and those, occasionally met with,
offering but a small number of figures, enable to judge of
him only with respect to expression and grace.

One of the most spirited, grandest, and most learned
compositions due to Correggio's pencil, is that which he did
in the Monastery of S^t. Paul. Over the chimney-piece,
Diana is represented, hunting with a crowd of little Loves :
in the vaulted ceiling, the Graces, the Parcæ, and Vestals,
are occupied at a sacrifice ; Juno crossing the skies, and
other allegories which seem to suit but little with the decora-
tions of a convent. But it must be remembered that in Correggio's time, the Nuns of S^t. Paul were not immured in
cloisters, that Jane of Piacenza the Lady Abbess, who then
ruled them, did not lead the regular life now required in
convents. These paintings did so much credit to the artist,
that he was soon afterwards commissioned, by the Monks of
Monte Cassino, to paint the Cupola of S^t. John. This fresco
and the other designs of the nave of this church, occupied
him from the year 1520 to 1524. He received 5,600 fr., or
L. 224, for this work.

The subject of this Cupola is the Ascension of Our Saviour
in presence of the Apostles ; their attitudes express respect
and astonishment. This cupola has been engraved at Bologna,
in 1700, by Giacomo Maria Govannini, in a series of nine
plates. When the size of the figures, the beauty of the naked
parts, the science displayed in the fore-shortenings, and the
skilful manner with which the draperies are cast, are considered, it will be acknowledged, that this work would have
been the painter's master-piece, had he not surpassed it, in
that of the dome of the Parma Cathedral, representing the

Assumption of the Virgin, which he finished in 1530. By far greater than the preceding one, the artist has also introduced in it the Apostles in pious attitudes, and yet quite different from those they have in the former Fresco. The top of the cupola displays an immense number of the Blessed, grouped and separated in a most admirable manner. Then a multitude of angels of various sizes, some accompanying and supporting the Virgin, others playing upon instruments, or celebrating her triumph by their songs, or holding torches and acerras upon which perfumes are burning. Although this grand Fresco is much damaged, still it produces a delightful pleasure to the soul. The variety of the figures and their beauty, show with what attention Correggio studied nature. This large Fresco was paid 4,200 franks, or L. 178: it was engraved in 1642, at Florence, by G. B. Vanni, in a series of 15 plates. This artist would often stop in his walks to see children at play; he studied their motions, their joy, their anger; he knew how to express in his drawings their round forms, the innocence of some, the mischievous mirth of others, and the gracefulness of all.

It is at Parma only where these magnificent Frescos by Allegri, can be admired. It is also in the academy of the same town that is now seen his famous picture known by the name of St. Jerome, and given in this work, n°. 44; and the Dead Christ, n°. 27.

Amongst the other oil-paintings by this artist, we must particularly mention Jupiter and Antiope, no. 128 of this collection; at Florence, a Virgin adoring the Infant Jesus; at Munich, an admirable Ecce Homo; in the Dresden Gallery the famous Nativity, known by the name of Correggio's Notte, n°. 571; and the small figure of the Magdalene lying in the desert, n° 17, which was paid 150,000 franks, or L. 6000, by Augustus III, King of Poland. In the Gallery of Sans-Souci, Leda Bathing, formerly forming part of the Orleans Gallery.

In the Vienna Gallery, three pictures representing Jupiter and Io, the Rape of Ganymedes, no. 524, and Cupid shaping his bow. But this picture is attributed by some persons, to Francesco Mazzuoli, known under the name of Parmiggiano. Finally, a Christ Praying in the Garden of Olives, now in the possession of his Grace the Duke of Wellington, who captured it whilst pursuing Joseph Bonaparte, after the battle of Vittoria. This precious picture had been purchased at Milan, at the rate of 57,000 franks, or L. 2280, for Philip IV, King of Spain.

Italy lost Allegri at the age of 40. It has been said that having received at Parma 200 franks, about L. 8, in copper coin, as the payment of a picture; he carried this sum himself to Correggio, and that the journey of four leagues, in very warm weather, brought on him a pleurisy, of which he died a few days afterwards. Without discussing the singularity of this anecdote, it may be doubted, and the more reasonably, as it is known he left a competency to his family.

Antonio Allegri died at Correggio, in 1534; leaving a widow with four children. Particulars concerning his life and works may be found in the second volume of Mengs' Memoirs, in those of the Cavaliere Ratti, and in the Notices by P. Affo; in Lanzi's History of Painting, and also in a work intitled : *Manierie Istoriche di Antonio Allegri, detto Il Correggio, di P. Luigi Pungileoni*, Parma, 1818, 3 vols. 8°.

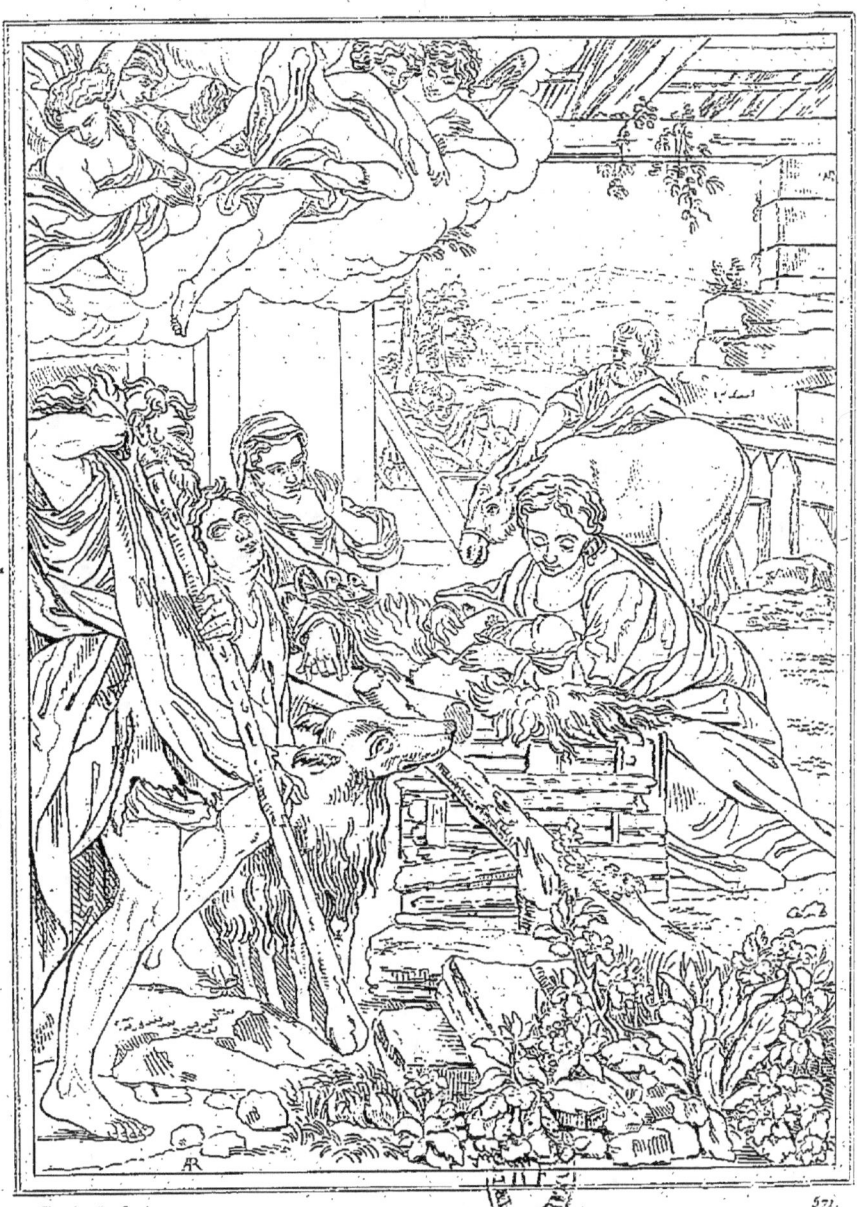

NATIVITÉ.

NATIVITÉ,

DITE

LA NUIT DU CORRÉGE.

La naissance de Jésus-Christ ayant eu lieu la nuit, dans une étable, il eût été difficile d'y placer une lumière qui pût éclairer convenablement la scène. Pour y suppléer, le Corrége a imaginé de représenter l'enfant Jésus resplendissant de lumière et répandant un vif éclat sur tous les personnages.

Parmi les tableaux célèbres, la Nuit du Corrége tient un rang distingué. Peint sur bois, il avait été destiné à orner un autel dans l'église de Saint-Prosper de Reggio : il passa ensuite dans la galérie des ducs de Modène, et fit partie de ceux que ce prince céda au roi de Pologne. Richardson rapporte que l'on avait à Modène l'engagement qui fut fait pour le paiement de ce tableau, et dont la traduction paraîtra sans doute curieuse.

Par cette note de ma main, moi Albert Pratonero, je fais foi, comme je promets de donner à maître Antoine de Coreggio, peintre, deux cent huit livres anciennes de Reggio*, et cela pour le paiement d'un tableau qu'il m'a promis de faire avec grand soin et où sera peint la nativité de Notre Seigneur, avec les figures environnantes selon les mesures et grandeur comprises dans le dessin que m'a apporté le même maître Antoine, de sa propre main.

Le XIIII octobre, MDXXII.

Le roi de Pologne fit faire par le peintre Nogari, de Venise, une copie de ce tableau de la même grandeur que l'original et la donna au duc de Modène. On en connaît des gravures par J.-M. Mitelli et par Surugue fils.

Haut., 9 pieds 1 pouce ; larg., 6 pieds 8 pouces.

---

*Environ 170 francs. On le paierait aujourd'hui quatre mille fois davantage.

571.

THE NATIVITY,

CALLED,

THE NOTTE OF CORREGGIO.

The birth of Jesus Christ having taken place at night and in a stable, it would have been difficult to have introduced there a light that could suitably illumine the scene. To remedy this difficulty Correggio represented the Infant Jesus shining with light and shedding a vivid lustre over all the personages.

Correggio's Notte holds a high rank among celebrated pictures. Painted on wood, it had been intended to ornament an altar in the Church of San Prospero of Reggio: it afterwards got into the Gallery of the Duke of Modena and formed part of those sold by that Prince to the King of Poland. Richardson relates that there existed at Modena the contract made for the payment of this picture, the translation of which, no doubt, will appear curious.

By this memorandum written by me Albert Pratonero, I bind myself and promise to pay to Maestro Antonio da Correggio, painter, two hundred ancient Reggio livres * , and that, as a payment of a picture which he has promised me to do with great care and wherein is to be represented the Nativity of Our Lord, with the surrounding figures according to the measures and sizes marked in the drawing, which the said Maestro Antonio brought unto me with his own hand.*

OCTOBER, XIIII, MDXXII.

The King of Poland had a copy taken of this picture by the painter Nogari of Venice, of the same size as the original, and gave it to the Duke of Modena. There are engravings of it by J. M. Mitelli and by Surugue Jun.

Height 9 feet 8 inches; width 7 feet 1 inch.

* About L7. At the present day it would be paid four thousand times as much.

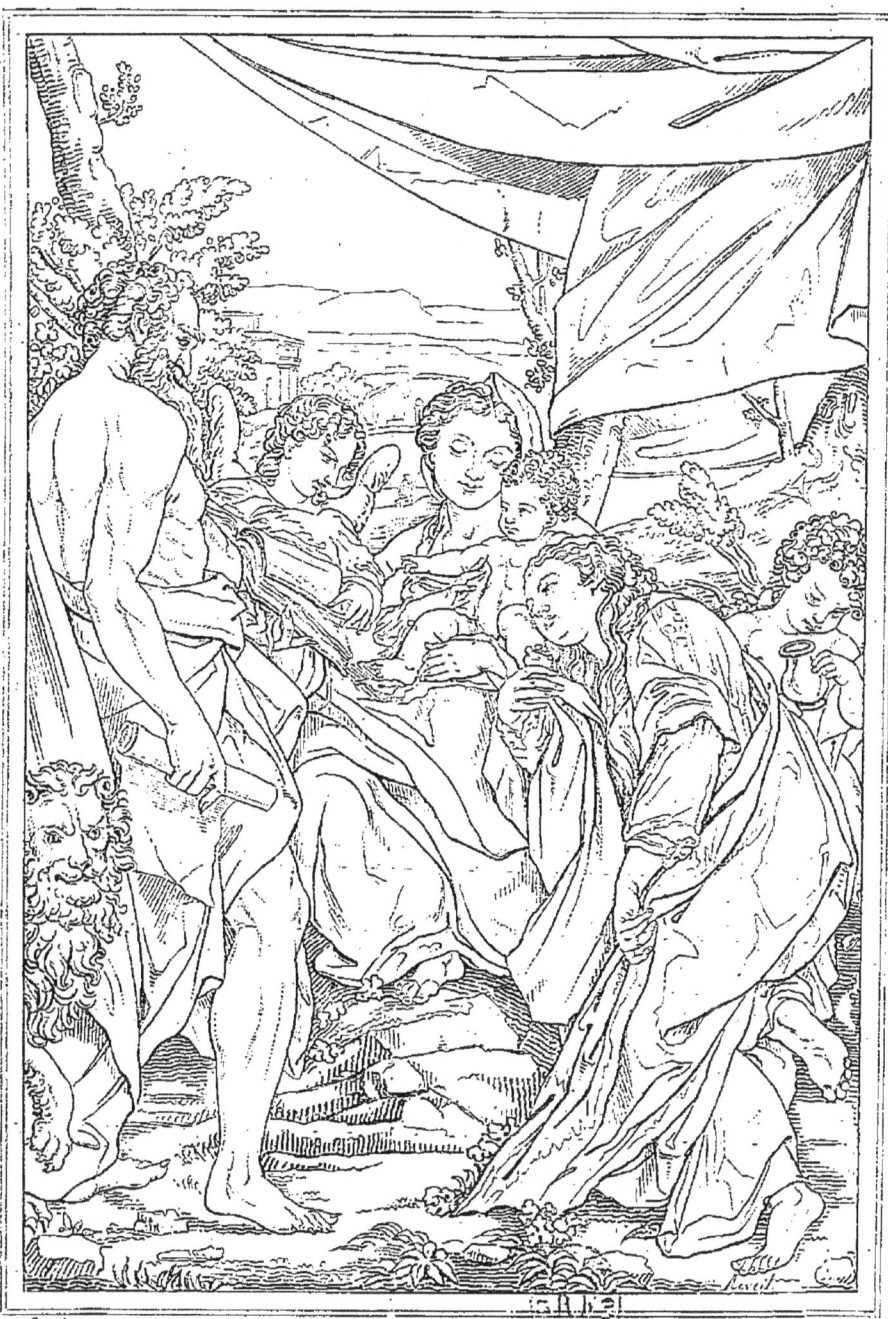

ST JÉROME.

LA VIERGE ET L'ENFANT JÉSUS,

SAINT JÉROME ET SAINTE MADELEINE.

Ce tableau représente la Vierge et l'enfant Jésus, accompagnés de plusieurs personnages ; le nom de l'un d'eux a prévalu, et il n'est connu que sous le nom de *saint Jérôme du Corrége.* Il a été peint en 1524 par ordre de Briseïs Cossa, veuve d'Octave Bergonzi, gentilhomme parmesan. Le peintre l'ayant terminé en six mois, il reçut, indépendamment du prix convenu, *deux voitures de bois, un porc gras et quelques mesures de froment :* ce n'est pas ainsi que sont maintenant payés ni récompensés les artistes de nos jours, dont les travaux cependant n'auront pas, dans trois cents ans, atteint la réputation dont jouit maintenant celui-ci.

Le tableau fut donné au couvent de Saint-Antoine de Parme, où il resta jusqu'en 1749 ; à cette époque le roi de Portugal en ayant fait offrir 40 mille sequins (plus de 400 mille francs), et l'abbé de Saint-Antoine étant disposé à céder ce chef-d'œuvre, l'infant don Philippe le fit enlever de l'abbaye et déposer à la cathédrale, où il resta jusqu'en 1756 ; alors il fut placé à l'Académie de peinture que ce prince venait de fonder.

Lors des victoires d'Italie, en 1798, le duc de Parme fit offrir un million au général en chef s'il voulait consentir à lui laisser ce chef-d'œuvre ; mais, malgré les besoins de la caisse militaire, Bonaparte se rendit aux instances de Monge et de Berthollet, et ordonna que le tableau fût transporté à Paris, où il est resté jusqu'en 1815.

On connaît à Parme plus de dix copies de ce tableau. Les meilleures gravures sont celles d'Augustin Carrache, et de Robert Strange. Bartholozzi l'avait commencé pour le Musée français ; il est mort avant d'avoir terminé sa planche.

Haut., 6 pieds 4 pouces; larg., 4 pieds 4 pouces.

44.

THE VIRGIN AND INFANT JESUS.

WITH SAINT JEROME AND MARY MAGDALENE.

This picture represents the Virgin and infant Jesus attended by several persons; the name of one of them has prevailed, and this composition is known by the name of *Corregio's saint Jerome*. It was painted in 1524 for Briseïs Cossa, widow of Octavius Bergonzi, a gentleman of Parma. The artist having executed it in the space of six months, received, in addition to the price agreed on, *two loads of wood, a fat hog, and some measures of wheat*: it is not thus that we pay and reward the artists of our day, whose works will not three hundred years hence have acquired the same reputation as this composition still bears.

The picture was given to the convent of Saint-Anthony at Parma, where it remained till 1749; at that time the king of Portugal having offered for it 40 thousand zechins (about 16 thousand guineas), and the abbot of Saint-Anthony being disposed to part with this *chef-d'œuvre*, the infant don Philip had it taken out of the abbey, and placed in the cathedral, where it remained till 1756, when it was removed to the Academy of painting which that prince had just founded.

At the time of the victories in Italy, in 1798, the duke of Parma offered a million to the commander in chief to leave him in possession of this *chef-d'œuvre;* but, notwithstanding the wants of the military chest, Bonaparte yielded to the solicitations of Monge and Berthollet, and ordered the picture to be conveyed to Paris, where it remained till 1815.

There are at Parma more than ten copies of this work. The best engravings are by Augustine Carracci and Robert Strange. Bartholozzi undertook one for the french Museum, but he died before he had finished it.

Height, 6 feet 11 ½ inches; breadth, 4 feet 9 inches.

44.

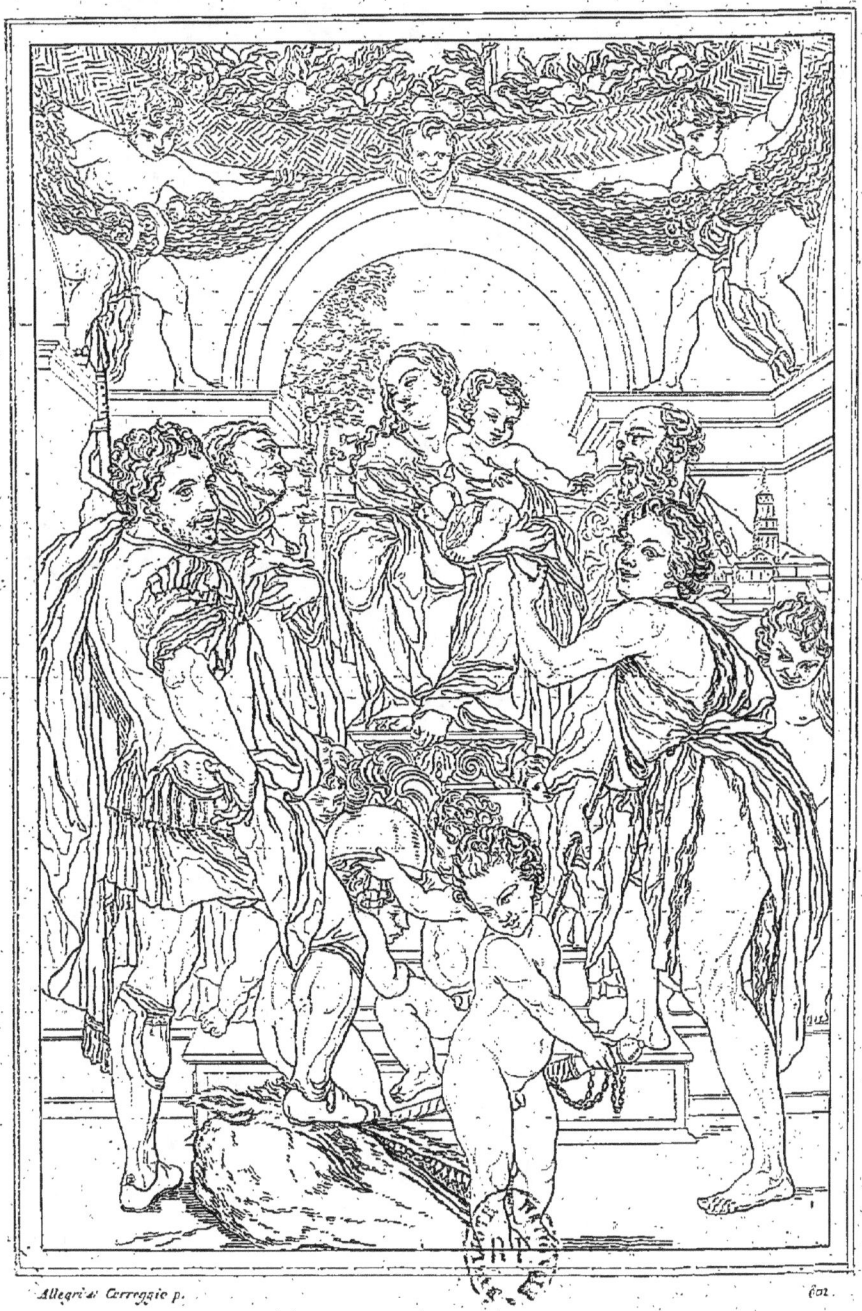

LA VIERGE, L'ENFANT JÉSUS ET PLUSIEURS SAINTS.

LA VIERGE, L'ENFANT JÉSUS,

ET

PLUSIEURS SAINTS.

Dans le fond est la Vierge assise sur une estrade, et tenant l'enfant Jésus dans ses bras; à droite sont, saint Jean-Baptiste, et saint Géminien, évêque et patron de Modène, tenant dans ses mains le modèle de l'église qu'il fonda sous l'invocation de la Vierge. A gauche saint Pierre-le-Dominiquin, et saint Georges, posant son pied sur la tête du monstre, à la fureur duquel la reine de Lydie avait été exposée pour être dévorée. Près de ce guerrier des enfans jouent avec son épée et son casque.

Ce grand et magnifique tableau est peint sur bois; on en parle ordinairement sous le nom de saint Georges ou de saint Pierre martyr. Peint par Antoine Allegri, pour la confrérie de Saint-Pierre, à Modène, il fut acquis depuis par le duc de Modène, et passa ensuite dans la galerie de Dresde. Aussi méritant que le tableau de l'Adoration des Bergers, connu dans cette galerie sous le nom de *la Nuit du Corrége*, il fait avec elle un contraste frappant, par la vive lumière qui est répandue dans tout le tableau, tandis que l'autre n'a qu'un point lumineux resplendissant au milieu d'ombres fortes.

La décoration architecturale qui fait le fond du tableau se liait avec le reste de la chapelle où il était placé, et lui donnait ainsi plus de grandeur. Les figures alors n'étant pas resserrées dans un cadre doré, paraissaient moins colossales.

Christophe Bertelli a gravé ce tableau à l'eau-forte; J. M. Giovannini en fit une autre gravure en 1699, puis il a été gravé au burin par Nicolas Dauphin Beauvais.

Haut., 10 pieds 1 pouce; larg., 6 pieds 8 pouces.

601.

THE VIRGIN, THE INFANT JESUS,
AND SEVERAL SAINTS.

In the back-ground, the Virgin is seated on a platform, and holds the Infant Jesus in her arms; on the right are St. John the Baptist and St. Geminiamus, the bishop and patron of Modena, with the model of the church that he founded under the protection of the Virgin. On the left, St. Peter the Dominican, and St. George, placing his foot on the head of the monster, to whose fury the Queen of Lydia had been exposed for the purpose of being devoured : near the latter warrior, some children are sporting with his sword and helmet.

This grand and magnificent picture is painted on wood; it is generally spoken of under the name of St. George, or of St. Peter the Martyr. It was executed by Antonio Allegri for the Friars of St. Peter's at Modena; and was afterwards purchased by the Duke of Modena, and subsequently went into the Gallery of Dresden. As praiseworthy as Correggio's Notte, which also is in this Gallery, it forms with it a striking contrast, from the vivid light spread over the whole picture, whilst the former has but one luminous spot, shining amidst deep shades.

The architectural ornaments, forming the back-ground to the picture, combined with the remainder of the chapel where it was placed, thus giving it an appearance of being greater. The figures were not then confined in a gilt frame and appeared less colossean.

C. Bertelli has etched this picture : G. M. Giovannini did another engraving from it, in 1699, and it has since been engraved in the Line Manner, by N. D. Beauvais.

Height, 10 feet 8 inches; width 7 feet 1 inch.

601.

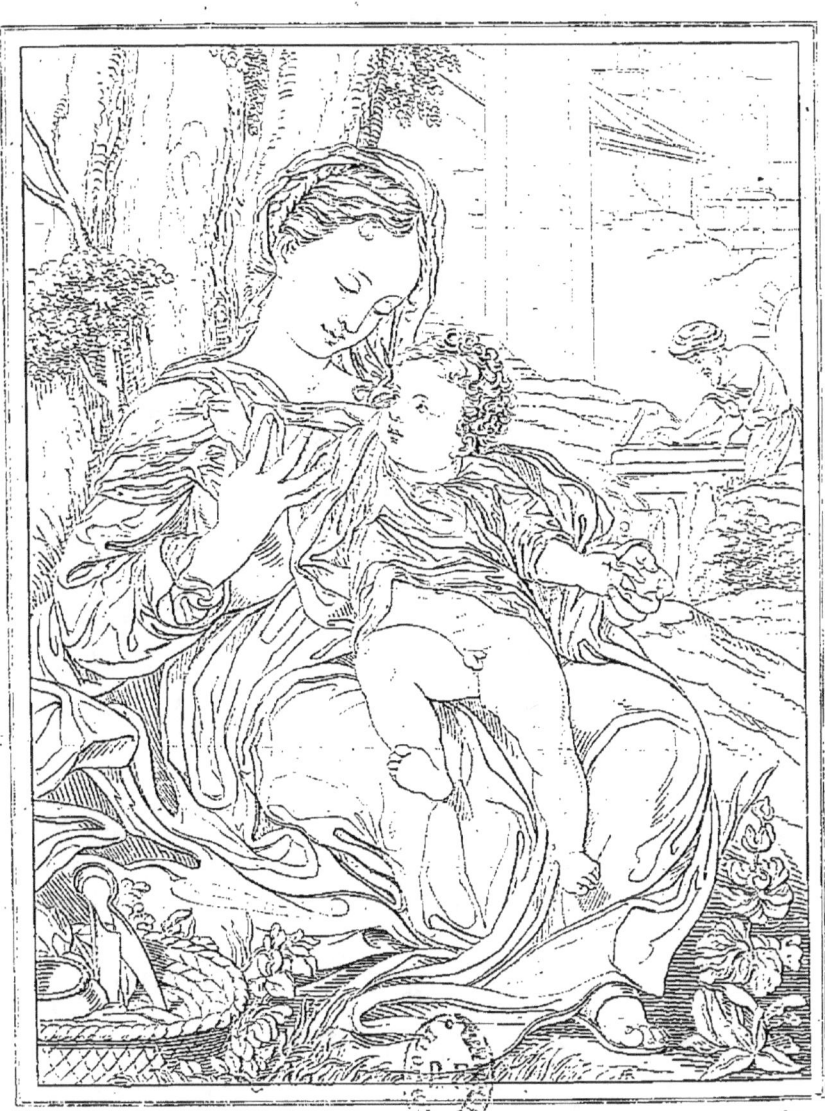

Pint. Allegri a. Le Corrège.   829.

SAINTE FAMILLE

DITE LA VIERGE AU RABOTEUR.

SAINTE FAMILLE,

DITE LA VIERGE AU RABOTEUR.

Antoine Allegri, dit Corrège, s'est particuliérement distingué par la grâce qu'il donnait à ses ouvrages. On en trouve
ici un exemple des plus parfaits. Le coloris est aussi très-
remarquable par son ton suave et délicat. Quoique peint à
l'huile, on a pris, pour ce tableau, la même précaution que
pour celui de la Madeleine, de la Galerie de Dresde, et il
a été mis sous glace. Il appartenait autrefois au roi d'Espagne, et se voit maintenant dans la galerie nationale à Londres. Une répétition de ce tableau faisait partie de l'ancienne galerie d'Orléans, et fut du petit nombre de ceux
qui ne passèrent pas en Angleterre.

Le panier que l'on aperçoit sur le devant lui a fait donner
le nom de Vierge au Panier ; on l'a aussi désigné sous le
nom de Vierge au Raboteur, à cause de la figure de saint
Joseph, que l'on voit dans le fond, occupé à faire de la me-
nuiserie : mais ce serait un inconvénient de lui conserver
cette dénomination, parce qu'alors on pourrait le confondre
avec le tableau du Carrache, qui porte le même nom, et que
nous avons déjà donné sous le n°. 763.

Ce petit tableau, peint sur bois, a été gravé par G. Faccioli.

Haut., 1 pied; largeur, 10 pouces.

THE HOLY FAMILY,

CALLED THE VIRGIN *AU RABOTEUR*.

The characteristic beauty of Corregio's works is grace. Of this we have one of the most perfect examples in the picture before us; which is also remarkable for sweetness and delicacy of colouring. Though painted in oil, it has been glazed, like the Magdalen of the Dresden Gallery.

This picture formerly belonged to the King of Spain, and it is now in the National Gallery of London. A copy of it by the artist pertained to the ancient Orleans Gallery, and was among the small number of pieces of that collection which were not carried to England.

The basket in the foreground has procured this picture the name of the Virgin *au Panier* (Virgin with the basket); it has also been called the Virgin *au Raboteur* (Virgin with the man planing), from the figure of St. Joseph, who is seen plying his trade in the back-ground. The latter denomination is objectionable, as exposing this picture to be confounded with that of Caracci, nº. 763, which bears the same name.

This little piece is painted on wood, and has been engraved by G. Faccioli.

Height, 1 foot 1 inch; width, 11 inches.

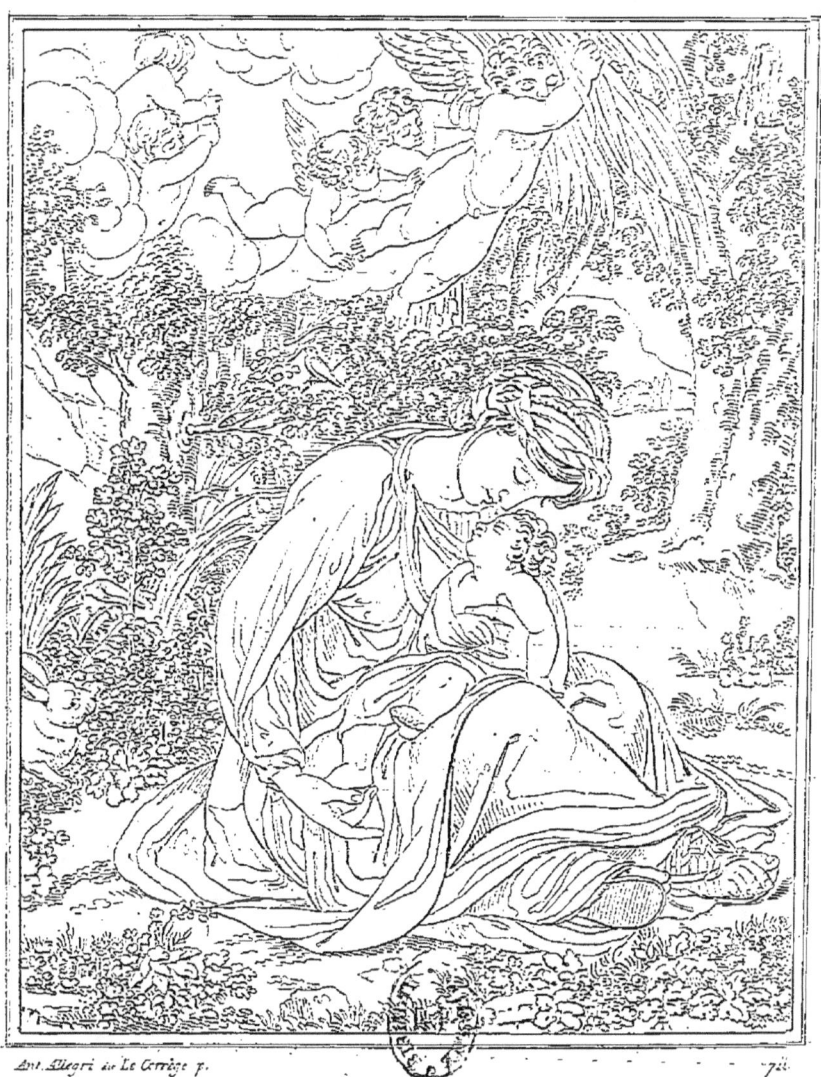

Ant. Allegri ou Le Corrège p.   721.

LA VIERGE ET L'ENFANT JÉSUS.

LA VIERGE ET L'ENFANT JÉSUS.

En donnant ce tableau du Musée de Naples, où il est désigné sous le nom de la *Zingarella*, nous devons dire qu'il en existe plusieurs copies fort remarquables. Mais ce qui l'est encore davantage c'est que M. Fairholme de Londres possède un tableau que l'on doit regarder comme original, puisque, semblable par la pose du personnage principal, il s'y trouve des différences notables qui ne peuvent être de la main d'un copiste.

Dans le tableau de M. Fairholme on voit à droite saint Joseph assis, ayant son âne près de lui. Deux lézards s'aperçoivent sur le devant près des pieds de la Vierge. A gauche se trouvent deux lapins l'un auprès de l'autre, et deux anges seulement occupent le haut du tableau.

M. George Fairholme, amateur distingué, a voyagé dans le but de bien connaître les tableaux du Corrège. Celui-ci est peint sur bois avec le plus grand soin et d'une parfaite conservation; c'est un objet du plus haut prix. Il se trouvait à Rome chez le comte Severoli, en pendant avec un Christ au Jardin des Oliviers.

La gravure que nous donnons est d'après le tableau de Naples, il a été gravé par Rossi et par Porporati.

Haut., 1 pied 7 pouces; larg., 1 pied 3 pouces.

725.

THE VIRGIN AND INFANT JESUS.

In giving this picture from the Museum of Naples, where it is designated under the name of the *Zingarella*, we must mention that there exist several very remarkable copies of it. But what is still more singular, is that M^r. Fairholme of London, possesses a picture which must be considered as the original, there being marked differences in it that cannot be from the hand of a copyist.

In M^r. Fairholme's picture, St. Joseph is seen, on the right, sitting with his ass near him. Two lizards are discernible, in the fore ground, near the Virgin. On the left are two rabbits near each other, and two angels only, occupy the upper part of the picture.

M^r. George Fairholme is a distinguished amateur, who travelled with the view of becoming well acquainted with Correggio's pictures. This is painted on wood with the greatest care, and is in perfect preservation : it is an object of the utmost value. It was at Rome, in Count Severoli's possession, as a companion to a Christ in the Garden of Olives.

The etching given here is from the Naples picture; it has been engraved by Rossi, and by Porporati.

Height 20 inches; width 16 inches.

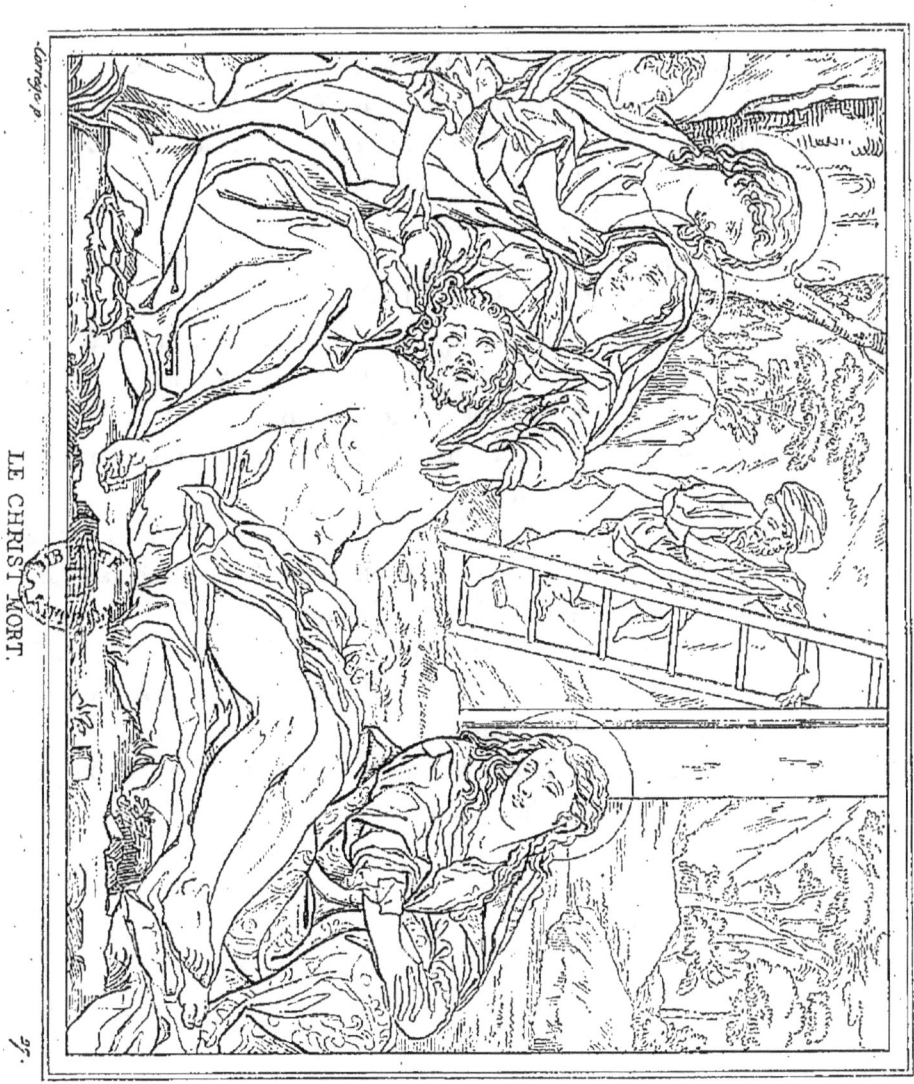

LE CHRIST MORT.

LE CHRIST MORT.

Le corps de Jésus-Christ, descendu de la croix, est appuyé sur les genoux de la Vierge près de s'évanouir, et soutenue par saint Jean. Elle est aussi accompagnée de Marie, mère de Jacques, dont on n'aperçoit qu'une partie du corps, et de Marie-Madeleine, qui est assise aux pieds du Sauveur. Dans le fond se voit le pied de la croix sur laquelle est appuyée une échelle d'où vient de descendre Joseph d'Arimathie.

Ce précieux tableau a été peint pour le couvent des bénédictins de Saint-Jean à Parme. Il a été gravé par Rosaspina de Bologne. Lorsque cet habile graveur voulut faire faire le dessin de ce tableau, par un dessinateur de Savignano nommé Joseph Turchi, des lettres de recommandation très pressantes lui ayant été données par les bénédictins, il obtint toutes les facilités possibles; et le tableau, descendu, fut placé dans une salle particulière où le dessinateur pouvait travailler sans être dérangé; mais, le tableau s'étant détaché du cadre, il tomba sur le dos d'une chaise, et la toile fut crevée à la main de la Vierge. Cet accident causa une telle douleur au malheureux dessinateur qu'il en perdit la raison, et mourut de chagrin peu de mois après sans l'avoir recouvrée.

THE DEAD CHRIST.

The body of Jesus-Christ, lowered from the cross, is supported on the Virgin's knees, who is near fainting, and sustained by saint John. She is also accompanied by Mary, mother of James, only part of whose body is seen, and by Mary-Magdalen, who is seated at the Saviour's feet. In the back-ground appears the foot of the cross, against which leans a ladder from whence Joseph of Arithmea has just descended.

This valuable picture was painted for the benedictine convent of Saint-John at Parma; and engraved by Rosaspina of Bologna. When that able engraver wished to have a sketch of it done it by a designer of Savignano named Joseph Turchi, urgent letters of recommendation having been given him by the benedictines, he obtained every possible facility; the picture was taken down, and placed in a particular room where the draftsman could work at his ease; the picture, however, becoming detached from the frame, fell out on the back of a chair, and the canvass was torn at the Virgin's hand. This accident so affected the unfortunate draftsman that he lost his senses, and died of grief in that state a few months after.

Sᵗᵉ MADELEINE.

SAINTE MADELEINE.

Nous avons déja donné sous le n° 19 une notice sur Marie-Madeleine, et nous avons dit que c'était à tort qu'on l'avait confondue avec la pécheresse pénitente dont parle l'Évangile, sans la nommer. Il est cependant certain qu'elle ne peut être la même que Marie, l'une des saintes femmes qui, pour accompagner Jésus-Christ dans son voyage en Judée, abandonna la Galilée et tout ce qu'elle y possédait, afin de n'avoir plus aucun motif de s'éloigner de son divin maître. Comment croire en effet que Jésus-Christ eût admis à sa suite, dans la compagnie de la Vierge et des apôtres, une femme dont la conduite antérieure aurait été blâmable, et eût été par conséquent un sujet de scandale pour les pharisiens?

Tous les peintres cependant ont représenté Marie-Madeleine comme une pécheresse pénitente, et dans ce tableau le Corrége la place couchée à terre, la tête appuyée sur sa main, et tenant un livre dans lequel sans doute elle croit trouver l'espoir du pardon de ses fautes. Le corps de la Madeleine est couvert d'une draperie bleue qui n'est pas jetée avec élégance, mais la poitrine est découverte, et laisse voir des beautés qui ne semblent pas être arrivées à l'âge ordinaire des repentirs.

Ce petit tableau, peint sur cuivre, est d'un très beau fini et d'une exécution admirable; il a appartenu aux princes de la maison d'Est, et il était alors dans un cadre d'argent orné de pierreries; il décorait leur chambre à coucher, et lorsqu'ils allaient en voyage on le mettait dans une boîte qui était placée dans leur propre voiture. Lorsque le roi de Pologne en devint possesseur, il le plaça aussi dans sa chambre, fit faire un autre cadre avec une glace fermant à clef; il est maintenant dans la galerie de Dresde. Il a été gravé par Daullé, Morghen et Niquet.

Larg., 1 pied 5 pouces; haut., 1 pied 1 pouce.

97.

SAINT MAGDALEN.

We have already given an account of Mary Magdalen, at nº 19, and stated that it was an error to have confounded her with the penitent sinner the Evangelist speak of, without mentioning the name. It is certain, besides, that it can only be Mary, one of the holy women, who, to accompany Jesus Christ in a journey through Judea, abandoned Galilee and all she possessed there, to follow her divine master. It could indeed be scarcely credible that Jesus would have admitted amongst his followers, and into the society of the Virgin and apostles, a woman whose previous conduct had been so reprehensible, and who consequently would have been a subject of scandal for the Pharisees.

All the painters, however, have represented Mary Magdalen as a repentant sinner, and in the present picture Corregio exhibits her extended on the ground, the head supported by her hand, and holding a book, in which she, doubtless, seeks consolation, and the hope of forgiveness for her transgressions.

The Magdalen's body is covered with a blue drapery not very gracefully cast, but the bosom is bare, and discovers charms too young for the usual age of repentance.

This little picture, painted on copper, his highly finished and admirably executed; it belonged to the princess of the house of Est, and was then in a silver frame ornamented with precious stones; it adorned their bed-chamber, and when they travelled was put into a case and placed in their own carriage. When the king of Poland became possessed of it, he had another frame and glass, that locked, made for the picture, which is now in the Dresden gallery. Engraved by Daullé, Morghen and Niquet.

Breadth, 1 foot 6 inches; height, 1 foot 2 inches.

97.

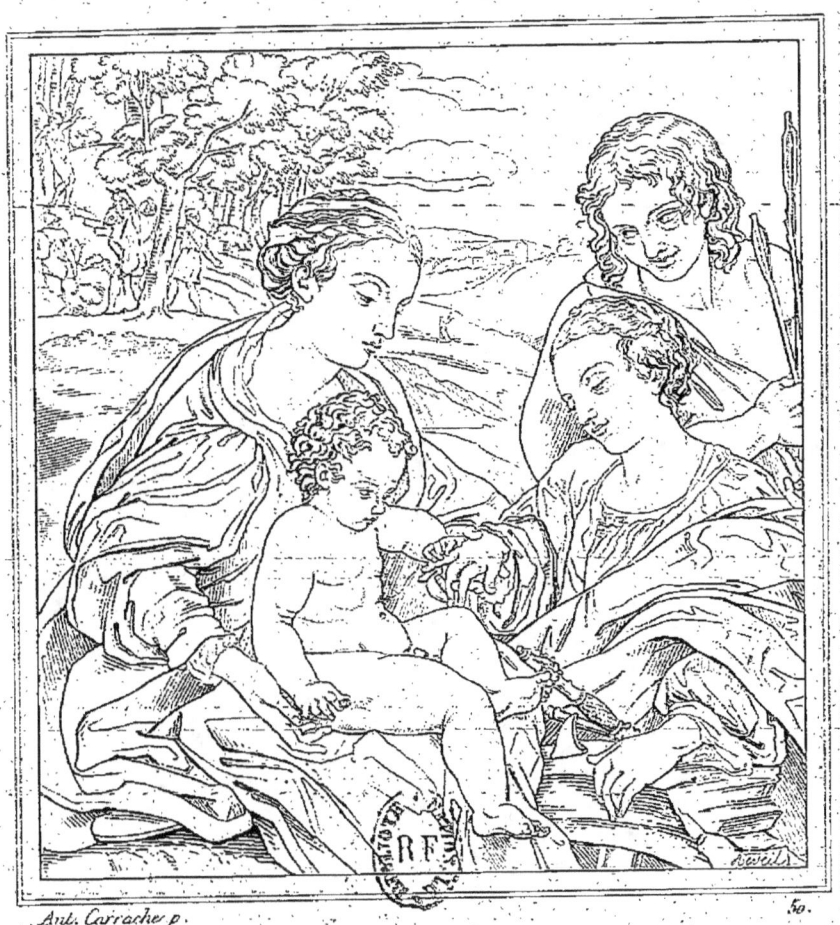

Ant. Carrache p.   50

MARIAGE DE STᴱ CATHERINE.

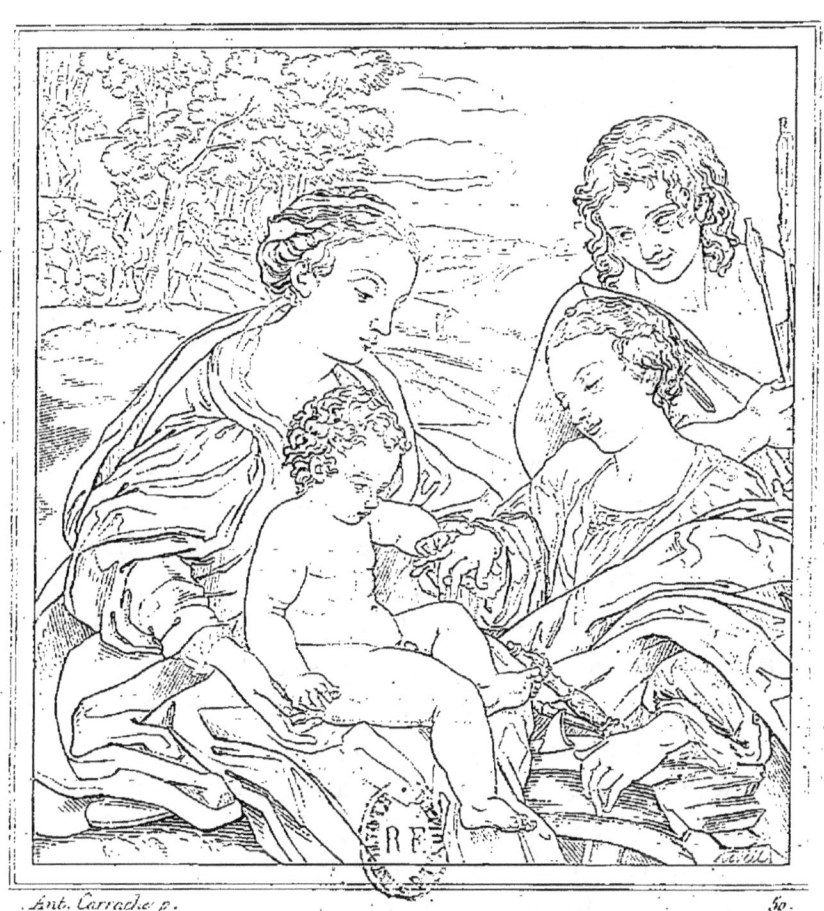

Ant. Carrache p.

50.

MARIAGE DE Sᵀᴱ CATHERINE.

MARIAGE DE SAINTE CATHERINE.

Déjà nous avons eu occasion de parler de sainte Catherine dans l'article n° 25, et nous avons dit qu'on n'avait rien de bien certain sur sa vie ni sur sa mort. Cependant, sans penser à la légèreté avec laquelle la plupart des légendaires ont rapporté des faits extraordinaires, un grand nombre de peintres ont représenté le mariage de sainte Catherine, dont le récit est donné par Pierre de Natalibus, évêque de Jasolo. Ce pieux écrivain raconte que Catherine, avant son baptême, eut une vision mystérieuse, dans laquelle lui apparut la Vierge avec l'enfant Jésus, à qui elle demandait d'admettre la jeune Catherine parmi ses plus fidèles servantes. Le divin enfant repoussa cette proposition avec horreur, en alléguant qu'elle était païenne, et qu'il faudrait qu'elle fût régénérée par les eaux du baptême. A son réveil, Catherine se mit en devoir de se faire chrétienne, et lorsqu'elle eut été baptisée, elle eut une seconde vision, dans laquelle l'enfant Jésus l'admettait près de lui, non comme une servante, mais comme une fidèle épouse; en se réveillant, elle vit à son doigt un anneau mystérieux.

La présence de saint Sébastien dans ce tableau ne peut être motivée que par le désir de ceux qui l'ont commandé, et dont apparemment ce personnage était un des patrons.

Le cardinal Barberini a possédé ce tableau; il en fit don au cardinal Mazarin; à la mort de ce premier ministre, il passa dans le cabinet du roi, et fut gravé sous le ministère de Colbert, par Étienne Picart.

Haut., 3 pieds 8 pouces; larg., 3 pieds 8 pouces.

MARRIAGE OF SAINT CATHERINE.

We have previously noticed saint Catherine, at n° 25, and said that nothing certain was known of her life or her death. However, without regarding the lightness with which most of the writers of legends have related extraordinary facts, a great number of artists have represented the marriage of saint Catherine, the relation of which is given by Peter de Natalibus, bishop of Jasolo. This pious writer says that, some time previous to the baptism of Catherine, she saw, in a mysterious vision, the Virgin entreating the infant Jesus to admit young Catherine among his faithful servants. The divine child rejected such a proposal with horror, alleging that she was a pagan and must be regenerated by the water of baptism. As soon as she awowe, Catherine determined to become a christian, and after she was baptised, she saw, in a second vision, the infant Jesus, who admitted her into his presence, not as a servant, but as a faithful wife; and upon awaking, she perceived upon her finger a mysterious ring.

The presence of saint Sebastian in this picture can only be attributed to the desire of the person who ordered it, of whom apparently this saint was the patron.

Cardinal Barberini, who was the owner of this picture, gave it to cardinal Mazarin; at the death of that minister it was added to the king's collection, and was engraved during the ministry of Colbert, by Etienne Picart.

Height, 4 feet; breadth, 4 feet.

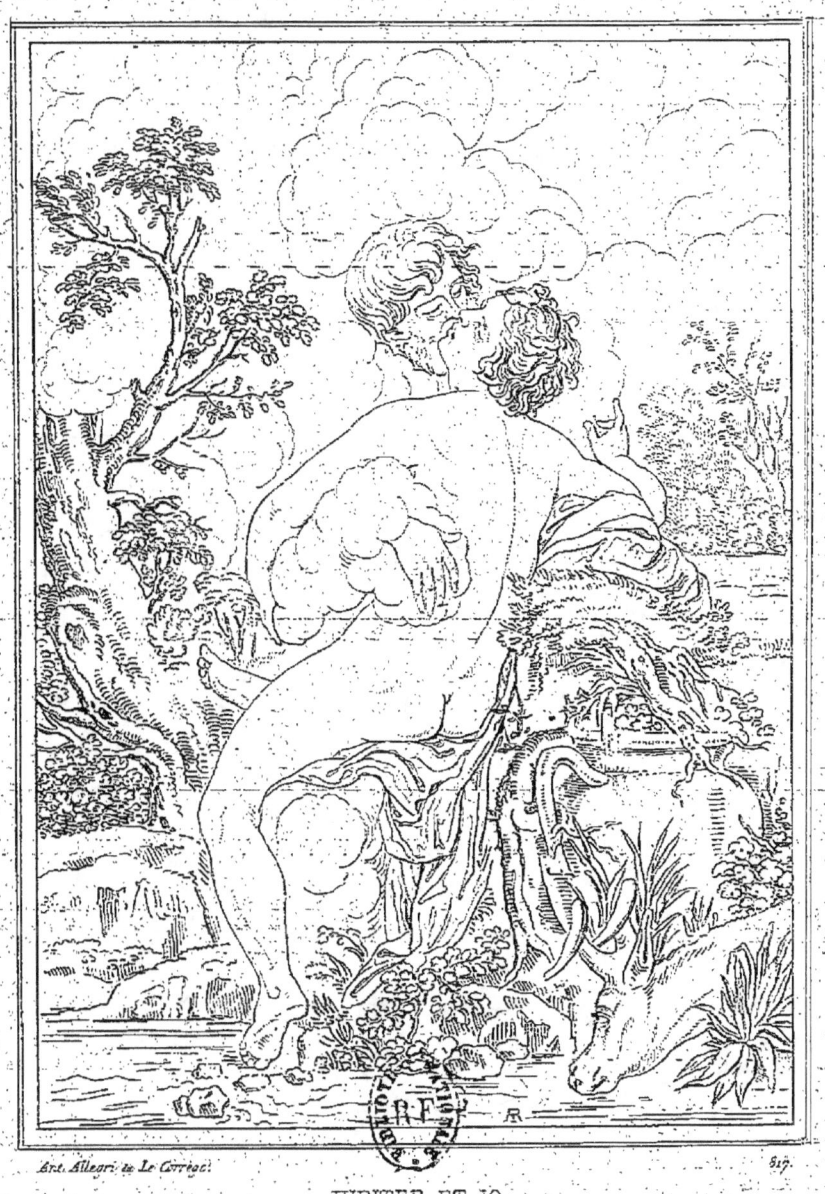

817.

JUPITER ET JO.

S

JUPITER ET IO.

Comme les mortels, les dieux dans leurs amours ont employé l'adresse, la force, ou la ruse; mais comme ils avaient à leurs ordres, les élémens, les météores et les métamorphoses, leurs moyens de séduction furent variés à l'infini. Io surprise par Jupiter est une des scènes les plus singulières de la mythologie. Le souverain des dieux la rencontra sortant de chez son père le fleuve Inachus. Il cherchait à l'entraîner dans la forêt voisine pour se mettre à couvert de l'ardeur du soleil; mais la nymphe fuyait avec précipitation, et déjà « elle avait dépassé les pâturages de Lernes et les campagnes de l'Arcadie, lorsque Jupiter couvrit la terre d'un nuage épais, qui remplit d'obscurité les lieux où se trouvait la nymphe, puis par ce moyen il lui ravit son honneur. »

Ce tableau est d'une composition gracieuse. Les figures sont encore d'une bonne couleur, mais les fonds ont beaucoup souffert et sont devenus si noirs, que l'on n'y peut plus rien connaître. Il a appartenu à la reine Christine, passa dans la galerie du Palais-Royal, fut donné au peintre Coypel par le duc d'Orléans fils du régent, et se trouve maintenant dans la galerie de Sans-Souci. Il en existe plusieurs répétitions, dont une se trouve chez M. le maréchal Soult. Il a été gravé par Desrochers et par Bartolozzi.

Haut., 4 pieds 5 pouces; larg., 2 pieds 7 pouces.

JUPITER AND IO.

The gods, like mortals, employed address, force or artifice in love; but, as they had the elements and meteors at their command, and could change their forms at will, their means of seduction were varied without end.

The rape of Io by Jupiter, is one of the most singular fables of the old Mythology. The sovereign of the Gods met Io, as she was parting from her father, the river Inachus, and invited her to seek a shelter with him from the ardour of the sun, in a neighbouring forest; but the nymph fled with precipitation, « and had already left behind her the pastures of Lerna and the Arcadian plains, when Jupiter covered the earth with a thick cloud, which veiled in darkness the spot where she urged her flight; and by this means he robbed her of her honour. »

This composition is distinguished by suavity and grace: the colouring of the figures is still good, but that of the background has become wholly indistinct. This picture first belonged to Queen Christina; it afterwards formed a part of the gallery of the *Palais-Royal*, and was given by the Duke of Orleans, son of the Regent, to the painter Coypel; it is now in the gallery of *Sans-Souci*. There are several copies of it by the artist himself, one of which belongs to Marshal Soult. It has been engraved by Desrochers, and by Bartolozzi.

Height, 4 feet 8 inches; width, 2 feet 8 inches.

JUPITER ET LÉDA.

JUPITER ET LÉDA.

Parmi les métamorphoses de Jupiter, celle qu'il prit pour séduire Léda offre une grande singularité puisque, ayant la forme d'un cygne, suivant d'anciens mythographes, Léda aurait eu un œuf ou deux œufs, d'où seraient sortis la belle Hélène et Pollux, Clytemnestre et Castor.

Corrége a placé Léda sur le bord d'une rivière, et Jupiter en cygne s'est approché d'elle pour la caresser. Ce tableau est très-remarquable par la grâce et par l'expression des figures; son histoire est aussi des plus extraordinaires.

Acquis par l'empereur Rodolphe, il faisait partie des tableaux que ce monarque avait réunis, et se trouvait à Prague lorsque le comte de Kœnigsmark, après avoir pris la ville en 1648, enleva les plus beaux tableaux et les fit transporter à Stockholm. Christine, en abdiquant, emporta ses tableaux en Italie, et à sa mort ils devinrent la propriété de Livio Odescalchi, neveu du pape Innocent XI; ensuite ils furent achetés par le duc d'Orléans, régent. Le fils de ce prince, dont la piété était exemplaire, crut devoir faire enlever la tête de Léda, et donna le tableau ainsi mutilé à Coypel, son premier peintre, qui repeignit la tête. Après la mort de ce peintre, ce tableau fut acheté par le roi de Prusse, pour la galerie de Sans-Souci.

Il existe une copie au Musée de Paris, et le fragment des deux figures qui se baignent forme un autre tableau qui se voit à Rome, chez le prince Colona.

Ce tableau a été gravé par Duchange, en 1711.

Larg., 6 pieds 1 pouce; haut., 4 pieds 11 pouces.

859.

JUPITER ET LEDA.

Among Jupiter's metamorphoses that by means of which he seduced Leda was marked by a striking singularity : having changed himself into a swan, according to the ancient mythologists, the object of his passion was delivered of an egg, or rather of two eggs, from one of which issued Helen and Pollux, and from the other, Clytemnestra and Castor.

Corregio has placed Leda on the bank of a river, and Jupiter, in the shape of a swan, is approaching to caress her.

This picture is remarkable for the grace and expression of the figures, and also for its history. Having been purchased by the Emperor Rodolph, it was at Prague, with other pictures collected by that Monarch, when the city was taken, in 1648, by Count Kœnigsmark, who seized the finest of them, and sent them to Stockholm. After her abdication Queen Christina carried her pictures to Italy; and at her death they became the property of Olivio Odescalchi, nephew of Pope Clement III.. They were afterwards purchased by the Regent, Duke of Orleans, whose son, a prince of exemplary piety, effaced the head of this piece, and gave it thus disfigured to his painter, Coypel, by whom it was restored : at Coypel's death, it was bought by the King of Prussia, for the gallery of Sans-Souci.

There is a copy of it in the French Museum, and also a copy of the two figures bathing, forming a separate picture, in the possession of Prince Colonna, at Rome.

It was engraved by Duchange, in 1711.

Width, 6 feet 5 inches ; height, 5 feet 3 inches.

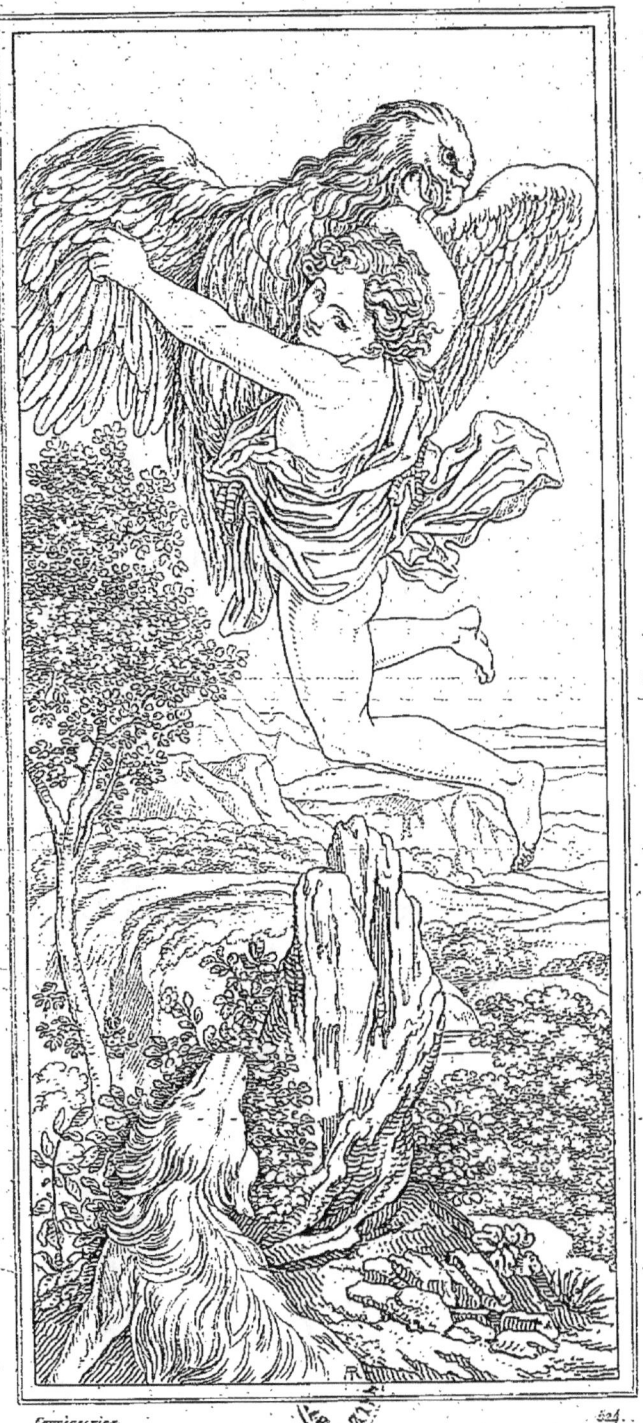

Corrège pinx.   524.

ENLÈVEMENT DE GANIMÈDE.

ENLÈVEMENT DE GANIMÈDE.

Ovide dans ses Métamorphoses rapporte que « Jupiter, touché des charmes de Ganymède, bornait toute sa félicité à lui plaire, et son amour lui aurait fait désirer d'être tout autre chose que le maître des dieux. Cependant, sans chercher à se dissimuler, il prend la figure de l'oiseau qui porte le foudre, traverse les airs, et enlève le jeune Phrygien, qui malgré la jalouse Junon, verse aujourd'hui le nectar à la table des dieux. »

Les auteurs qui veulent donner une origine historique aux faits de la mythologie, rapportent que Ganimède, fils de Toas et de Calliroé, était remarquable par sa beauté, que son père l'ayant envoyé avec une suite nombreuse en Lydie pour offrir un sacrifice à Jupiter; Tantale les prenant pour des espions, les fit arrêter. Le jeune Troyen mourut de chagrin d'être ainsi séparé de son père; et comme on rapporta que le jeune prince avait été arrêté dans le temple même de Jupiter, par un guerrier qui portait une aigle pour emblème, le peuple crut qu'il avait été enlevé par l'oiseau de Jupiter.

Le peintre Antoine Allegri, surnommé le Corrége, en représentant l'Enlèvement de Ganymède, a mis beaucoup de grâce dans la pose de cette figure; il a fait voir dans le bas la plaine de Lydie. Sur le devant on aperçoit en partie le chien avec lequel il gardait son troupeau; ses aboiemens semblent exprimer les regrets que lui fait éprouver la perte de son maître.

Quelques personnes ont pensé que ce tableau n'était pas du Corrége; cependant il fut acquis vers 1600 par l'empereur Rodolphe II, et est maintenant dans le Musée du Belvédère à Vienne, il a été gravé par Steen, et par J. Eissner.

Haut., 5 pieds; larg., 2 pieds 3 pouces.

524.

THE RAPE OF GANYMEDES.

Ovid, in his Metamorphoses, relates that « Jupiter, struck with the charms of Ganymedes, placed his happiness solely in pleasing him, whilst his love made him desire to be any thing but the master of the Gods. He takes the form of the bird that bears his thunderbolts, cuts through the air, and carries off the young Phrygian, who, notwithstanding Juno's jealousy, even at present, serves the nectar at the table of the Gods. »

Those authors who wish to give an historical origin to mythological facts, relate that Ganymedes, the son of Toas and Calliroe, was remarkable for his beauty, that his father having sent him to Lydia with a numerous train to offer a sacrifice to Jupiter, Tautalus, taking them for spies, had them detained. The young Trojan died with grief, at being thus separated from his father, and as it was asserted that the young prince had been arrested, in the very temple of Jupiter, by a warrior bearing an Eagle for emblem, the people believed he had been carried off by Jupiter's bird.

The painter Antonio Allegri, surnamed Correggio, in representing the Rape of Ganymedes, has put much grace in the attitude of that figure: in the lower part of the picture he presents the plains of Lydia. The youth's dog, with which he tended his flock, is partly seen in the fore-ground : his howlings seem to express the regrets he feel at the loss of his master.

Some persons have thought that this picture was not by Corregio; it was however purchased about the year 1600 by the Emperor Rodolphus and is now in the Museum of the Belvedere, at Vienna : it has been engraved by Steen, and by J. Eissner.

Height, 5 feet 4 inches; width, 2 feet 4 inches.

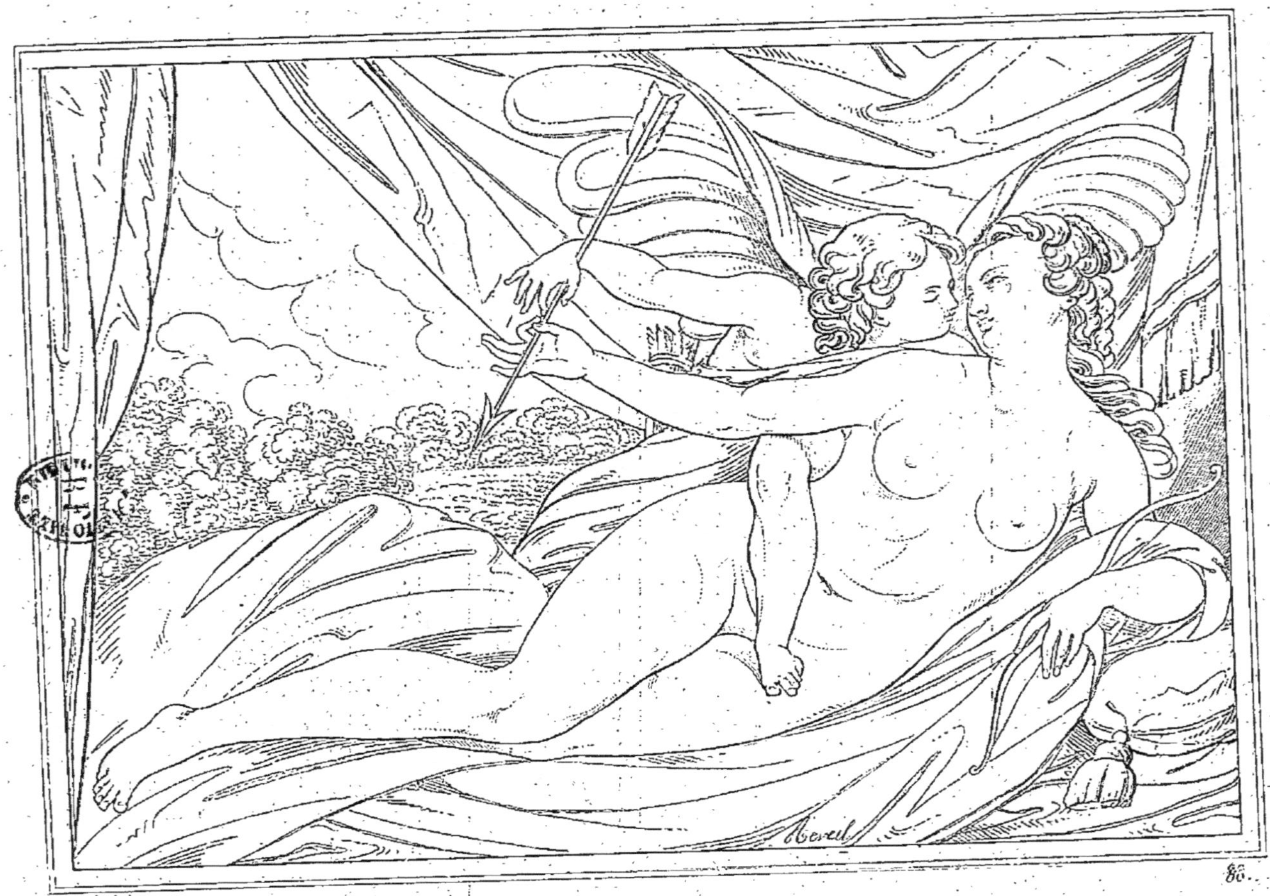

86.

Corrège p.

VÉNUS ET L'AMOUR.

VÉNUS ET L'AMOUR.

Sur un lit est couchée Vénus cherchant à désarmer l'Amour tout en jouant avec lui : déjà elle tient son arc d'une main, tandis que de l'autre elle lui enlève une flèche qu'il ne défend que faiblement, paraissant tout occupé d'un baiser qu'il va recevoir de la déesse de Cythère. La draperie qui tombe sur le devant du lit est blanche, tandis que celle du fond, près des jambes de Vénus, est d'un bleu un peu verdâtre. Un grand rideau cramoisi sert de fond à ce tableau dans lequel on n'aperçoit qu'un peu de ciel et quelques bouts d'arbres.

Suivant l'usage du siècle où ce tableau a été fait, il est peint sur une toile imprimée en rouge, ce qui a fait changer un peu les couleurs. Il a été fatigué, et on y voit quelques parties repeintes dans le rideau et dans les arbres; mais la tête et toute la figure de Vénus sont d'une couleur délicieuse, et bien digne du Corrége. Cependant quelques personnes paraissent avoir des doutes sur l'originalité de ce tableau; il a été acquis à Vienne par M. le marquis de Caraman, et il n'avait pas encore été gravé.

Larg., 4 pieds 1 pouce; haut., 1 pied 3 pouces.

VENUS AND CUPID.

Venus reposing on a couch is playfully trying to disarm young Love; she already holds his bow in one hand, while with the other she seizes an arrow which he but feebly defends, seeming entirely absorbed with a kiss he receives from the Cytherean goddess. The drapery which falls in front of the couch is white, while that at the bottom, near the feet of Venus, is blue with a light cast of green. A large crimson curtaid serves as the back-ground of the picture, in which but a small portion of sky is visible and the ends of some trees.

According to the custom of the age when this picture was done, it is painted on a red printed linen cloth which has caused the colours to change a little. It became faded and some parts in the curtain and trees have been repainted; but the head and the entire face of Venus are of an exquisite hue; and well worthy of Correggio. Some persons notwithstanding seem to entertain doubts of its originality.

This picture was purchased, at Vienna, by the marquis de Caraman, and had not yet been engraved.

Breadth, 4 feet 4 inches; height, 1 foot 4 inches.

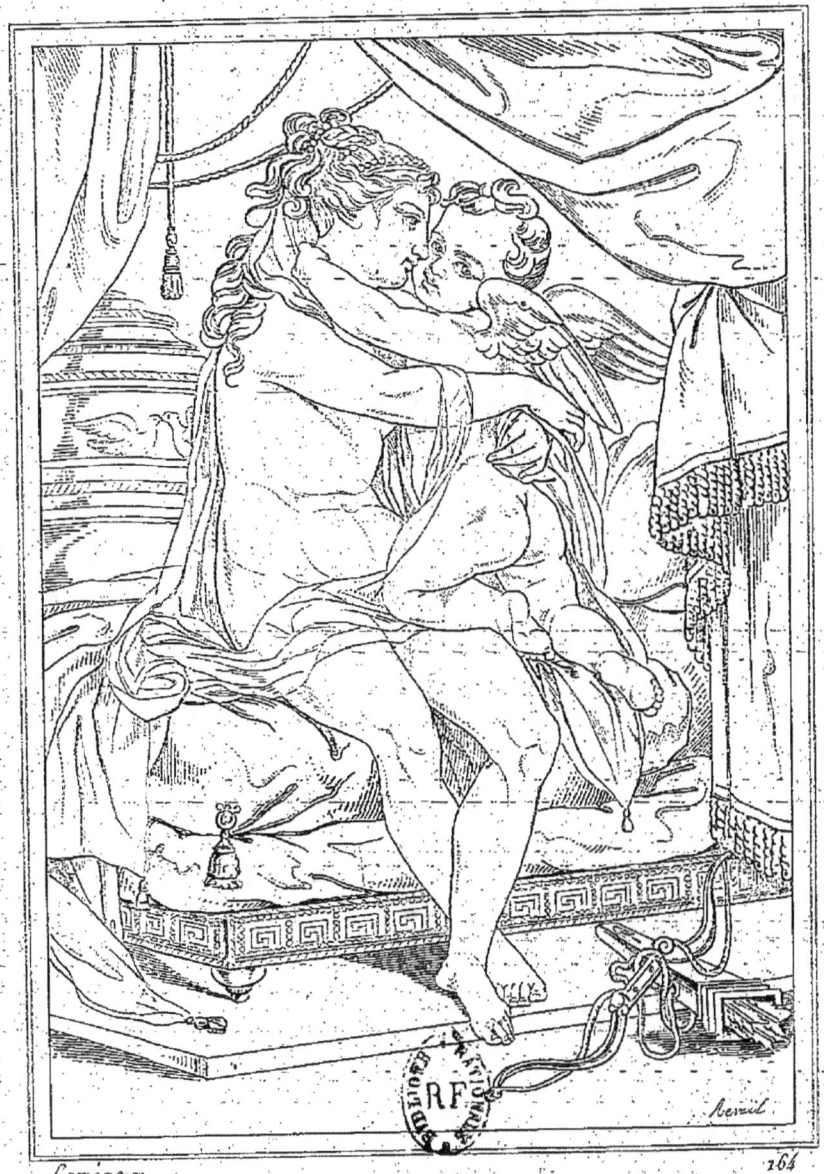

Correge p.   164

VÉNUS ET L'AMOUR.

VÉNUS ET L'AMOUR.

Les tableaux du Corrége se font ordinairement remarquer par une couleur brillante et suave, mais la gravure ne peut donner une idée de ce mérite qui est un des principaux caractères du maître.

Vénus embrassant l'Amour est un sujet qu'on peut varier à l'infini, et qui sera toujours agréable, puisqu'il offre aux yeux les formes les plus gracieuses et les plus aimables.

VENUS AND CUPID.

The pictures of Corregio are generally remarkable for their soft and brilliant colouring, but-engraving cannot give the least idea of a merit which is particularly characteristic of this master.

Venus embracing Cupid is a subject which can be varied to infinity, and yet be always agreeable; because it presents before the eyes, forms the most elegant and pleasing.

164.

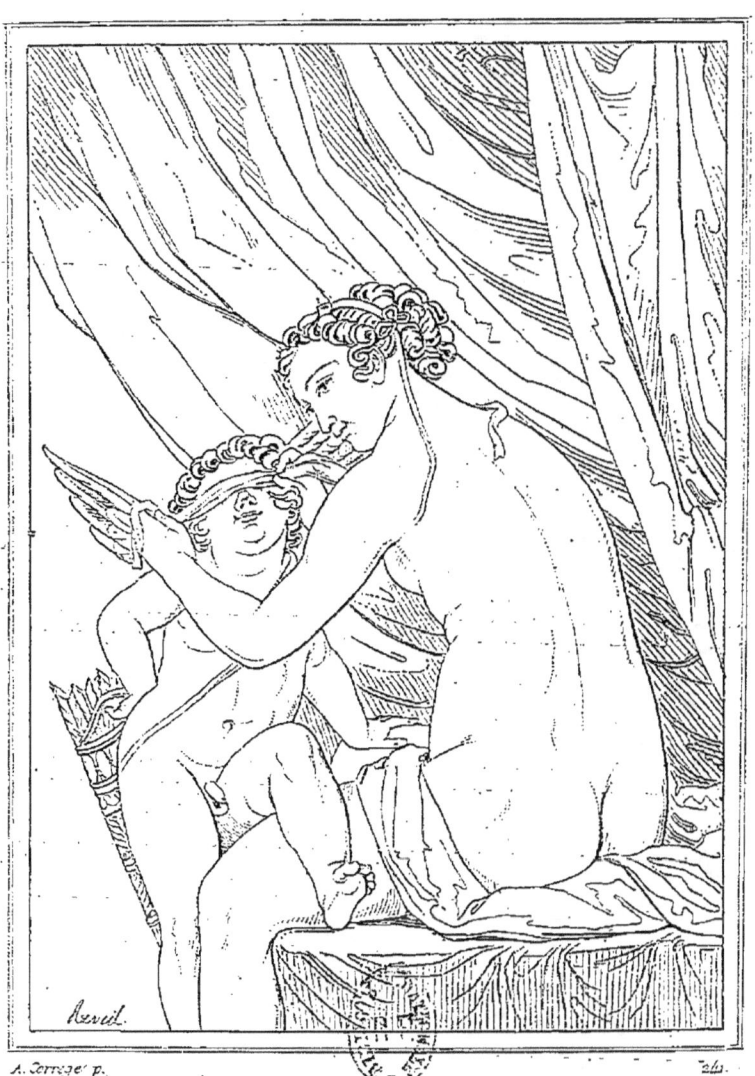

A. Corrège p.   241.

VÉNUS ET L'AMOUR.

VÉNUS ET L'AMOUR.

Les tableaux du Corrége sont tellement rares, qu'il est peu de galeries où l'on en possède; celui-ci représente Vénus assise et mettant un bandeau sur les yeux de l'Amour. Rien n'est plus simple que cette composition de deux figures; mais rien n'est plus gracieux que la pose de Vénus. La tête de l'Amour n'est pas aussi agréable; cependant l'expression de sa bouche rappelle bien la patience d'un enfant, qui se laisse infliger une punition, avec la certitude qu'il saura bien, malgré cela, mettre à exécution les malices qu'il projette.

Ce charmant tableau a fait partie du cabinet de M. d'Estrez, officier supérieur des gardes-du-corps; il donne une idée favorable du talent de Corrége.

Haut., 1 pied 6 pouces? 1 larg., pied?

VENUS AND CUPID.

The productions of Corregio are so scarce, that few galleries possess any of them; the present picture represents Venus seated and putting a bandage over the eyes of Cupid. Nothing can be more simple than this composition of two figures, but nothing can be more graceful than Venus's position. The head of Cupid is not so agreeable, but the mouth however expresses excellently, the patience of a child, who endures quietly the punishment inflicted, being satisfied that in spite of it, he will be able to execute his cunning projects.

This charming composition forms part of a collection that belongs to M. d'Estiez, a superior officer of the body-guard; it gives a favorable idea of Corregio's talent.

Height, 1 foot 6 inches; breadth, 1 foot.

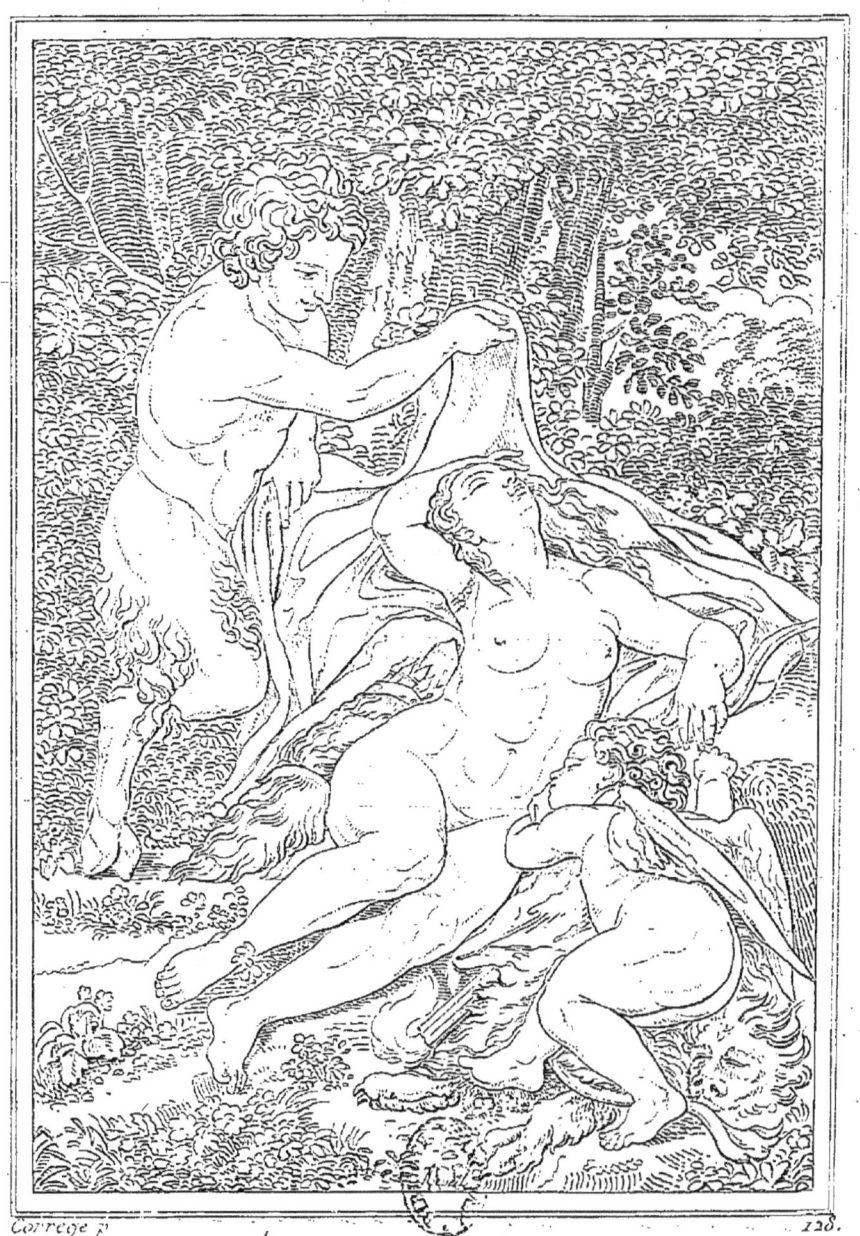

Correge f.   128.

VÉNUS ET UN SATYRE.

VÉNUS ET UN SATYRE.

Quoiqu'on ait quelquefois désigné ce tableau sous la dénomination de *Jupiter et Antiope*, nous n'avons pas cru devoir
adopter cette opinion, parce que rien dans ce satyre n'indique
le maître des dieux et la majesté qu'il devrait encore conserver
dans ses déguisemens amoureux. La figure semble être simple-
ment celle d'un faune qui profite d'une circonstance que le
hasard lui présente pour repaître ses yeux des charmes de la
déesse de Cythère, que nous croyons bien caractérisée par sa
nudité complète, par l'Amour qui l'accompagne, et qui, en-
dormi près d'elle, abandonne son flambeau comme pour indiquer que sa mère n'est plus occupée ni de Mars, ni de Mercure,
ni d'Adonis, et que le moment peut devenir favorable pour un
simple habitant des forêts.

Le Corrége a montré dans cette production les couleurs les
plus vraies et les plus brillantes; le clair-obscur y est admirable, mais on ne peut s'empêcher de remarquer quelques
fautes de dessin. Les reflets de la verdure et de la draperie
bleue que soulève le satyre donnent aux chairs une variété qui
ne nuit en rien à leur fraîcheur.

Le cardinal Barberin, neveu du pape Urbain VIII, fit cadeau
de ce tableau au cardinal Mazarin; c'est de là qu'il vint dans
la collection royale, dont il est un des plus beaux ornemens.
Dans l'inventaire du cardinal, fait en 1661 par Mignard, Du
Fresnoy et Podesta, son estimation est portée à 5000 livres:
maintenant il serait estimé quarante fois davantage.

Il a été gravé par Audouin et par M. Jean Godefroy.

Haut., 5 pieds 9 pouces; larg., 3 pieds 9 pouces.

128.

VENUS AND A SATYR.

Although this picture has sometimes been described under the title of Jupiter and Antiope, we have not thought proper to adopt that denomination, because there is nothing, in this satyr, to indicate the greatest of the gods, and the majesty which he must still, in some degree, have preserved in his amorous disguises. The face appears to be merely that of a faun who, taking advantage of a circumstance which chance offers him, is feasting his eyes upon the beauties of the Cytherean goddess, who seems to us well characterized by her complete nudity, and by Cupid asleep near her, and who has abandoned his torch, to imply, that his mother is no longer occupied, either with Mars, Mercury, or Adonis, and that the present opportunity is favourable even for a mere inhabitant of the forest.

Correggio has displayed in this picture a colouring of the greatest brilliancy and truth; the chiar-oscuro is admirable, though it is impossible to avoid remarking, that there are some faults in the designing. The reflection from the verdure and the blue drapery which the satyr is raising, gives a variety to the carnations, without, in the least, injuring their freshness.

Cardinal Barberini, the nephew of pope Urban VIII, presented this picture to the cardinal Mazarin; thus it came into the royal collection, of which it forms one of the greatest ornaments. In the inventory of the cardinal's property, made in 1661, by Mignard, Du Fresnoy, and Podesta, it is estimated as worth 5000 fr. or 200 L. : it would now be estimated at forty times that sum.

It has been engraved by Audouin, and by M. John Godefroy.

Height, 6 feet 1 inch; breadth, 3 feet 11 $\frac{3}{4}$ inches.

128.

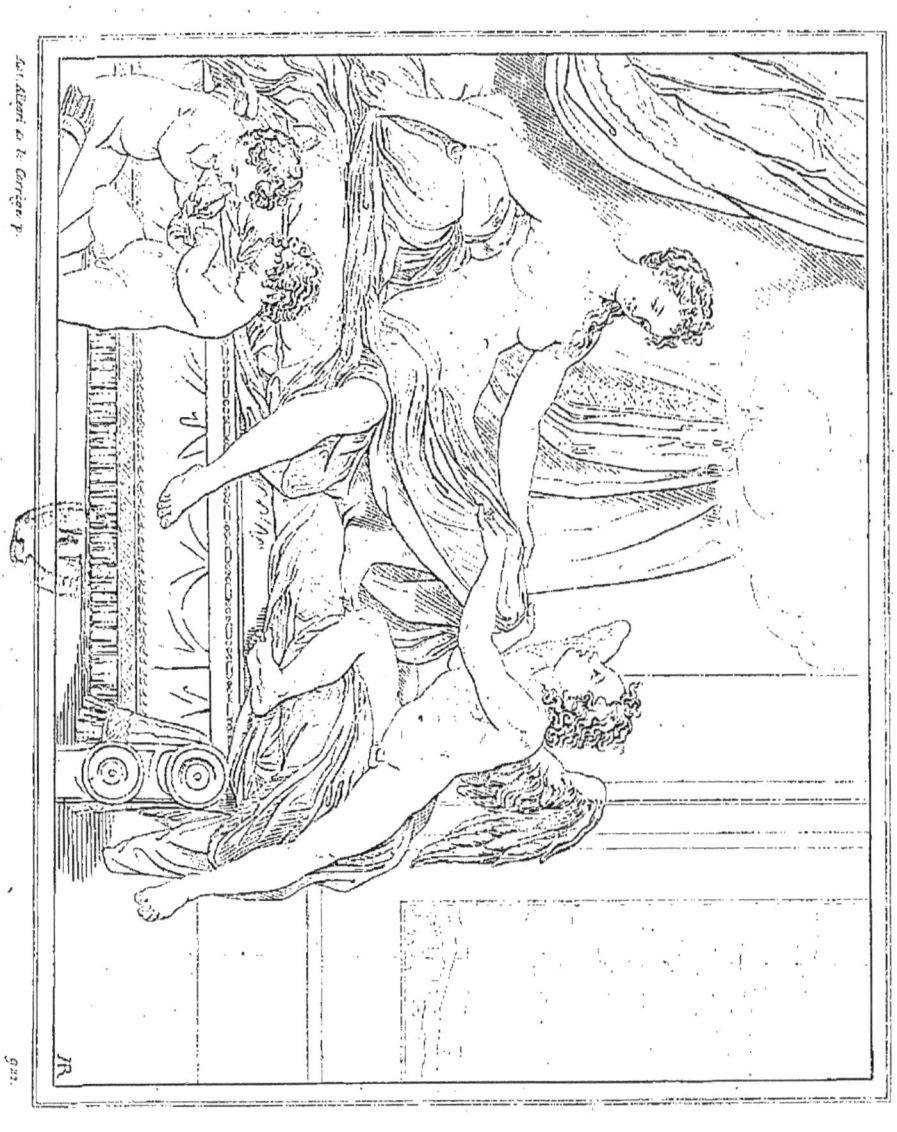

DANAÉ.

Acrisius ayant enfermé Danaé sa fille, dans la crainte qu'elle devint mère, l'Amour vint bientôt la consoler dans sa prison, et Jupiter trouva aussi moyen de s'y introduire. Il gagna le cœur de la jeune ingénue, en paraissant à ses yeux sous la forme d'une pluie d'or. Danaé, assise sur son lit, paraît aider l'Amour qui cherche à étendre la draperie dont elle est en partie couverte, afin de recevoir avec plus d'abondance, la bienfaisante rosée qu'attirent les charmes de la princesse.

Sur le devant, à gauche, on voit deux petits Amours qui, dans l'espoir de surprendre encore de jeunes cœurs, essayent sur une pierre de touche lequel marquera plus facilement ou d'une pièce d'or, ou d'une flèche acérée.

Il est impossible de rien voir de plus gracieux que la figure de Danaé; la tête est charmante, et l'expression d'une finesse extraordinaire. Le coloris est d'une beauté surprenante et la conservation parfaite.

Ce magnifique tableau appartint à la reine de Suède, il fit ensuite partie de la galerie du Palais-Royal ; évalué 25,000 fr., il ne trouva pas d'acquéreur, et plus tard il fut acheté par H. Hope. A la vente de cet amateur il fut vendu 6,000 fr. environ, et revint ensuite à Paris.

Il a été gravé par Duchange et par Ph. Trière.

Larg., 5 pieds 10 pouces ; haut.. 4 pieds 10 pouces.

921.

DANAE.

Acrisius having imprisoned his daughter Danae, fearing lest she should become a mother, Cupid came quickly to console her in her prison, and Jupiter also found means to introduce himself there. He gained the favour of the unsuspecting one, by appearing to her under the form of a golden shower. Danae seated on her bed, seems assisting Cupid who endeavours to spread the drapery with which she is partly covered, in order to receive in greater abundance the gracious gift which the charms of the Princess have attracted.

In the foreground, on the left, two little Cupids are seen, who in the hope of beguiling other young hearts are trying on a touch-stone, which will make the greatest impression whether a piece of gold, or a tempered arrow.

Nothing can be more delightful than the countenance of Danae, the head is charming and the expression wonderful.

This fine picture belonged to the Queen of Sueden, it afterwards formed part of the Gallery of the Palais Royal and was valued at 1000 liv., it afterwards became the property of H. Hope. At the sale of this amateur's collection it fetched nearly 240 liv., and afterwards returned to Paris.

It has been engraved by Duchange, and by Ph. Triere,

Width 6 feet 2 inches; height 5 feet 1 inch.

921.

NOTICE

SUR

POLIDORE CALDARA, DIT POLIDORE DE CARAVAGE.

Polidore Caldara naquit, en 1495, à Caravage, dans le Milanais, et n'est ordinairement désigné que sous le nom de Polidore de Caravage. Ayant été à Rome fort jeune, c'est en voyant travailler au Vatican qu'il pensa à se livrer à l'étude de la peinture. En peu de temps il devint assez habile, pour que Raphaël lui confiât l'exécution de quelques-unes des frises, placées au-dessus des grandes fresques, qui ornent les chambres du Vatican.

Polidore dessinait correctement, et plus qu'aucun autre il s'est approché du style antique. Ses dispositions sont nobles, ses attitudes naturelles, ses têtes pleines d'expression, et généralement d'un beau caractère. Son coloris est vrai et plein de vigueur, mais souvent il a peint en camaïeux, imitant ainsi des bas-reliefs quelquefois rehaussés d'or dans les lumières.

Ayant été faire un voyage en Sicile, il fut assassiné par son domestique en 1543, n'étant âgé que de quarante-huit ans, et fut enterré dans la cathédrale de Messine.

NOTICE

OF

POLIDORO CALDARA, CALLED DA CARAVAGGIO.

Polidoro Caldara was born in 1495, at Caravaggio, a village of the Milanese; whence he is generally designated by the name of Polidoro da Caravaggio. Being at Rome in his youth, a sight of the artists at work in the Vatican, inspired him with the wish of becoming a painter; and he soon acquired sufficient skill to be entrusted, by Raffaelle, with the execution of some of the friezes which surmount his frescoes, in that edifice.

Polidoro designed correctly and approached more nearly than any modern artist, to the style of the antique. The disposition of his works is noble, his attitudes are natural, and his heads expressive, and, in general, of a fine character. His colouring is distinguished by truth and vigour; but he often painted in camayeu, thus producing imitations of basso-relievos, the lights of which are sometimes brightened with gilding.

During a visit to Sicily, in 1543, Caravaggio was assassinated by his servant, and was interred in the cathedral of Messina.

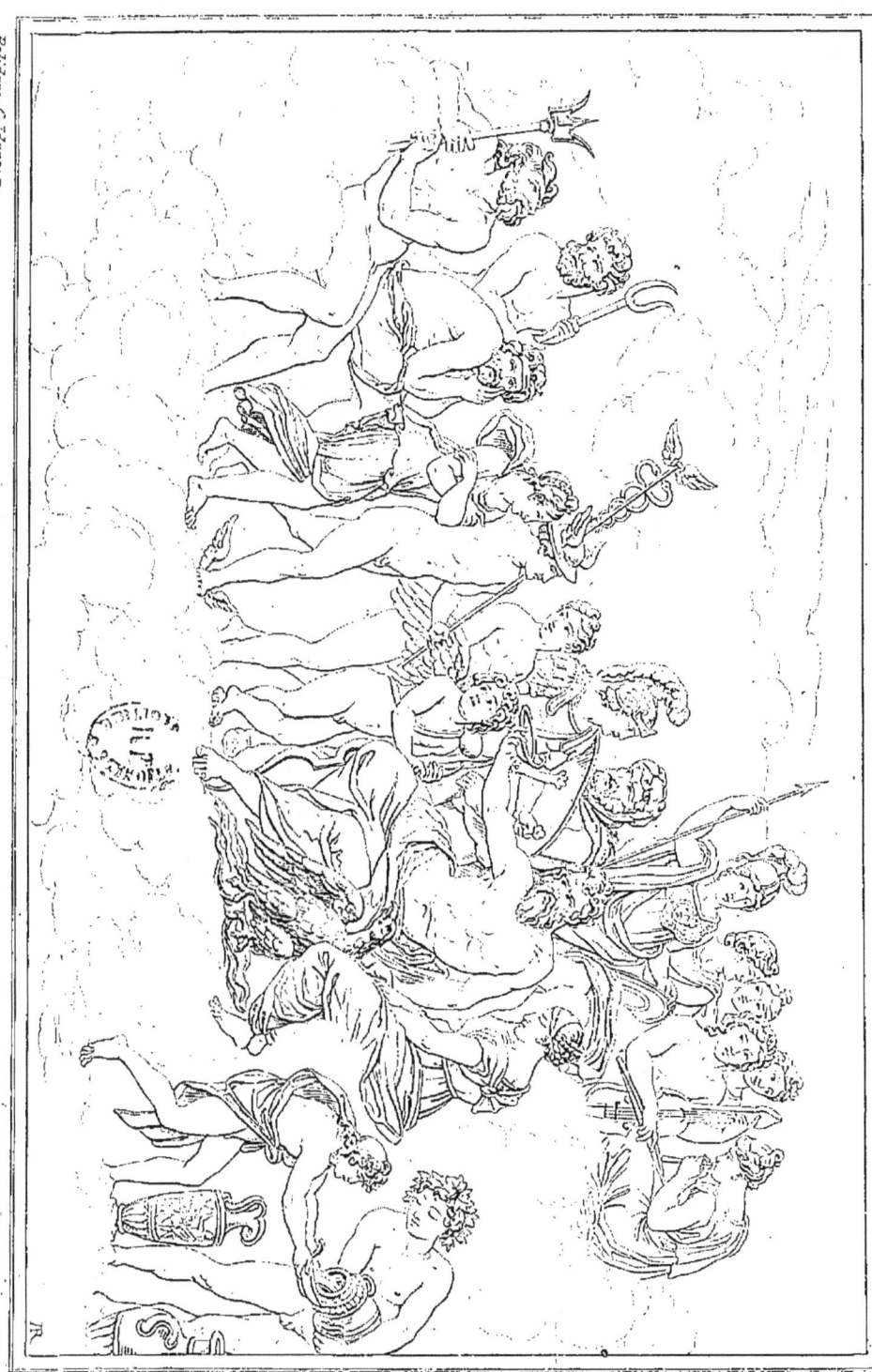

PSYCHÉ PRÉSENTÉE A JUPITER.

La précision avec laquelle ce sujet a été rendu, ne l'a cependant pas sauvé des fausses interprétations. Dans le catalogue des tableaux du roi, il est désigné sous le titre de Jupiter proposant aux dieux d'admettre Ganymède pour leur échanson. L'auteur du Musée Filhol, a fait remarquer avec raison que Lépicié était dans l'erreur. En effet, Ganymède exerce déjà ses fonctions, et l'endroit où il est placé fait assez voir qu'il ne peut être un des principaux personnages: mais il ajoute que Polidore a représenté l'entrée d'Hébé dans l'Olympe; c'est encore une erreur; puisque Ganymède au contraire n'a paru dans le ciel que pour remplacer Hébé, disgraciée pour avoir fait une chute dans laquelle elle tomba d'une manière indécente et qui scandalisa quelques déesses.

N'adoptant ni l'une, ni l'autre de ces versions, nous pensons que l'on doit voir ici Jupiter cédant aux pressantes sollicitations de l'Amour, et admettant Psyché dans l'Olympe en présence de tous les dieux. Pour la faire participer à la divinité, il lui offre la coupe d'ambroisie que Ganymède lui avait présentée.

Ce tableau, peint en détrempe sur bois, est le seul ouvrage de Polidore que possède le Musée du Louvre. Il a été gravé par Normand et par Niquet.

Larg., 4 pieds 9 pouces; haut., 5 pieds 1 pouce.

≣◦≣

PSYCHE PRESENTED TO JUPITER.

The precision with which this subject is executed, has not however preserved it from false explanations. In the Catalogue of the King's Pictures; it is described, to be Jupiter proposing to the Gods to admit Ganymedes as their cup-bearer. The editor of Filhol's Museum very justly remarked that Lépicié had fallen into an error. In fact, Ganymedes already performed those duties, and the place he occupies, shews sufficiently that he cannot be one of the principal personages But he adds that Polidore has represented Hebe's arrival into Olympus; this also is an error, since Ganymedes on the contrary appeared in heaven only to take Hebe's situation, who was disgraced for a slip she met with, which occasioned her to fall in a very indecorous manner, to the great scandal of some of the goddesses.

Adopting neither of these versions, we believe that the subject represented, is Jupiter yielding to the pressing soli-citations of Cupid and admitting Psyche into Olympus in presence of all the gods. That she may participate of the divinity, he offers her the cup of ambrosia that Ganymedes had presented to him.

This picture, which is painted in distemper on wood, is the only work of Polydore possessed by the Museum of the Louvre. It has been engraved by Normand, and by Niquet.

Width 5 feet; height 3 feet 3 inches.

781.

NOTICE

SUR

LUCIANO, DIT SÉBASTIEN DEL PIOMBO.

Luciano naquit à Venise en 1495. Il est connu sous le nom de Fra Sébastien del Piombo, parce qu'il portait l'habit religieux et qu'il était chargé de sceller les actes de la chancellerie du pape.

Sébastien cultiva d'abord la musique, fut bon chanteur et habile joueur de luth ; mais, séduit par les peintures de Jean Bellini, il entra dans l'école de ce peintre, et l'abandonna bientôt pour suivre les leçons de George Barbarelli. On admirait dans les portraits de Sébastien une ressemblance parfaite. Aucun peintre de cette époque ne dessinait mieux que lui les têtes et les mains, ses draperies étaient heureusement jetées et terminées avec soin.

Augustin Chigi, riche négociant et célèbre amateur, s'étant lié d'amitié avec lui, il le détermina à venir à Rome. Michel-Ange, charmé de sa couleur, l'accueillit favorablement, et chercha à l'opposer à Raphaël ; on dit même qu'il convint de lui fournir des dessins pour ses ouvrages, et il est permis de croire que c'est à cette circonstance qu'est due le célèbre tableau de la Résurrection du Lazare, qui fut mis en concurrence avec celui de la Transfiguration par Raphaël.

Après le sac de Rome en 1527, c'est Sébastien qui fut chargé de réparer les dégâts commis par les soldats aux peintures de Raphaël dans le palais du Vatican.

D'un caractère aimable et souvent facétieux, Sébastien avait du goût pour la poésie et fit quelques vers. Il mourut à Rome en 1547.

NOTICE

OF

LUCIANO, ALIAS SEBASTIAN DEL PIOMBO.

Luciano was born at Venice in 1495. He is known by the name of Fra Sebastian del Piombo, on account of his wearing the religious habit and his having been charged to seal the acts of the chancery of the Pope.

Sebastian at first cultivated music, was a good singer and an able player on the lute; but seduced by the paintings of Jean Bellini, he entered the school of that painter which he soon left to attend to the lessons of George Barbarelli. One may admire in Sebastian's portraits a perfect likeness. No painter at that time never drew better than he the heads and hands, his draperies were nicely cast and carefully finished.

Augustin Chigi, a rich merchant and a celebrated amateur, having connected a friendship with him, prevailed on him to go to Rome. Michel-Ange pleased with his colouring graciously welcomed him and endeavoured to put him in competition with Raphael; it is even said he agreed to supply him with drawings for his works, and one may be allowed to think that the celebrated picture of the Resurrection of Lazare, put in concurrence with that of the Transfiguration by Raphael is owing to that circumstance.

After the sacking of Rome in 1527, it was Sebastian who was entrusted with repairing the havock which the soldiers had committed on the paintings of Raphael.

Sebastian was of an amiable temper and often facetious, he had a taste for poetry, and composed a few verses. He died at Rome in 1547.

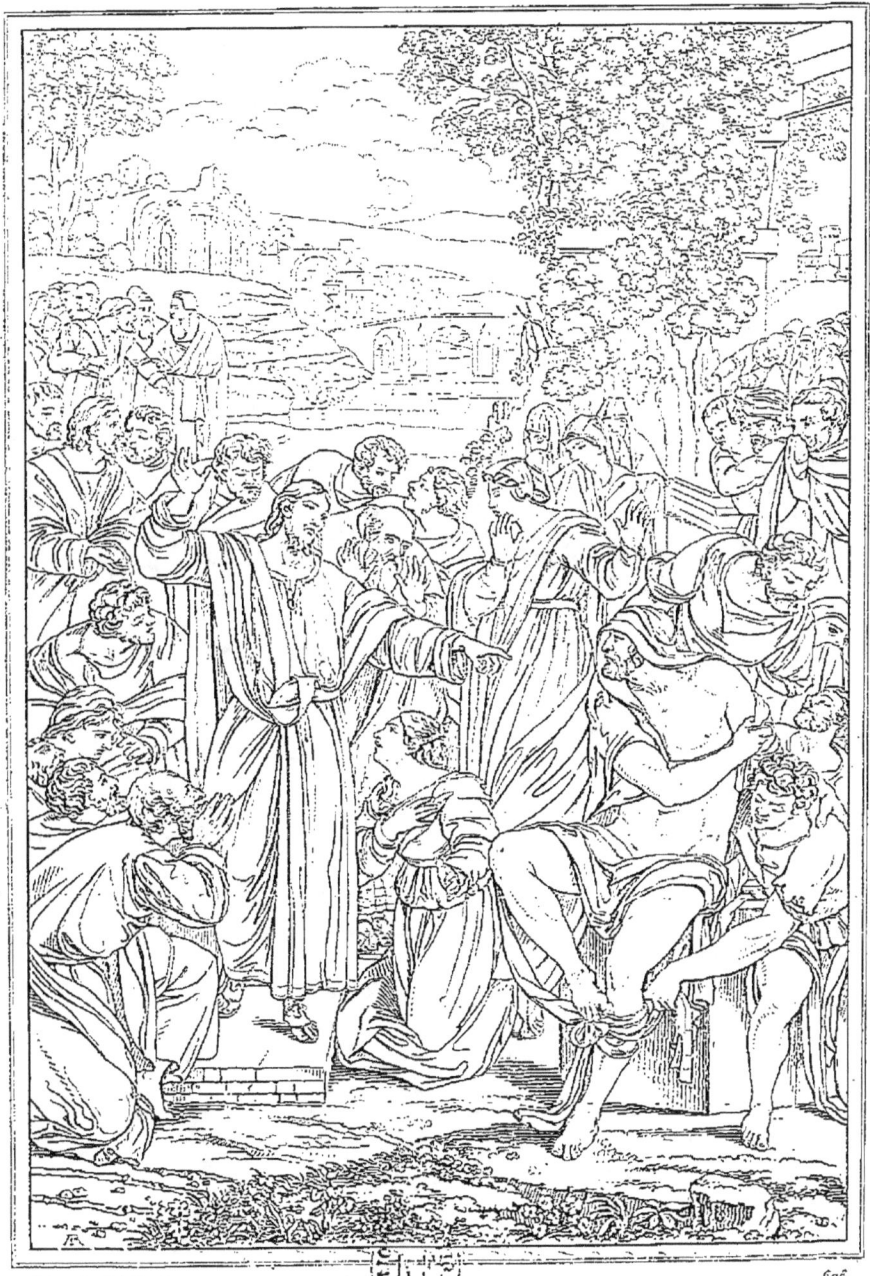

606.

RÉSURRECTION DE LAZARE.

RÉSURRECTION DE LAZARE.

L'Évangile rapporte que, Lazare étant mort depuis quatre jours, Jésus-Christ ordonna d'ôter la pierre qui couvrait le sépulcre où il avait été placé, puis levant les yeux au ciel, il cria à haute voix : « Lazare, sortez ! » et à l'instant le mort sortit ayant les mains et les pieds liés de bandes, et le visage enveloppé d'un suaire.

Quoique ce magnifique tableau ne soit pas connu de tout le monde, il est cependant digne de grands éloges et mérite d'être apprécié sous le rapport de la composition, de l'expression et de la couleur. On doit dire aussi que l'invention est due à Michel-Ange, et l'exécution à Sébastien del Piombo, de sorte qu'on y trouve la pureté du dessin de l'école florentine et la vigueur du coloris de l'école vénitienne.

Ce tableau, commandé par le cardinal de Médicis, orna la cathédrale de Narbonne pendant près de 200 ans. Les chanoines, manquant de fonds pour réparer leur église, cédèrent le tableau de la Mort de Lazare au duc d'Orléans, régent, moyennant une somme de 20,000 fr. Il resta dans la galerie du Palais-Royal jusqu'en 1791. Dans l'estimation faite alors, ce tableau fut porté à 36,000 fr. Plus tard il fut payé 87,000 par le banquier Angerstein ; et on assure que, tandis qu'il était en sa possession, le gouvernement français, désirant le placer en pendant avec la Transfiguration de Raphaël, fit offrir une somme de 250,000 fr.

Ce tableau, peint sur bois, a été mis sur toile depuis qu'il est en Angleterre. On le voit maintenant au *British-national gallery*, il en existe deux petites gravures, l'une par Delaulnay et l'autre par R. W. Sievier.

Haut., 11 pieds 10 pouces ; larg., 9 pieds.

608.

THE RAISING OF LAZARUS.

The Gospel relates that Lazarus had been dead four days when Jesus Christ ordered the stone which covered the cave where he had been deposited to be removed, then lifting up his eyes to heaven, he cried with a loud voice, « Lazarus, come forth ! » and immediately he that was dead came forth bound with graveclothes, and his face bound about with a napkin.

Although this magnificent painting is not known to every body, still it is worthy of great praise and deserves to be appreciated with respect to the composition, the expression, and the colouring. It must also be added that the invention is due to Michael Angelo, and the execution to Sebastiano del Piombo; so that it combines the correct designing of the Florentine School, and the vigorous colouring of the Venetian.

This picture, which was ordered by Cardinal de Medici, adorned, during nearly 200 years, the Cathedral of Narbonne. The Canons wanting money to repair their church parted with the picture of the Raising of Lazarus for the sum of 20,000 franks, about L. 800, given to them by the Duke of Orleans, then Regent. It remained in the Palais-Royal Gallery till 1791. In the estimate drawn up at that time, this picture was valued at 36,000 franks, about L. 1,500. At a later period Mr. Angerstein, purchased it for 87,000 franks, or L. 3,500, and it is asserted, that, whilst in his possession, the French Government, wishing to place it as a companion to Raphael's Transfiguration, caused the sum of 250,000 franks, about L. 10,000, to be offered for it.

This picture was painted on wood; but since in England it has been transferred to canvas. It is now in the British National Gallery. There exist two small engravings of it; one by Delaunay, and the other by R. W. Sievier.

Height 12 feet 7 inches; width 9 feet 7 inches.

608.

NOTICE

PIERRE BUONACORSI DIT PERIN DEL VAGA.

Pierre Buonacorsi naquit en Toscane, en 1500. Son père était un simple soldat, et sa mère mourut de la peste deux mois après lui avoir donné la naissance : c'est une chèvre qui fut sa nourrice. Placé chez un épicier, il eut à porter des couleurs chez quelque peintre, et trouva ainsi l'occasion d'examiner leurs travaux. Plusieurs artistes voyant son goût lui donnèrent quelques leçons; l'un d'eux, du nom de Vaga, le conduisit à Rome, et c'est ainsi qu'il perdit l'usage de son nom de famille, pour porter celui de son protecteur.

Arrivé dans la capitale des arts, le jeune Perin eut l'occasion d'être occupé avec Jean de Udine à peindre, dans les salles du Vatican, des ornemens, des grotesques ou des sujets historiques en camaïeu. Il employait alors trois jours par semaine à faire des travaux lucratifs, puis il consacrait le reste de son temps à étudier.

Aucun de ses contemporains ne saisit mieux que lui la manière de Raphaël, et c'est à lui que l'on doit plusieurs de ces copies que souvent on cherche à faire regarder comme des tableaux originaux.

Perin ayant acquis une grande réputation fut chargé de nombreux travaux, alors il se fit aider par des jeunes gens d'un médiocre talent dont les noms mêmes sont restés ignorés. Le sac de Rome força Perin à se refugier à Gênes, en 1528. Accueilli dans cette ville par le prince Doria, il fut pendant plusieurs années employé aux travaux de son Palais, hors la porte de Saint-Thomas, et mourut en 1457.

NOTICE

OF

PIERRE BUONACORSI CALLED PERIN DEL VAGA.

Pierre Buonacorsi, was born in Tuscany in 1500. His father was a common soldier, and his mother died of the plague two months after he was born; a goat performed the office of nurse to him. Placed with a grocer, he was employed sometimes in carrying colours to the house of certain painters, and thus had an opportunity of examing their labours. Several artists remarking his taste, gave him some lessons, on of them of the name of Vaga, took him to Rome, and it was thus that he discontinued to use his own family name, in order to assume that of his protector.

Arrived in the capital of the arts, young Perin had an opportunity of being employed by Jean de Udine, in painting at the Vatican both ornaments, grotesque subjects, or historical ones in camaïeu. He then employed three days a week, in performing lucrative works, reserving the rest of his time for study.

None of his cotemporaries acquired so well as he, the style of Raphael; and it is to him we owe several copies of that master, which are often made to appear as original pictures. Perin having acquired great reputation, was directed to prepare numerous works, he then availed himself of the assistance of several young persons of middling talent, whose names even remain unknown. The sacking of Rome, compelled Perin to seek refuge in Genoa, in 1518. Being well received by Prince Doria; he was for many years employed in the labours of his palace, outside the gate of Saint Thomas.

Pierre Brueguel p.

DISPUTE DES MUSES ET DES PIÉRIDES.

DISPUTE DES MUSES

ET

DES PIÉRIDES.

Piérus, roi de Macédoine, eut neuf filles, qui, considérant leur nombre, leurs grâces et leurs talens, osèrent porter un défi aux Muses en leur disant : « Cessez, enfin, d'abuser par vos chants le vulgaire ignorant ; c'est avec nous, si vous l'osez, qu'il faut combattre. Le nombre est égal entre nous, mais nous sommes bien assurées que nous ne vous céderons point ni le mérite de la voix, ni la délicatesse du chant..... Les Nymphes de cette contrée seront nos juges. » Ovide fait ensuite dire à l'une des Muses : « Il nous parut honteux de recevoir un tel défi, mais il l'aurait été encore davantage de ne pas l'accepter ; c'était avouer notre défaite. Les Nymphes que nous prîmes pour arbitres de ce différent, après avoir juré par les Dieux qu'elles rendraient justice au mérite, s'assirent sur un rocher. » Alors l'une des filles de Piérus chanta la *Guerre des Géans et des Dieux.* Calliope répondit en racontant l'*Histoire de l'enlèvement de Proserpine.*

Les nymphes prises pour juges de ce combat prononcèrent toutes en faveur des déesses du Parnasse. Mais les Piérides, ne voulant pas reconnaître la justice de ce jugement, furent à l'instant punies et métamorphosées en pies.

Pierre Buonacorsi, plus ordinairement nommé *Perin del Vaga*, s'est écarté du récit d'Ovide en plaçant Apollon et Minerve parmi les juges. Ce petit tableau est plein de grâces ; le dessin en est très-pur et l'exécution des plus soignée. Il fait partie du Musée du Louvre et a été gravé anciennement. M. Desnoyers en a fait une gravure depuis peu.

Larg., 2 pieds ; haut., 1 pied.

614.

CONTEST

BETWEEN THE MUSES AND THE PIERIDES.

Pierus, King of Macedonia, had nine daughters, who, reckoning on their number, their charms, and their accomplishments, dared challenge the Muses, saying to them: « Cease, then, to deceive by your songs the ignorant vulgar; it is with us, if you dare, that you must contend. We are equal in number, but we are certain not to yield to you, either in the harmony of our voices, or in the choice of our songs. » Ovid afterwards makes one of the Muses say : « It appeared degrading to us to receive such a challenge; but it would have been more so, not to have accepted it: thus acknowledging our defeat. The nymphs whom we took as umpires in this quarrel, after swearing by the Gods they would do justice to merit, sat down on a rock » Then one of the daughters of Pierus sang the War between the Giants and the Gods : Calliope replied by relating the Story of the Rape of Proserpine.

The nymphs taken as umpires in this combat, all pronounced in favour of the Goddesses of Parnassus. But, the Pierides, refusing to acknowledge the equity of this verdict, were instantly punished by being metamorphosed into Magpies.

Pietro Buonacorsi, more generally called, Perino del Vaga, has wandered from Ovid's account, by placing Apollo and Minerva amongst the umpires. This small picture is very graceful; the drawing is correct and the execution carefully attended to. It forms part of the Museum at the Louvre. There are some old prints of it : and latterly one by M. Desnoyers has appeared.

Width 25 ½ inches; height 12 ½ inches.

614.

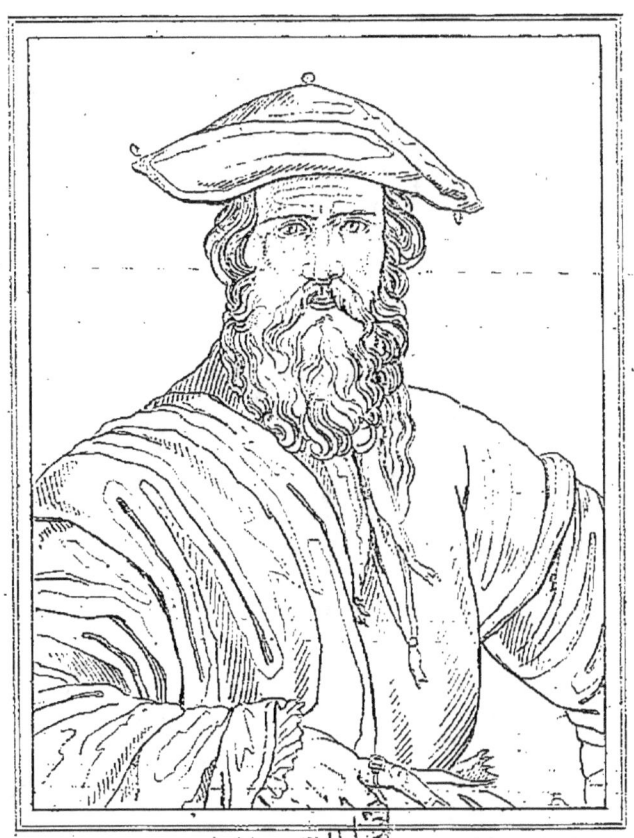

FRANÇOIS MAZZUOLI DIT PARMESAN.

XXXII

NOTICE
HISTORIQUE ET CRITIQUE

SUR

FRANÇOIS MAZZUOLI,

DIT PARMESAN.

———

D'un talent plein de charme, ayant une couleur douce et harmonieuse, ses figures sont toujours gracieuses, ses compositions simples et nobles ; ordinairement quatre ou cinq figures seulement remplissent la toile même la plus vaste. Ce genre de talent est d'autant plus remarquable, que rien alors ne distrait le spectateur, qui peut juger avec plus de précision, la scène qu'a voulu représenter l'artiste.

Jean-François Mazzuoli naquit en 1503, dans la ville de Parme, et reçut pour cette raison le nom de Parmesan, sous lequel il est généralement désigné. Fils d'un peintre peu connu, il n'eut d'abord d'autres leçons que celles de son père, et fit, dès l'âge de quatorze ans, un tableau fort remarquable, du baptême de Jésus-Christ.

La guerre désolant alors l'Italie, les troupes du pape vinrent sous les murs de Parme, et la famille Mazzuoli quitta cette ville pour se retirer dans le village de Viadna, qui faisait partie du duché de Mantoue. C'est là que le jeune François peignit à la détrempe deux tableaux qui lui firent beaucoup d'honneur. L'un représente saint François stigmatisé ; l'autre

est un Mariage de sainte Catherine. La guerre étant terminée, notre peintre revint à Parme où il étudia les ouvrages
du Corrége; il reçut de lui quelques conseils et en profita
tellement que bientôt il imita sa manière. Il ne tarda pas non
plus à la quitter pour en adopter une à lui; ne voulant pas
se trouver le second dans un style, tandis qu'il se sentait
assez fort pour être le premier dans un autre.

François Mazzuoli n'avait encore que dix-neuf ans et déjà
sa réputation commençait à se répandre dans la Lombardie.
Mais, voulant encore se perfectionner, il alla à Mantoue étudier les ouvrages de Jules Romain, et puis bientôt à Rome
pour y voir ceux de Raphaël. Le pape Clément VII ayant vu
des tableaux du Parmesan, il le chargea de terminer les peintures de la salle des pontifes au Vatican; il y exécuta une
Circoncision fort remarquable par l'effet que procure la diver-
sité des lumières. Le centre est éclairé par les rayons mystérieux qui entourent la tête de l'enfant Jésus. D'autres parties
du temple reçoivent la lumière des torche, que portent les
assistans, et le fond du tableau est éclairé par la clarté de
l'Aurore que l'on voit poindre et qui s'étend sur un riche paysage orné de fabriques. Le pape fut très-satisfait de ce tableau,
et le regardait comme un des plus précieux de ceux qu'il possédait.

Lors du sac de Rome, en 1527, le Parmesan, entièrement
occupé de peinture, ne prit aucune part au tumulte qui exis-
tait dans la ville, et des soldats le surprirent à l'ouvrage dans
son atelier; mais le peintre, sans être étonné ni ému, continua à peindre. Un pareil sang-froid fit sans doute comprendre aux vainqueurs qu'il n'y avait rien à piller dans cet
endroit, ils se retirèrent sans le déranger, et même établirent
une sauve garde chez lui, dans la crainte que d'autres n'eussent
pas autant de respect qu'eux pour le talent. Ce bonheur ne
se renouvela pas dans la suite; car, lorsque François Mazzuoli
quitta Rome avec son oncle, ils furent rencontrés par une

troupe d'Allemands qui les dépouillèrent de tout et les for-
cèrent à retourner à Bologne. Après quelque séjour dans cette
ville, où il exécuta plusieurs tableaux, il revint à Parme,
sa patrie, et il y fut accueilli avec le plus vif empressement.

François Mazzuoli ne fit que peu de tableaux d'autel ; le
plus estimé parmi ceux-ci est la Sainte Marguerite, du Musée
de Bologne. C'est une composition riche de figures, et que
les Carraches admiraient beaucoup. Guido Reni poussa même
l'admiration jusqu'à le regarder comme supérieur à la Sainte
Cécile de Raphaël, et cela peut être vrai sous le rapport de la
composition, mais non sous celui de l'expression.

On doit aussi parler, comme d'un tableau fort remarquable, de la Prédication de Jésus-Christ dans le désert, qui se
voit dans une des pièces du château Colorno. C'est la composition la plus vaste du Parmesan et celle dans laquelle il a mis
le plus grand nombre de figures.

HISTORICAL AND CRITICAL

NOTICE

OF

FRANCESCO MAZZUOLI,

CALLED PARMEGIANO.

———

There is a peculiar charm in the works of this master, arising from the sweetness and harmony of his colouring,
the gracefulness of his figures, and the simplicity and nobleness of his compositions. Four or five figures commonly
suffice for his largest canvass. The beauty of works of this
kind is the more felt, as their simplicity enables the spectator
to seize, more distinctly, the intentions of the artist.

Giovanni Francesco Mazzuoli was born in 1503, in the
city of Parma: whence is derived the surname of Parmegiano, by which he is commonly designated. He was the son
of a painter of little note; and, with no instruction but the
lessons of his father, he executed, at fourteen, a very remarkable picture of the baptism of Christ.

War at that time raging in Italy, on the approach of the
papal troops to Parma, the Mazzuoli family withdrew to
the village of Viadna, in the duchy of Mantua; where
young Francesco acquired considerable reputation, by two
paintings in distemper, one of which represented the brand-
ing of St. Francis, and the other, the marriage of Ste. Ca-

therine. At the close of the war he returned to Parma, and studied the works of Corregio : he also received advice from that artist, and so far availed himself of it, that he began to imitate his manner; but soon abandoned it, disdaining the second place in the style of another, while conscious of ability to become a model in his own.

At the age of nineteen, his reputation was already diffused throughout Lombardy : but desirous of improving himself still further, he repaired to Mantua, to study the works of Giulio Romano ; and thence to Rome, to contemplate those of Raphael. Pope Clement VII. having seen some of his performances engaged him to complete the painting of the pontifs' hall, in the Vatican. He there executed a picture of the circumcision, extremely remarkable for the varied effects of light : the centre of the piece is illuminated by the mystic rays from the head of the infant Jesus; other parts of the temple, by the torches in the hands of the attendants ; and the background, by the beams of morning, which are beginning to appear, and spread themselves over a rich landscape adorned with buildings.

At the sack of Rome in 1527, Parmegiano, wholly engrossed by his art, kept aloof from those tumultuous scenes. Being surprised one day, in his painting room, by a party of soldiers, he continued his work with such composure, that, presuming, no doubt, that there was nothing valuable in his possession, they left him undisturbed; and appointed a guard, to protect him from intruders less capable of respecting genius. His good fortune however abandoned him in the sequel; for, on leaving Rome with his uncle, they fell in with a party of Germans, by whom they were stripped and forced to return to Bologna. After a residence of some time in that city, during which he executed several pictures, he returned to Parma, and was hailed, with enthusiastic ardour, by his admiring fellow-citizens.

Parmegiano painted but few altar pieces. Of the number, the most esteemed is the Ste Margaret, of the Museum of Bologna; which was greatly admired by the Carracci, and preferred by Guido, to Raphael's S^{te}. Cecilia : this exalted praise is perhaps deserved, with respect to the composition ; but it is certainly exaggerated as regards expression.

Parmegiano's most, considerable performance, in size and the number of figures was his Christ preaching in the desert ; which is seen in the Castle of Colorno.

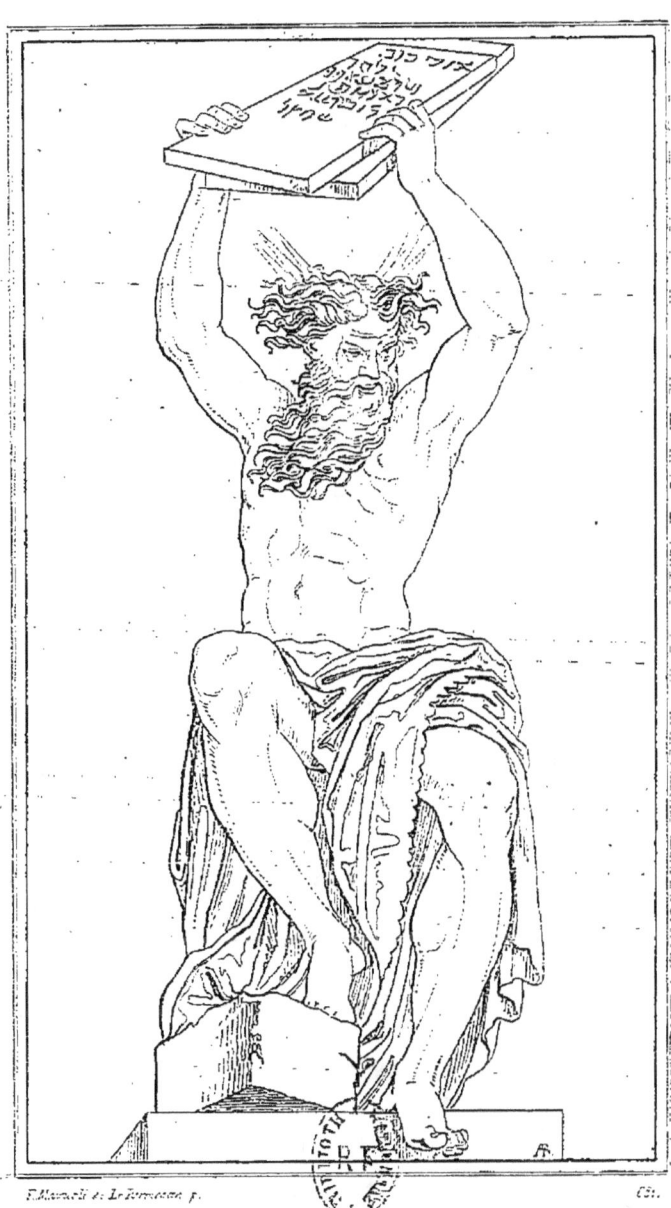

F.Mazzoli & Le Tormesan p.   CSt.

MOISE.

MOÏSE.

Dieu ayant dit qu'il voulait donner la loi que devait suivre le peuple d'Israël, Moïse alla sur le mont Sinaï et y resta plusieurs jours ; mais, pendant ce temps, le peuple oublia le vrai Dieu pour adorer un simulacre semblable à ceux qu'il avait eu l'habitude de voir en Égypte.

Moïse donc descendit de la montagne, « et, s'étant approché du camp, il vit le veau d'or et les danses. Alors, enflammé de colère, il jeta les tables qu'il tenait entre ses mains, et les brisa au pied de la montagne. »

Cette figure, peinte par François Mazzuoli, dit le Parmesan, est d'une grande beauté. L'expression du prophète législateur est pleine de noblesse et de majesté. Le peintre semble avoir été inspiré par la statue de Michel-Ange ; mais il a eu tort sans doute de l'imiter en la laissant assise. Cette pose était naturelle dans l'état de repos de la statue, elle ne peut convenir à l'action violente représentée dans le tableau.

Volpato a gravé ce tableau en 1773, pour le choix des plus beaux tableaux d'Italie, publié par Hamilton.

MOSES.

God having said that he would deliver the Laws to be followed by the people of Israel, Moses went on mount Sinai, and there remained several days, but in the mean time the people forgot the true God to worship an image similar to those they had seen in Egypt.

Moses came down from the mount : « And it came to pass, as soon as he came nigh unto the camp, that he saw the calf, and the dancing : and Moses' anger waxed hot, and he cast the tables out of his hands, and brake them beneath the mount. »

This figure painted by Francesco Mazzuoli, called Parmiggiano, is very beautiful. The expression of the prophet and legislator is grand and majestic. The painter seems to have been inspired by Michael Angelo's statue : but he has certainly erred in carrying his imitation so far as to represent his figure sitting. This attitude was natural in the reposing state of the statue, but it cannot suit the violent action delineated in the picture.

Volpato engraved this picture in 1773, for a Collection of the finest Italian Pictures, published by Hamilton.

681.

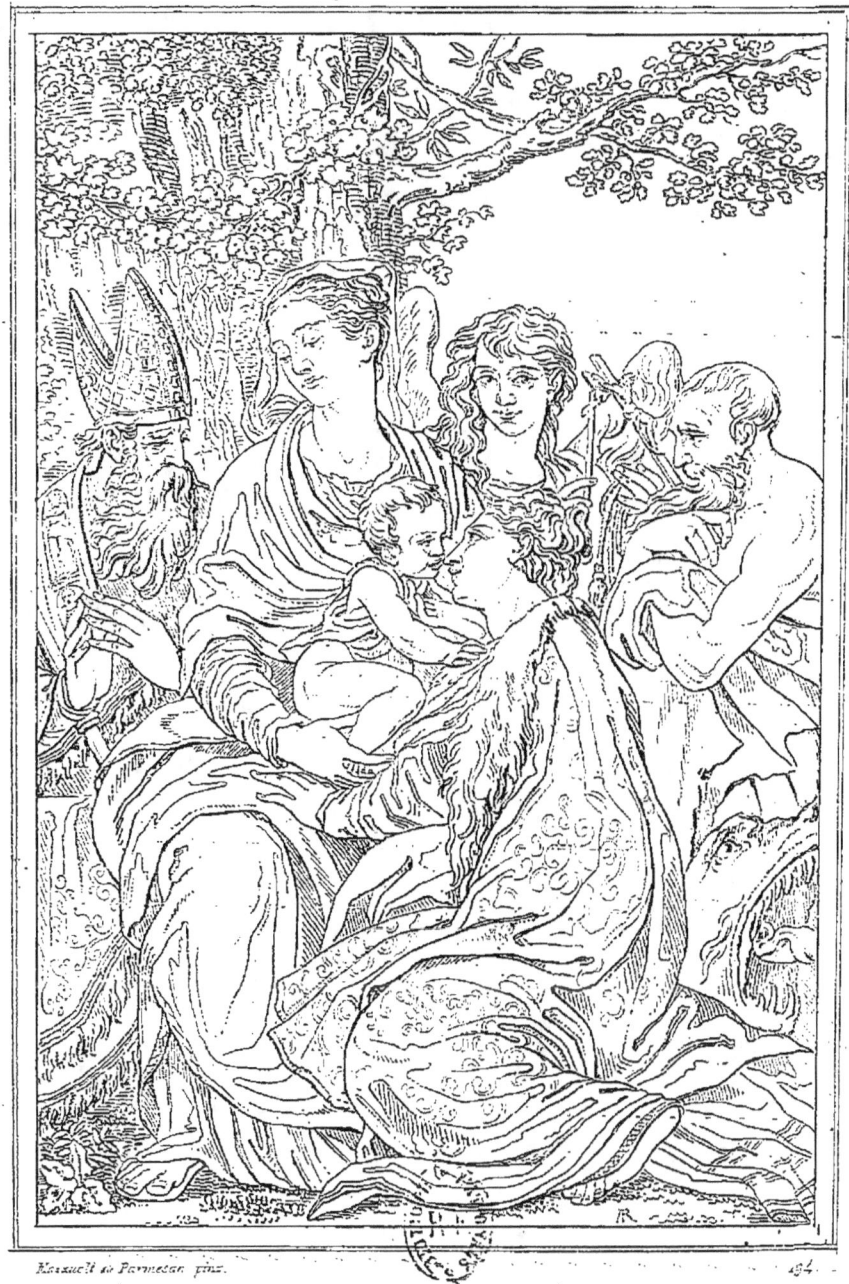

Mazzuoli de Parmesan pinx.   434.

LA VIERGE ET L'ENFANT JÉSUS

AVEC Ste MARGUERITE ET AUTRES SAINTS.

LA VIERGE, L'ENFANT JÉSUS,

Sᵗᵉ MARGUERITE ET D'AUTRES SAINTS.

La grâce de cette composition est due au peintre, mais la réunion de personnages qui n'ont pu se trouver ensemble est encore une de ces idées dont la bizarrerie ne peut venir que de celui qui a commandé le tableau. Avec plus de piété que de goût, comme nous l'avons déjà dit ailleurs, il aura voulu voir dans le même tableau les saints et les saintes auxquels il avait une dévotion particulière.

La tête du dragon que l'on aperçoit en partie à droite est l'attribut distinctif de sainte Marguerite, que le démon tourmenta sous cette forme. Elle fut engloutie toute vive par ce formidable animal; mais un signe de croix, fait à l'instant même par la sainte, frappa de mort le monstre dont les flancs s'ouvrirent, et Marguerite revit le jour sans avoir éprouvé aucun dommage.

Saint Jérôme, placé à droite, est reconnaissable par sa longue barbe, sa nudité et le crucifix qu'il tient en main; quant au personnage qui occupe la gauche, on veut que ce soit saint Benoît; nous ignorons ce qui peut le faire penser : la mitre pontificale dont il est coiffé doit plutôt faire croire que c'est saint Augustin.

Parmesan fit ce tableau pour le couvent de Sᵗᵉ·Marguerite à Bologne : le peintre s'y est fait remarquer par sa brillante couleur, ainsi que par la manière gracieuse dont il a placé ses figures. Ce tableau a été gravé par Jules Bonasone, Traballesi et Fr. Rosaspina.

Haut., 6 pieds 10 pouces; larg., 4 pieds 6 pouces.

494.

THE VIRGIN, THE INFANT JESUS,

S. MARGARET AND OTHER SAINTS.

The gracefulness of this composition is due to the artist, but the connecting of personages, who could not have been together, is one of those ideas, the eccentricity of which can have proceeded only from the individual who ordered the picture. Possessing more piety than taste, as we have said elsewhere, he wished to see in the same painting those saints to whom he paid a particular devotion.

The dragon's head, partly seen on the right hand, is the distinguishing attribute of St. Margaret, whom the Devil tormented under that form, and who was swallowed alive by that formidable animal : but the sign of the cross, which the saint made at the moment, struck dead the monster, whose sides opened, and Margaret returned to this world uninjured.

St. Jerome, placed to this right, is discernible by his long beard, his nudity, and the crucifix in his hand : as to the personage, to the left, it is said to be St. Benedict, but we know not what can induce that belief : the pontifical mitre on his head ought rather to suggest the idea of its being St. Augustin.

Parmigiano did this painting for the convent of St. Margaret in Bologna : the artist has distinguished himself in it by his brilliant colouring, as also by the graceful manner in which he has disposed his figures. This picture has been engraved by Julius Bonasoni, Traballesi, and Fr. Rosaspina.

Height, 7 feet 3 inches; width, 4 feet 9 inches.

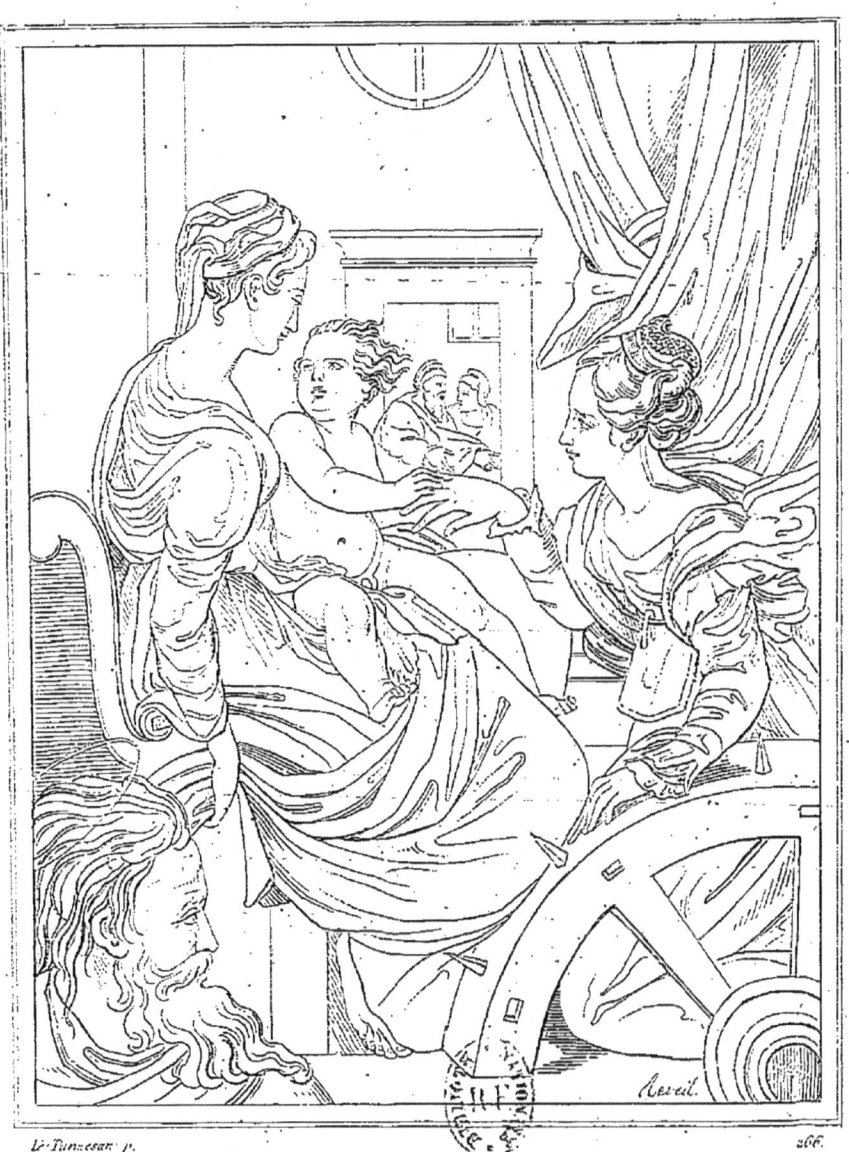

MARIAGE DE Sᵗᵉ CATHERINE.

MARIAGE DE Sᵀᴱ CATHERINE.

Déja, dans le n° 5o, nous avons eu occasion de parler du mariage mystique de sainte Catherine; nous nous contenterons cette fois de rappeler que les peintres ont souvent traité ce sujet, qui leur donnait le moyen de placer à côté de la Vierge une autre tête de jeune femme.

François Mazzuoli, dit le Parmesan, s'est fait remarquer par une très bonne couleur, et par des airs de têtes remplis de grace. Il est assez singulier que dans ce tableau, qui n'est composé que de quatre figures, trois têtes se trouvent de profil; on peut encore trouver plus extraordinaire que la tête de saint Joseph soit placée dans un coin du tableau de manière à ce qu'il soit difficile de concevoir où se trouve placé le corps.

Ce tableau est remarquable par son exécution soignée, son effet brillant et une harmonie des plus douces. Il a fait partie autrefois de la galerie du prince Borghèse, où il fut acheté par M. W. Y. Ottley; il est maintenant dans le cabinet de M. Guillaume Morlan, à Londres. Il a été gravé anciennement par Jules Bonasone, en 1777 par Camille Tinti, et dernièrement par J. S. Agard.

Haut., 1 pied 9 pouces; larg., 2 pieds.

266.

THE MARRIAGE OF S^T CATHERINE.

We have already at n° 5o had occasion to speak of saint Catherine's mystical marriage; we shall, at present, merely mention, that painters have often treated this subject, because it has given them the opportunity of placing near the Virgin, another head of a youthful female.

Francesco Mazzuoli has here made himself conspicuous by excellent colouring; and by heads full of grace. It is sufficiently singular that in this picture, composed only of four figures, three of the heads should be in profile; and what is still more extraordinary, the head of saint Joseph is so placed, in a corner of the picture, that it is difficult to conceive where his body can be situated.

This picture is remarkable for its choice execution, its brilliant effect and its perfect harmony. It belonged formerly to prince Borghese's gallery, where it was purchased by Mr W. Y. Ottley; it is now at London in the collection of Mr William Morlan. It was engraved long since by Julio Bonasone, in 1777 by Camillo Tinti, and latterly by J.-S. Agard.

Height, 22 inches; breadth, 25 inches.

266.

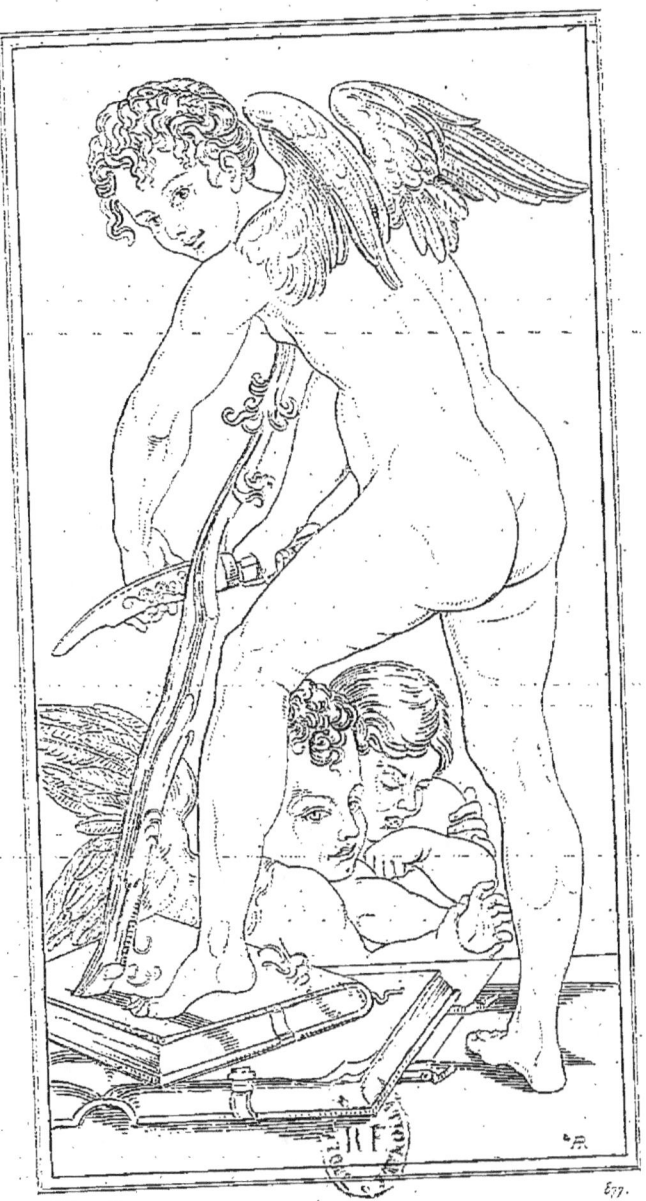

Fr. Mazzoli p.   379.

L'AMOUR TAILLANT SON ARC.

L'AMOUR TAILLANT SON ARC.

On a souvent attribué ce tableau au Corrège, et dans la galerie de Vienne il est désigné comme un ouvrage de ce maître; mais on ne peut révoquer en doute le témoignage de Vasari, qui en parle comme d'un tableau de François Mazzuoli. Le P. Affò, qui a publié la vie de ce peintre, démontre aussi d'une manière incontestable, que le Corrège n'est pas l'auteur de l'Amour taillant son arc.

Cette figure de grandeur naturelle est des plus gracieuses; elle est peinte avec facilité, on y trouve de ces touches fermes et décidées que l'Albane qualifie de divines.

Il paraît difficile d'expliquer pourquoi le peintre a fait poser les pieds de l'Amour sur deux livres, dont l'un se trouve ouvert; il n'est pas plus facile de deviner l'expression de l'autre Amour, qui tient embrassée une petite fille en pleurs.

La pose agréable de la figure principale, la gracieuse expression des têtes et la brillante couleur du tableau, ont engagé plusieurs peintres à en faire des copies. L'original peint sur bois est dans la galerie du Belvédère à Vienne. François Vanden Steen en a fait une gravure médiocre, mais extrêmement rare. Bartolozzi l'a aussi gravé.

Haut, 4 pieds 3 pouces; larg., 2 pieds 1 pouce.

ITALIAN SCHOOL. ◦◦◦◦◦ MAZZUOLI. ◦◦ VIENNA GALLERY

LOVE CUTTING HIS BOW.

This picture has often been attributed to Coreggio, and it is designated as his, in the Vienna Gallery; but the testimony of Vasari, who ascribes it to Parmegiano, is conclusive; and it has also been proved by Father Affo, in his life of that master, not to be by Correggio.

This figure, which is of the natural size, is extremely graceful, and is painted with a facility mingled with those firm and decided touches, on which Albano bestowed the epithet of *divine*.

It is not easy to conjecture the artist's meaning in placing Love's feet on two books, one of which is open; nor to define the expression of the other Cupid, who is embracing the little girl in tears.

The pleasing attitude of the principal figure of this piece, the grace of the heads, and the brilliancy of the colouring, have induced several artists to copy it: the original, which is painted on wood, is in the Belvedere Gallery at Vienna. There is an indifferent but very rare plate of it, by Francis Vanden Steen; and it has also been engraved by Bartolozzi

Height, 4 feet 6 inches; width, 2 feet 2 inches.

877.

NOTICE

JACQUES PALME LE VIEUX ET LE JEUNE.

Lorsque deux peintres de la même famille ont porté le même nom, il n'est pas étonnant qu'il y ait confusion entre eux. C'est ce qui est arrivé pour les deux Palme qui tous deux portaient le nom de JACQUES.

Jacques Palme le Vieux, naquit près de Bergame vers 1508, et par de fausses conjectures Ridolfi assigne l'année 1540, comme étant celle de sa naissance. On peut le regarder comme celui qui termina cette ancienne et brillante école vénitienne renommée à si juste titre. Il imita le Giorgion, et c'est à lui que l'on donne souvent les tableaux anonymes qui, sans avoir le pinceau moelleux du Titien, s'éloignent de la sécheresse de Jean Bellini.

Jacques Palme le Vieux remarquable par son talent et par ses manières distinguées, était aussi doué d'une belle figure : il mourut à Venise vers 1562.

Jacques Palme le jeune naquit à Venise en 1544, et était, à ce que l'on croit, petit-neveu de Palme le Vieux. C'est par erreur que, dans les articles nos 746 et 764, nous avons dit qu'il n'avait que quatre ans de moins que son oncle.

Élève de son père, Antoine Palme, peintre médiocre, il s'exerça d'abord à copier les ouvrages de Titien, et alla ensuite à Rome, où il passa huit années, étudiant alternativement Michel-Ange, Raphaël et l'antique, puis surtout les camaïeux de Polidore, de Caravage. De retour à Venise il parvint à entrer en concurrence avec Tintoret et Paul Véronèse, et fut chargé de grands travaux dont il s'acquitta avec succès. Palme le jeune mourut à Venise, en 1628.

NOTICE

JAMES PALME THE ELDER, AND THE YOUNGER,

When two artists of the same family have borne the same name it is not surprising that it should occasion a confusion. This has happened with respect to the two Palmes; who both were named James.

James Palme the elder, was born near Bergame about 1508 though Ridolfi falsely conjectures 1540 to be the date of his birth. He may be considered as the last of the old and celebrated venetian school. He imitated Giorgion's style, and to him has often been attributed anonymous paintings which without possessing the mellow tint of Titian were very far removed from the roughness of Jean Bellini.

Palme the Elder was remarkable for his talent and distinguished address and possessed also a fine figure, he died at Venice about 1562.

James Palme the younger was born at Venice in 1544 and was, as is believed the grand-nephew of Palme the Elder, it was erroneously stated in nos. 746 and 764, that he was only four years younger than his uncle. The pupil of his father Antoine Palme (a second rate artist), he employed his pencil at first in copying the works of Titian, he afterwards went to Rome where he passed eight years, alternately studying Michael-Angelo, Raphael, and the antiques, then the productions of Polidore, of Caravagio. On his return to Venice he became the rival of Tintoretto, and of Paul Veronese, and was emplaced in works of great reputation in which he succeeded very well. He died at Venice in 1628.

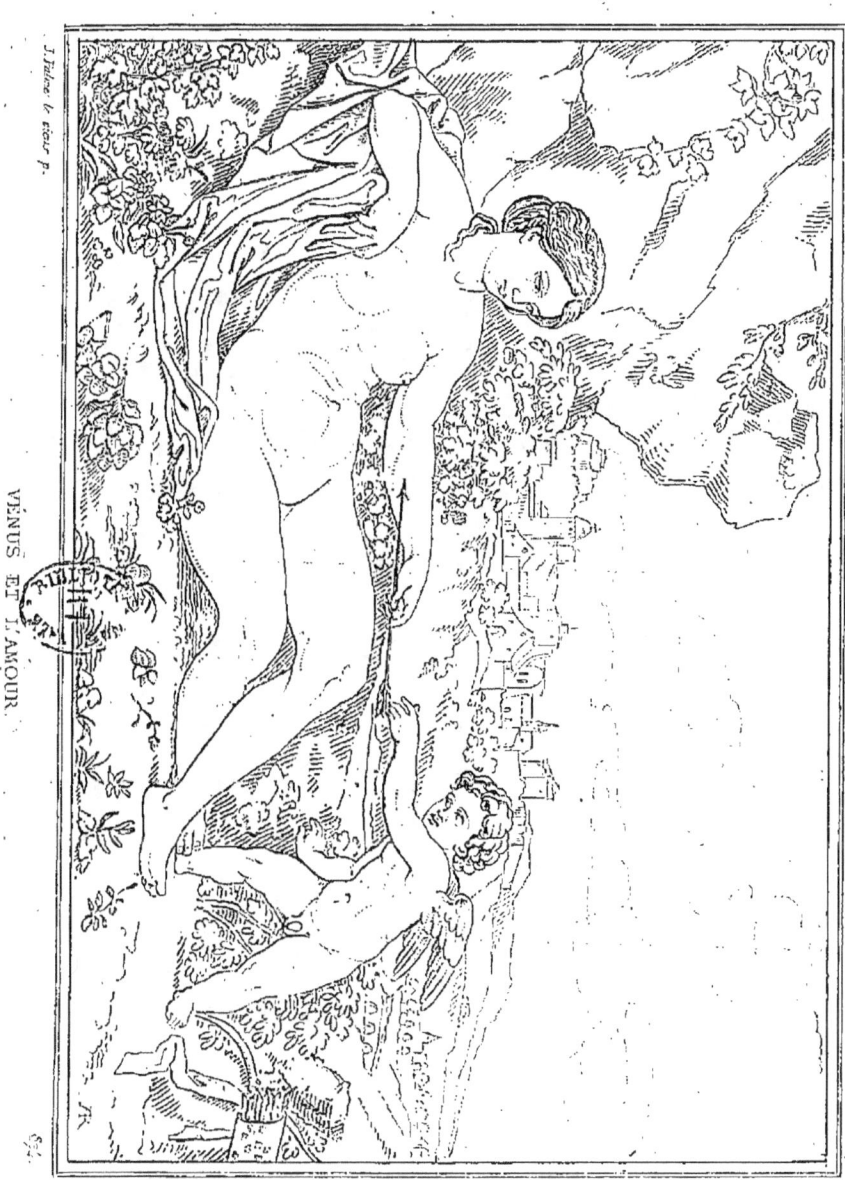

J. Falconet le vieux p.

VÉNUS ET L'AMOUR.

VÉNUS ET L'AMOUR.

Une femme nue, couchée négligemment sur un terrain jonché de fleurs, peut naturellement être regardée comme une figure de Vénus. Si l'on avait quelque incertitude, elle se trouverait dissipée par la présence de l'Amour à qui la déesse remet une flèche. Cependant on ne peut deviner facilement la scène que le peintre a eu l'intention de représenter. L'action de Vénus est insignifiante, et il est difficile de comprendre pourquoi l'Amour met tant d'empressement à prendre la flèche que lui présente sa mère, puisqu'il n'a pas son arc à la main, et que son carquois paraît entièrement garni.

Les figures de ce tableau sont de grandeur naturelle; la couleur en est brillante et aussi vigoureuse que si c'était un ouvrage du Titien, maître de Jacques Palme le Vieux. Le paysage est également brillant de ton.

Ce tableau a appartenu à la reine de Suède, il fit ensuite partie de la galerie du Palais-Royal, et fut évalué 14,000 fr.

Larg., 6 pieds 5 pouces ; haut., 3 pieds 7 pouces.

874.

VENUS AND CUPID.

A naked female carelessly laid upon the earth strewed with flowers, is naturally taken for Venus; and if any doubt remained as to the character of this figure, it would be dissipated by the presence of Love, to whom his mother is delivering an arrow. Yet it is not easy to define the nature of the scene: the action of Venus is insignificant; and it is difficult to explain Love's eagerness to seize the shaft, as he has his quiver full already, and is, besides, without his bow.

The figures of this piece are of the natural size. The colouring is brilliant, and rivals in vigour that of Titian, the master of Giacomo Palma called *Il Vecchio* (the old).

This picture belonged to the Queen of Sweden, and subsequently pertained to the Gallery of the Palais-Royal : it was valued at 560 pounds (16,000 francs).

Width, 6 feet nine inches; height, 3 feet 10 inches.

874.

NOTICE

SUR

DANIEL RICCIARELLI,

DIT DANIEL DE VOLTERRE.

Daniel Ricciarelli naquit à Volterre, en 1509, et c'est pour cette raison qu'il est ordinairement désigné sous le nom de Daniel de Volterre. Sa famille, l'une des plus distinguées de la ville, existe encore, et ce n'est pas un des moindres lustres pour elle, que de compter Daniel parmi ses ancêtres.

Les premiers travaux de Ricciarelli furent loin de montrer ce qu'il devait être ; mais ses efforts furent couronnés du plus grand succès, et il finit par devenir peintre et sculpteur habile. Son chef-d'œuvre est la Descente de croix donnée sous le n°. 793. Il fut aussi chargé de décorer au Vatican la grande salle des Rois. Mais, le pape Jules III étant mort, ce travail resta imparfait. Ricciarelli fut alors chargé de faire, par ordre de Catherine de Médicis, la statue équestre de Henri II. Il fondit le cheval seulement ; et, à la suite de cette opération, il fut atteint d'une fluxion de poitrine dont il mourut, en 1566, âgé de 57 ans.

Cette belle fonte resta long-temps en Italie ; mais en 1639 elle fut apportée en France par ordre du cardinal de Richelieu, et servit alors à la statue de Louis XIII, que l'on voyait à Paris, au milieu de la place Royale.

NOTICE

OF

DANIEL RICCIARELLI,

CALLED DANIEL DE VOLTERRE.

Daniel Ricciarelli was born at Volterre in 1509 for which reason he is usually called by the name of Daniel de Volterre. His family still exist in that city, and is one of the most distinguished, nor do they consider the circumstance of reckoning Daniel among their ancestors as one that reflects a small share of honour on them.

The first works of Ricciarelli were far from indicating what he afterwards became; but his efforts were at length crowned with success, and he finally became a most accomplished sculptor and painter.

His master piece is the descent from the cross, noticed in n°. 793, he was also employed in the Vatican to embellish the hall of the Kings, but which, in consequence of the death of Pope Julius the third remained unfinished. Ricciarelli was then ordered by Catherine de Medicis to make an equestrian statue of Henry the second, he cast the horse only, after which, being seized with an inflammation of the lungs, died in 1566 at the age of 57.

This beautiful cast remained long in Italy, but in 1630 it was brought to France, by order of Cardinal de Richelieu, and served for the statue of Louis the thirteenth, in the midst of the place Royale.

DAVID TUANT GOLIATH.

Varad

15.

DAVID SLAYING GOLIAH.

Although the history of Goliah is well known, it may not perhaps be amiss just to observe here, that, under the reign of Saul, the Israelites being at war with the Philistines, whilst the two armies were in sight and to avoid the necessity of a battle, a giant named Goliah defied the Israelites to find a warrior amongst them who would meet him in single combat. His lofty stature inspired affright, and all shrunk back from the unequal trial, till the youthful David stepped forth, with no arms but a staff and a sling. The pride of the unwieldy Philistine seemed humiliated to be obliged to fight with a simple shepherd, when a stone struck him in the middle of his forehead and brought him to the ground. David then ran up to the giant and cut off his head with the very sword of his fallen enemy.

This picture was long erroneously attributed to Michael-Ange Buonarotti; it is by Daniel Ricciarelli, more known as Daniel de Volterre, the name of his brith-place. The colours are fine and the design correct. The posture of Goliah presents some peculiarities from the fore-shortenings, which appear multiplied in it to display the painter's skill in rendering them ably.

This picture is painted upon slate, and the other side presents the same subject seen under a different aspect.

Breadth 5 feet 8 inches; height 4 feet 4 inches.

75.

DAVID TUANT GOLIATH.

Quoiqu'on connaisse l'histoire de Goliath, peut-être bien pourra-t-il être agréable à quelques personnes de leur rappeler que sous le règne de Saül, les Philistins étant en guerre avec les Israélites, tandis que les armées étaient en présence et dans l'intention d'éviter la bataille qui devait avoir lieu, un géant nommé Goliath défia le peuple d'Israël de trouver parmi eux un guerrier qui consentît à se mesurer avec lui. La hauteur de sa stature inspirait l'effroi, et personne ne s'était présenté, lorsqu'il vit venir à lui le jeune David, n'ayant pour toute arme qu'un bâton et une fronde. La fierté du géant paraissait humiliée d'être obligé de se battre avec un simple berger, lorsqu'il reçut au milieu du front une pierre qui le renversa par terre. Alors David courut au géant et lui trancha la tête avec l'épée même dont son ennemi était armé.

Ce tableau a été regardé long-temps comme de Michel-Ange Buonarotti; c'est une erreur : il est de Daniel Ricciarelli, plus connu sous le nom de Daniel de Volterre, sa ville natale. La couleur en est belle et le dessin correct. La pose de Goliath présente quelques singularités à cause des raccourcis qui semblent y être multipliés pour faire valoir l'habileté du peintre à les bien rendre.

Ce tableau est peint sur ardoise, et l'autre face présente le même sujet vu sous un autre aspect.

Larg., 5 pieds 4 pouces; haut., 4 pieds 1 pouce.

75.

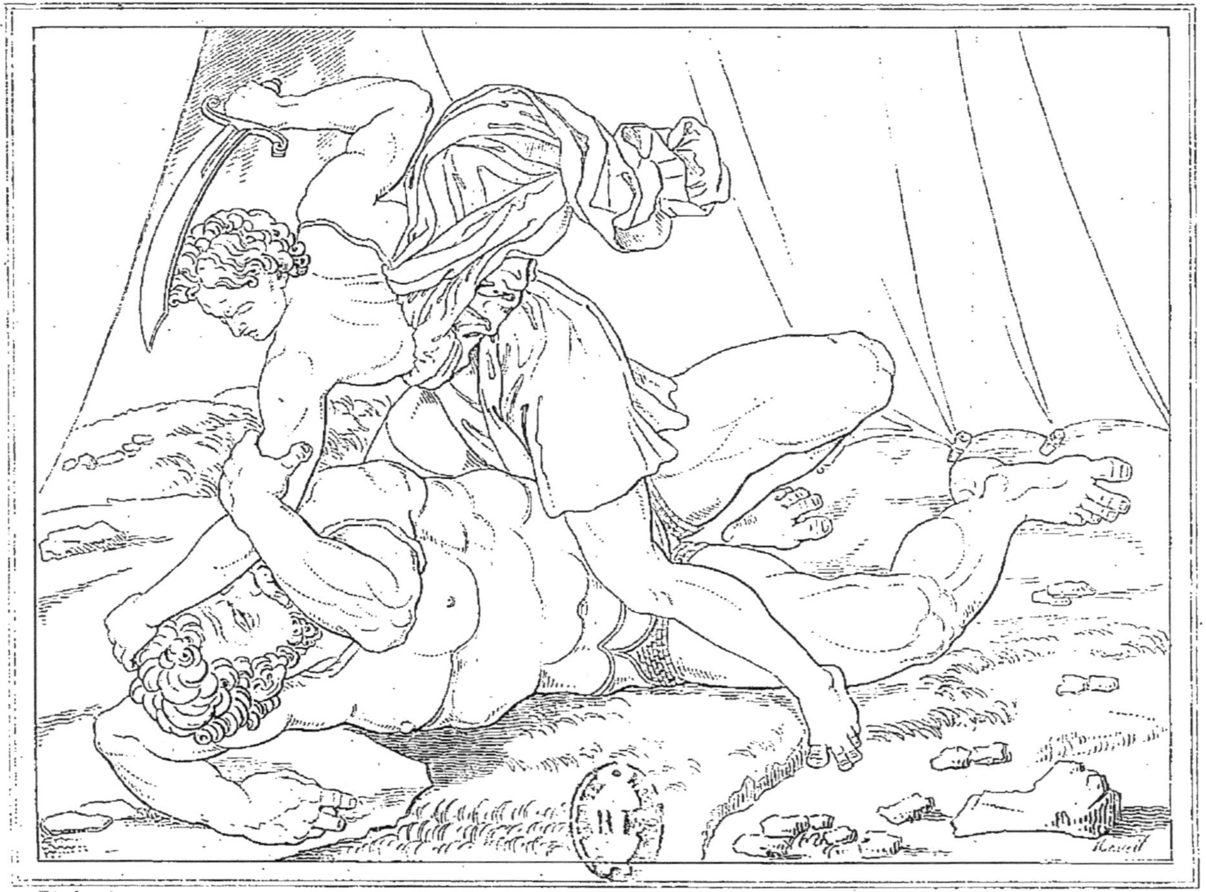

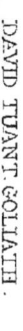

DAVID TUANT GOLIATH.

DAVID TUANT GOLIATH.

Cette scène de la mort de Goliath se trouve peinte de deux manières différentes sur les deux faces d'une ardoise, ainsi que nous l'avons déja fait observer dans le n° 75, où nous avons dit aussi qu'elle est peinte par Daniel Ricciarelli, nommé souvent Daniel de Volterre.

Ce tableau fut donné à Louis XIV par Nicolas Giudice, clerc de la chambre apostolique, et depuis cardinal. Il fut présenté à ce prince le 25 juillet 1715, un mois avant sa mort; et sans doute alors, pour lui donner plus de valeur, il fut attribué à Michel-Ange.

Il a été gravé par Benoît Audran dans la collection connue sous le nom de cabinet Crozat.

Larg., 5 pieds 4 pouces; haut., 4 pieds 1 pouce.

94.

≥·⊛·≤

DAVID SLAYING GOLIAH.

The scene of Goliah's death is painted in two different ways upon the two sides of a slate, as we have already remarked at n° 75.

The picture was given to the king by Nicolas Giudice, clerk of the apostolical court, and afterwards cardinal. It was presented to Louis XIV the 25th july 1715, a month before that great monarch's death, and it was doubtless at that time attributed to Michael-Angelo to enhance its valour.

An engraving of this picture was made by Benoit Audran, which is in the collection known by the name of the Crozat cabinet.

Heigh, 5 feet 8 inches; breadth, 4 feet 4 inches.

94.

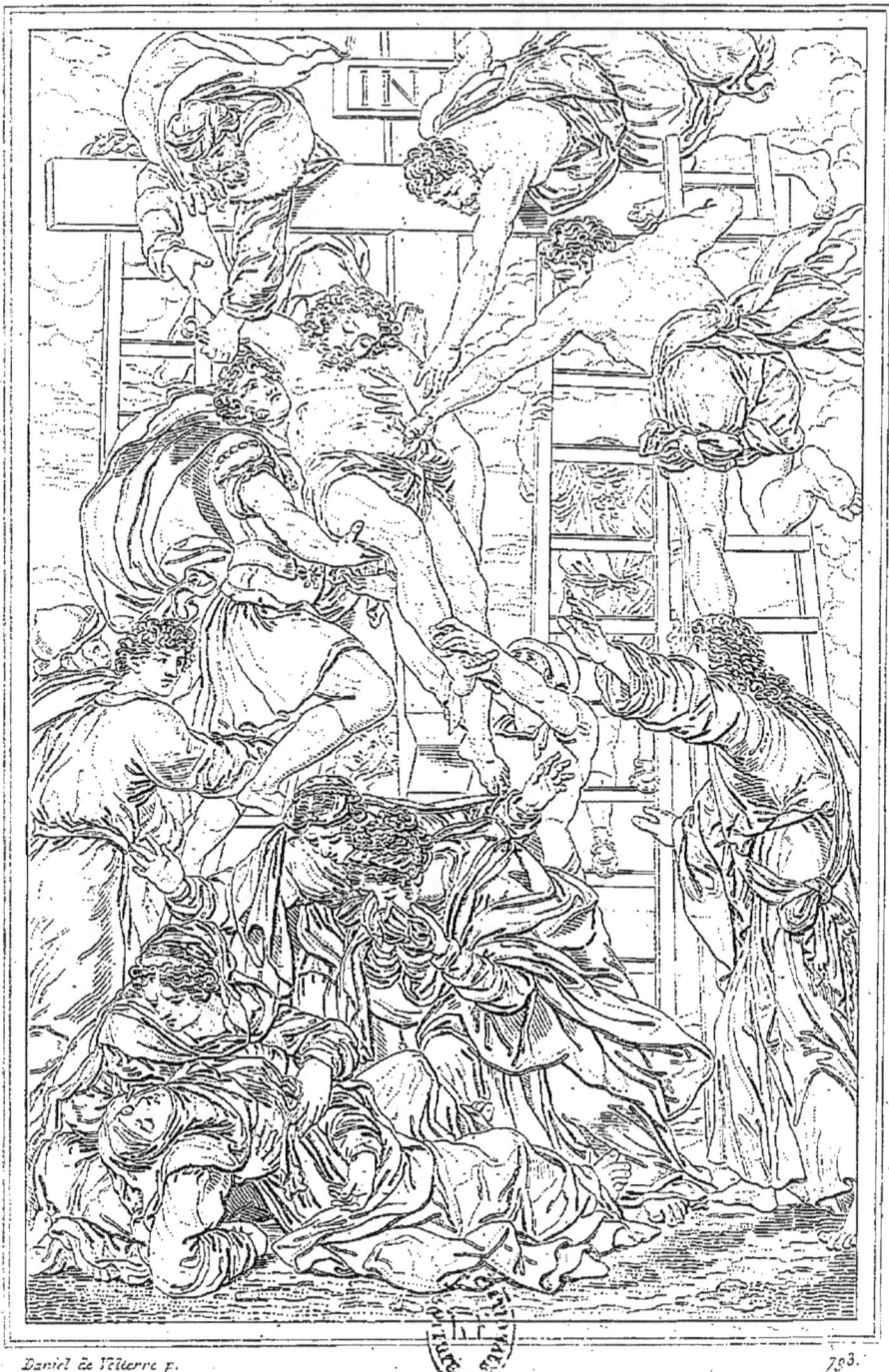

793.

DESCENTE DE CROIX.

DESCENTE DE CROIX.

Daniel Ricciarelli, plus connu sous le nom de Daniel de Voltère, est l'auteur de cette Descente de Croix, considérée comme l'un des sept plus beaux tableaux d'autel qui soit à Rome. Cependant la composition offre quelque confusion, et le coloris est un peu noir. Mais toutes les têtes sont remplies d'expression, variées, et des plus nobles.

La tête de la Vierge est un véritable chef-d'œuvre; quoique elle ait les yeux fermés, on voit cependant qu'en cédant momentanément à une peine extrême, elle est encore soutenue par une grande force d'âme.

Les disciples, occupés à détacher de la croix le corps de Jésus-Christ, ne présentent pas un parfait ensemble d'action; l'attitude de quelques-uns est un peu forcée, mais les parties nues font voir que le peintre était dessinateur correct.

Il est assez curieux de comparer cette composition avec le même sujet traité par Rubens, et que nous avons donné sous le n°. 45.

Ce beau tableau de Daniel Ricciarelli est à Rome dans l'église de la Trinité-du-Mont. Il a été gravé en 1710, par Nicolas Dorigny.

DESCENT FROM THE CROSS.

Daniel Ricciarelli, more commonly known by the name of Volterra, is the author of this Descent from the Cross, which is considered as one of the seven finest altar-pieces in Rome. There is some confusion in the composition, and the colouring is rather dingy; but the heads are varied, and in a high degree noble and expressive.

That of the Virgin is truly a master-piece : though the closed eyes shew that she is, for a moment, overcome by grief, the whole air is indicative of strength of soul.

Some want of unity is observable in the action of the Apostles, who are detaching the body from the cross; and the attitude of several of them is forced; but the naked parts shew the artist to have been master of drawing.

This picture offers an interesting subject of comparison with that of Rubens, on the same subject, n°. 45.

This beautiful picture of Ricciarelli, is in the church of the *Trinita del Monte*, at Rome. It was engraved in 1710, by Nicolas Dorigny.

703.

NOTICE

JACQUES DA PONTE DIT BASSAN.

Jacques da Ponte né en 1510, à Bassano, a, par cette raison, reçu le nom de Bassan, sous lequel il est le plus souvent désigné. Son père, peintre médiocre, lui apprit les élémens de son art ; mais son maître véritable fut le Titien, dont il étudia les ouvrages, si abondans dans la ville de Venise. Lorsqu'il crut avoir suffisamment acquis, il retourna à Bassano, et la maison qu'il habitait, sur les bords de la Brenta, le détermina sans doute à adopter le genre auquel il s'est livré.

Jacques Bassan traitant des sujets historiques, les rendit toujours comme des tableaux de genre ; tous ses personnages sont vêtus comme les paysans des environs ; toujours dans ses compositions il a introduit un grand nombre d'animaux, et principalement des moutons.

Quand il prenait des sujets de la Bible, c'était par préférence des sujets champêtres, dans lesquels des troupeaux pouvaient être placés sans inconvenance.

Son dessin manque de noblesse, ses draperies n'ont pas d'élégance, sa composition même a parfois quelques bizareries ; mais sa couleur est vive et vraie, ses têtes, sans être positivement belles ne manquent pas d'agrément.

Jacques Bassan est mort à Bassano en 1592, âgé de 82 ans.

NOTICE

OF

JACQUES DA PONTE, ALIAS BASSAN.

Jacques Da Ponte vas born in 1510, at Bassano, and for that reason was called Bassan, by which name he was the oftener designed. His father, an indifferent painter, taught him the elements of his art; but his true master was Titian, whose works so abounding at the city of Venice he studied. When he thought he had acquired a sufficient knowledge, he returned to Bassano, the house he dwelt in on the borders of the Brenta, doubtless determined him on the kind of painting he adopted.

Jacques Bassan treating historical subjects, always depicted them as genus-pictures, all his personages are dressed like the peasants of the adjacent parts, and he continually puts into his compositions a great number of animals, and chiefly sheep.

When he took his subjects from the Bible, they were rather rural scenes; wherein flocks of sheep could be conveniently placed.

His drawing is bereft of nobleness, no elegancy in his drapery, his composition is even sometimes odd and humoursome; but he has a true lively colouring, his heads though not exactly handsome have some allurements.

Jacques Bassan died at Bassano in 1592, aged 82.

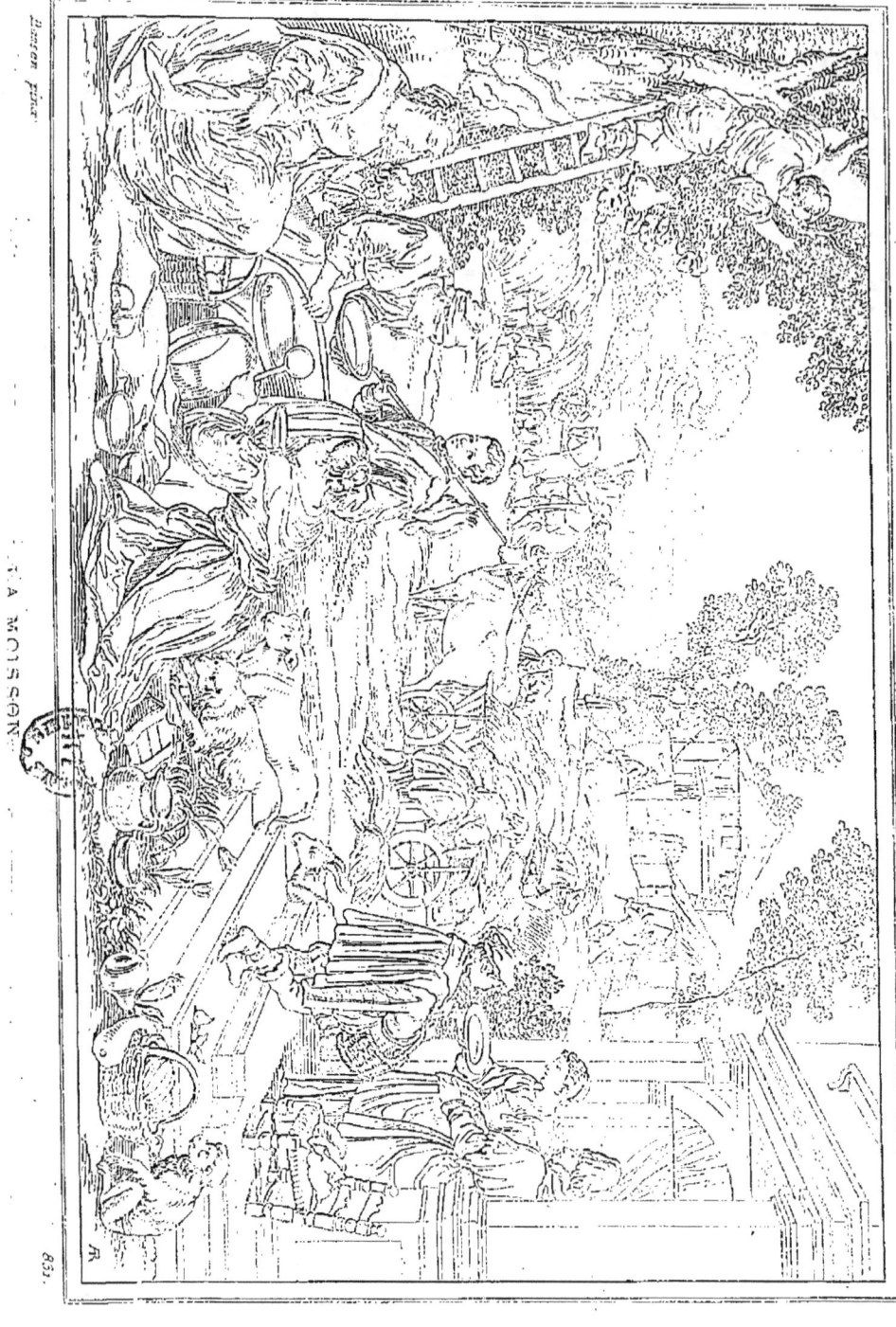

LA MOISSON.

Quoique ce tableau représente une scène d'Italie, la terre classique des beaux-arts, il est loin sans doute d'être composé avec la noblesse qui distingue le tableau des Moissonneurs de Léopold Robert, admiré avec tant de raison à l'exposition des tableaux de cette année.

Jacques da Ponte, nommé ordinairement Bassano, parce qu'il était natif de cette ville, aimait à peindre des sujets champêtres, et les personnages qu'il plaçait dans ces tableaux étaient ordinairement sa femme, ses enfans et ses domestiques. Les animaux de sa basse-cour lui servaient aussi de modèles, et nous serions portés à croire que le singe, que l'on voit à droite, était l'un des commensaux de sa maison.

Peut-être pourrait-on désirer, dans le tableau de Bassano, plus d'élévation dans la pensée ; mais, suivant une méthode fort en usage maintenant, il ne s'attachait qu'à représenter la nature sans avoir la prétention de l'ennoblir.

On peut remarquer, dans ce tableau, une bizarrerie assez fréquente dans les ouvrages de Bassano ; c'est le soin avec lequel il cherchait à dissimuler les pieds de ses personnages. Le groupe principal à gauche, composé de quatre figures, ne laisse voir aucune jambe. A droite, près de la porte de la maison, une chaise cache celles de l'homme qui est debout et près du chariot que l'on voit au troisième plan, une gerbe de blé empêche de voir l'une des jambes de la moissonneuse, qui aide à charger le chariot.

Ce tableau, autrefois à Bruxelles, dans la galerie de l'archiduc Léopold d'Autriche, a dû passer depuis dans la gallerie du Belvéder à Vienne. Il a été gravé par J. Troyen.

Larg., 12 pieds ; haut., 8 pieds.

U. 4. 83 r.

THE HARVEST.

Though this piece represents a scene of Italy, the classic land of the fine arts, it is far from equalling in nobleness Leopold Robert's picture of the Reapers, so justly admired in the late exhibition.

Giacomo da Ponte, commonly called Bassano, from his being a native of that city, delighted in depicting rural scenes; and the figures introduced into his pieces are ordinarly his wife, children and domestics. The animals of his yard also served him as models; and we are tempted to consider the monkey, on the right, as one of his inmates.

This composition is perhaps wanting in dignity; but, according to a practice now in vogue, its author aimed only at copying nature, without seeking to ennoble it.

An eccentricity frequent in in Bassano's works, is observable in this picture, viz, the care with which he studied to conceal the feet of his figures. In the principal group, on the left, composed of four figures, not a single leg is seen: on the right, a chair conceals those of the man standing near the house-door; and in the rear, a sheaf of corn, one of those of the female, who is helping to load the wain.

This picture, which was formerly in the Archduke Leopold of Austria's gallery at Brussels, is now in that of the Belvedere at Vienna. It has been engraved by J. Troyen.

Width, 12 feet 9 inches; height, 8 feet 6 inches.

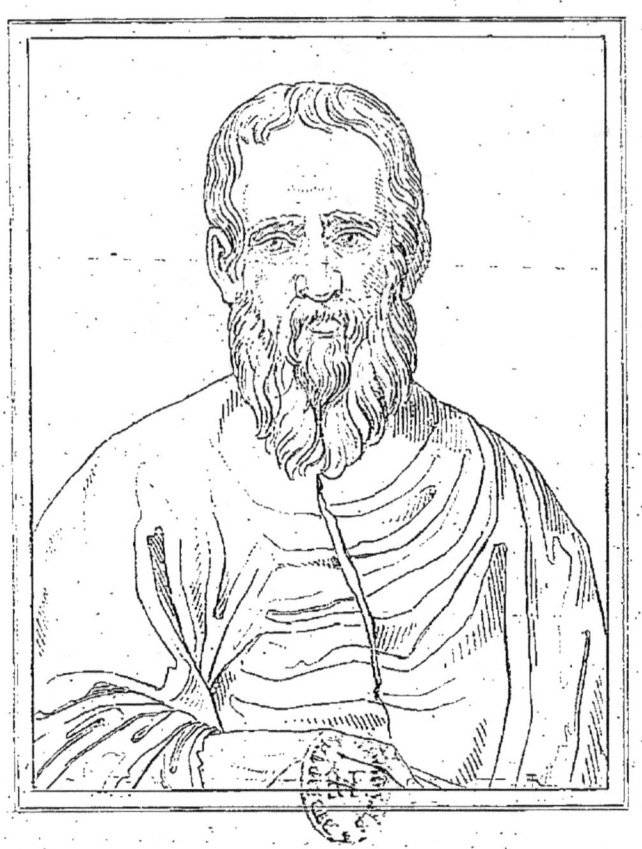

JACQUES ROBUSTI DIT TINTORET.

XXXI

NOTICE

HISTORIQUE ET CRITIQUE

SUR

JACQUES ROBUSTI, DIT TINTORET.

———

Si quelques peintres n'ont eu d'autre mérite, que celui de suivre pas à pas les traces de leurs maîtres, et de les imiter en tout point, il en est d'autres, au contraire, qui, tout en admirant leur maître, ont cherché à s'affranchir de sa manière, et sont en quelque sorte devenus eux-mêmes chefs d'école.

Tel est Jacques Robusti, né à Venise en 1512, et plus connu sous le nom de Tintoret, parce que son père exerçait le métier de teinturier. D'abord élève de Titien, le talent qu'il développa excita bientôt la jalousie de son maître qui eut la faiblesse de l'exclure de son atelier. Cette disgrâce, loin de le décourager, sembla en quelque sorte l'engager à redoubler d'ardeur, et la chambre qu'il habitait fut bientôt décorée de ses premiers essais. Il avait tracé sur la muraille cette inscription qui lui servit de règle : *Le dessin de Michel-Ange et le coloris de Titien*. En effet, le jour il copiait les peintures du dernier, et la nuit il dessinait d'après les plâtres moulés sur les statues du sculpteur florentin.

On doit encore dire que, pour bien connaître le clair-obscur, Tintoret avait l'habitude de dessiner à la lampe, obtenant, par ce moyen, des effets vigoureux. Puis, avant de peindre ses grandes compositions, il faisait de petites maquettes en cire, les habillait avec un soin extrême, les plaçait dans de petites chambres faites en carton, puis plaçait aux fenêtres de petites lampes. Il arrivait, par ce moyen, à connaître avec la plus parfaite exactitude la distribution des ombres et des lumières. Enfin, pour bien mettre les figures en perspective dans ses plafonds, il suspendait ses petits modèles au plancher, dans les attitudes qu'elles devaient avoir, et les dessinait ainsi de bas en haut. Tous ces soins ne l'avaient pas détourné d'étudier l'antique, de bien connaître l'anatomie et aussi de copier la nature, sans éviter les raccourcis et sans craindre de les représenter tels que les offraient les poses variées dont il avait besoin dans ses vastes compositions.

Toutes ces études n'auraient pas été suffisantes encore pour faire remarquer la supériorité de Tintoret, s'il n'avait eu aussi un génie supérieur que Vasari son détracteur ne put s'empêcher d'admirer, et qu'il disait être le plus *terrible* qu'on ait jamais rencontré parmi les artistes. Avec un génie fougueux Tintoret sut pourtant se maîtriser, de manière à offrir aussi dans les premiers temps une exécution soignée. Ses premiers ouvrages sont donc remarquables sous tous les rapports, et on doit mettre au premier rang le Miracle de saint Marc, qu'il peignit à l'âge de trente-six ans pour orner l'école de Saint-Marc à Venise ; le Crucifiement de Jésus-Christ dans l'école de Saint-Roch, et la Cène qui se voyait autrefois dans le réfectoire des Porte-croix. Ces trois ouvrages admirables étaient très-estimés par l'auteur lui-même, qui crut devoir placer son nom sur chacun d'eux. Un des tableaux qu'il fit pour l'école de Saint-Roch est l'apothéose de ce saint, il peut servir à faire voir la rapidité avec laquelle il exécutait, et lui fit donner le nom de *Furioso*. La communauté, indécise sur le choix du peintre qu'elle chargerait de ce grand travail, avait demandé des projets à Paul Véronèse, à Salviati, à Frédéric Zuccaro et à Tintoret ; mais ce dernier eut terminé et mis en

place son tableau, avant même que les autres eussent fait
leur esquisse.

Après s'être montré admirable, Tintoret, pressé sans doute
par les grands travaux dont il était chargé, abusa de la facilité qu'il avait, et se laissa entraîner à faire trop vite. On
trouve de ce grand maître plusieurs productions qui semblent
exécutées de pratique, et sans aucune étude, ce qui fit dire à
Annibal Carrache que *Tintoret dans quelques ouvrages était inférieur à Tintoret.*

On ne doit pas chercher dans ses figures cette majesté séna-
toriale que Titien a si bien rendue. Il songea bien plus à l'éclat
qu'aux convenances, et souvent il prit ses modèles parmi les
gens du peuple. Il n'aimait pas les formes pleines et arrondies
du Titien; il chercha plus que lui à donner de l'agilité à ses figures, et les rendit quelquefois un peu trop sveltes. Les draperies sont la partie dans laquelle on trouve le plus de né-
gligence; leur défaut le plus ordinaire est d'avoir dans les
plis une telle régularité, qu'elles ressemblent à des tuyaux
placés l'un auprès de l'autre.

Ayant eu une grande activité et une longue carrière, il
serait difficile de donner la liste de tous les ouvrages de Tintoret, dont la plupart sont de grandes et vastes compositions,
où son génie fougueux se plaisait à faire entrer un grand
nombre de personnages. Une des plus remarquables sous ce
rapport est celle qu'il exécuta dans sa vieillesse pour la salle
du grand conseil et dans laquelle le nombre des personnages
est presque incalculable. Cette composition représente le
paradis. Il peignit aussi dans une des grandes salles du palais
cette célèbre bataille de Lépante, où les Vénitiens rempor-
tèrent une victoire si éclatante sur les Turcs en 1571, et ce
travail immense fut terminé dans le cours d'une année.

Si Tintoret peignait habituellement avec tant de rapidité
on doit cependant dire aussi que l'on rencontre quelques tableaux dans lesquels il a mis le fini le plus précieux. On cite

dans cette manière un tableau que possède la famille Barba-
rigo : il représente Suzanne au bain , auprès d'elle on voit une
volière peuplée d'oiseaux rares et de gibier, et d'autres accessoires étudiés avec autant de soin que la figure principale.
Le talent de Tintoret dut naturellement lui attirer des dé-
tracteurs ; dans ce nombre on cite-le poëte Arétin, intime-
ment lié avec Titien, et qui avait cru augmenter le mérite
de son ami en parlant mal de son digne émule. Tintoret
voulant s'en venger pria le poëte de lui laisser faire son
portrait ; celui - ci ayant consenti, quelle fut sa surprise
de voir le peintre arriver à lui avec un pistolet. Que faites-
vous ? s'écria avec effroi le poëte. Oh ! répondit tranquille-
ment le peintre en le mesurant, vous avez deux fois et demi
la longueur de ce pistolet. Cette leçon rendit Arétin plus
modéré par la suite.

On connaît peu les particularités de la vie de Tintoret ; cependant on sait qu'il eut une fille nommée Marie, qui se
fit remarquer comme musicienne et comme peintre de portrait : elle mourut à l'âge de trente ans. Il eut aussi un fils
nommé Dominique, qui s'adonna également à la peinture ,
imita la manière de son père, mais lui resta inférieur.

Jacques Robusti mourut à Venise en 1594, âgé de quatre-
vingt-deux ans.

HISTORICAL AND CRITICAL
NOTICE

OF

GIACOMO ROBUSTI, CALLED TINTORETTO.

—

The sole merit of some artists consists in imitation : others, while paying a just tribute of admiration to their models resist the influence of their manner; and become themselves the founders of schools.

To this latter class belongs Giacomo Robusti, who was born at Venise in 1512, and surnamed Tintoretto, from the circumstance of his being the son of a dier.

Tintoretto was at first the pupil of Titian ; but that great master had the weakness to be jealous of his talents, and banished him from his school. This disgrace, far from discouraging the young artist, redoubled his ardour; and his chamber was soon adorned with the products of his pencil. He traced upon the wall the following inscription, which was the rule of his life : *The drawing of Michael Angelo, and the colouring of Titian* : accordingly, he passed his days in copying the pictures of Titian ; and his nights, in drawing from plaster casts of the statues of Michael Angelo.

It should be observed that, to make himself master of the *chiaro-oscuro,* Tintoretto was in the habit of drawing by lamp-light ; by which means he obtained effects of extraordinary vigour. Before painting his large compositions, he used to form small waxen figures, adjust the drapery with extreme care, and place them in paste-board chambers, with little lamps in the windows, to afford exact ideas of the distribution of light and shade. To insure accuracy of perspective in his ceilings, he suspended these figures from the wall; and drew from them as they hung. While pursung these occupations, he continued the study of the antique, and of anatomy; and copied nature, in all the varieties of attitude and foreshortening required for his vast compositions.

But these studies would not have sufficed for the fame of Tintoretto, without the aid of a genius, which Vasari, his detracter, pronounced to be the most *terrible* ever known in an artist. He was however, so far master of its impetuosity, as to offer, in his earlier productions, examples of finished execution. His first performances are, in every respect, admirable. The most celebrated among them, are the Miracle of Saint Mark, painted at the age of thirty six, for the church of that name in Venise; the Crucifixion, in the School of Saint-Roche; and the Last Supper, which was formerly seen in the refectory of the *Brothers of the Cross*. These productions were so highly esteemed by the artist himself, that he attached his name to them. One of his picture for the school of Saint-Roche, the subject of which was the apotheosis of that Saint, may serve as an example of the rapid execution, which procured him the surname of *Furioso*: the fraternity, undecided in the choice of an artist for this work, requested designs from Paul Veronese, Salucati, Frederic Zuccari and Tintoretto; but the latter finished his picture and exposed it in its place before the others completed their designs.

After giving undeniable proofs of his genius, Tintoretto, pressed by his engagements and presuming on his facility, contracted the habit of negligent execution : some of his pic-

tures appear to have been painted off-hand, without pre-
paratory labour of any kind; which drew from Annibale
Caracci the reproach, that « *in some of his works Tintoretto was inferior to Tintoretto.* »

The senatorial dignity, so perfectly expressed in Titian's
figures, is not to be looked for in those of Tintoretto; who
studied eclat rather than propriety, and often chose his
models in the lower classes of the people. He disrelished the
full and rounded forms of Titian, and sometimes ran into
the opposite extreme, in aiming at an appearance of greater
agility. The most negligent part of his pictures is the draperies, the common defect of which is a certain regularity in
the folds, which gives them the appearance of tubes ranged
side by side.

It would be difficult to furnish a complete list of the works
produced by Tintoretto, in a long life of uncommon
activity. Most of them were compositions of great magni-
tude, in which his impetuous genius delighted to assemble a
vast number of figures. One of the most remarkable was a
representation of paradise, done in his old age for the hall of
the grand Council; in which the number of figures is almost
incalculable. He also represented in one of the great halls of
the palace, the famous naval victory obtained by the Venetians
over the Turks, at Lepanto, in 1571. This immense work was
completed in a single year.

Though Tintoretto habitually wrought with haste, some
of his pictures exhibit exquisite finish. In this manner is one
in the possession of the Barberigo family, representing
Susanna in the bath; and near her, an aviary of rare birds,
with game, and other accessories, no less carefully laboured
than the principal figure itself.

Tintoretto's fame could not fail to create him enemies :
the number was the poet Aretine, who was intimate
with Titian, and who sought to exalt his friend at the ex-

pence of a illustrious rival. To avenge himself, Tintoretto obtained permission to take his picture: but what was Areti-ne's surprise, when he saw the artist approach, with a pistol, instead of a pencil, in his hand. «What are you doing? cries the affrighted poet. Oh! replies the painter unmoved — and at the same time proceeded to measure him, — your height is just twice and a half the length of this pistol. » The lesson render-ed Aretine more moderate for the future.

We are acquainted with few particulars of Tintoretto's life: he his known to have had a daughter, Maria, who was dis-tinguished as a musician and a portrait-painter, and who died at the age of thirty; and also a son, Domenico, who embraced his father's profession, and imitated his manner, but dit not rival his merit.

Tintoretto died at Venise in 1594, at the age of eighty two.

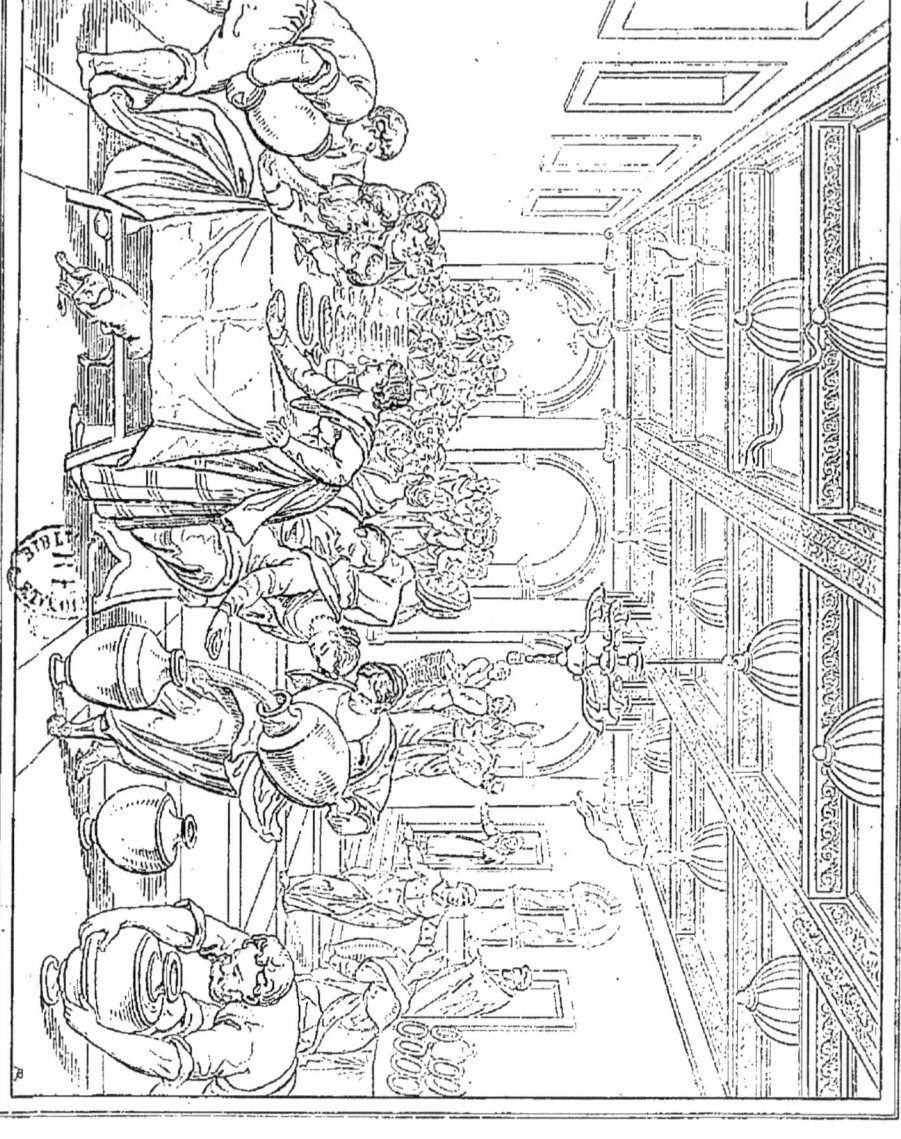

NOCES DE CANA.

A.Deberia ad Tintoret P.

475

LES NOCES DE CANA.

Jésus-Christ venait de recevoir le baptême, de saint Jean, il avait déjà commencé ses prédications, lorsque, se trouvant à Cana en Galilée, il fut invité avec la Vierge Marie et ses disciples à des noces de grand apparat; « et le vin étant venu à manquer, la mère de Jésus lui dit : Ils n'ont point de vin. Jésus lui répondit : Femme, qu'y a-t-il entre vous et moi? Mon heure n'est pas encore venue. Sa mère dit aux serviteurs, faites tout ce qu'il vous dira. Or, il y avait là six urnes de pierre pour servir aux purifications des Juifs, elles tenaient chacune deux ou trois mesures. Jésus leur dit : Remplissez ces urnes d'eau, ils les remplirent en effet, » et à l'instant même cette eau fut changée en vin.

En représentant cette scène de la vie de Jésus-Christ, Jacques Robusti, nommé ordinairement Tintoret, ne s'est astreint ni aux usages, ni aux costumes anciens. La salle rappelle le goût de l'architecture moresque; les personnages sont vêtus à peu près suivant la mode vénitienne du XVIe siècle; ils sont assis autour d'une table qui certainement ne rappelle en rien les usages des Hébreux, puis on distingue difficilement les deux époux placés au milieu de la table à droite, ainsi que Jésus-Christ qui est tout au bout près de la Vierge.

Les têtes sont généralement belles et d'un assez bon caractère, mais les étoffes sont mal peintes et les ombres un peu monotones. Ce tableau est placé dans la sacristie de l'église de Sainte-Marie du Salut à Venise, en face des fenêtres. Il a été gravé en 1772 par Jean Volpato.

Larg., 20 p.?; haut., 16 p?

THE MARRIAGE AT CANA.

Jesus Christ, having received the baptism of St. John, had already begun his mission, when being at Cana of Galilee, he was called, with the Virgin Mary, and his disciples, to a splendid marriage : « And when they wanted wine the mother of Jesus saith unto him, They have no wine. Jesus saith unto her, Woman, what have I to do with thee? mine hour is not yet come. His mother saith unto the servants, Whatsoever he saith unto you, do it. And there were set there six water-pots of stone, after the manner of the purifying of the Jews, containing two or three firkins apiece. Jesus saith unto them, Fill the waterpots with water. And they filled them up to the brim, » And immediately this identical water was changed into wine.

In giving this scene from the life of Jesus Christ, Giacomo Robusti, generally called Tintoretto, has restricted himself neither to ancient usages, nor costumes. The hall recals the taste of the Moorish Architecture; the personages are clothed nearly according to the Venetian fashion of the sixteenth century : they are seated around a table which certainly brings to mind nothing of the customs of the Hebrews, then the married pair is with difficulty discerned placed in the middle of the table on the right, as also Jesus Christ, who is at the farther end, near the Virgin.

The heads are handsome and in pretty good keeping, but most of the stuffs are badly painted, and the shading is rather monotonous. This picture is placed in the Sacristy of the Church of Santa Maria della Salvazione at Venice, opposite the windows. It was engraved, in 1772, by Giovanni Volpato.

Width , 21 feet 3 inches? height, 17 feet?

578.

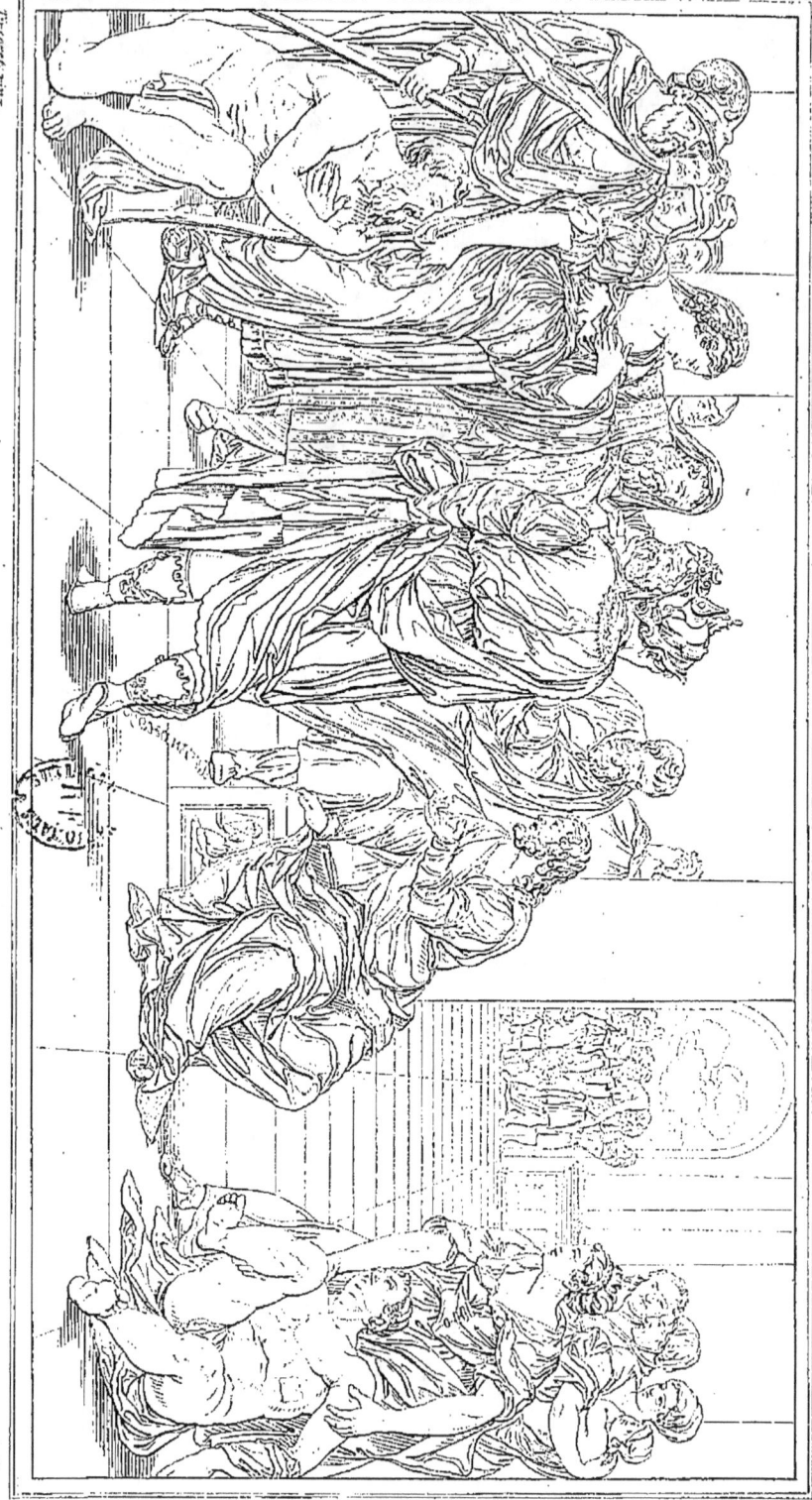

Tintoret pinx.

LA FEMME ADULTÈRE.

509.

LA FEMME ADULTÈRE.

Barthélemy Biscaïno a traité le même sujet, et nous l'avons donné sous le n° 320. Nous avons rapporté alors la demande des Pharisiens qui amenaient la femme adultère, et la réponse que leur fit Jésus-Christ. On a pu remarquer la simplicité de cette composition, tandis que celle-ci offre une complication qui semblerait d'abord nuire à l'unité d'action, si l'on ne se rappelait ce que dit saint Jean : « Dès le point du jour, Jésus-Christ retourna dans le temple, où tout le peuple étant venu vers lui, il s'assit, et il les enseignait; alors les Scribes et les Pharisiens amenèrent une femme qui avait été surprise en adultère. » On ne peut donc reprocher au peintre de s'être laissé entraîner par son goût, dans cette vaste composition, qui du reste donne une idée bien exacte de sa manière.

Jacques Robusti, plus connu sous le nom de Tintoret, s'est toujours fait remarquer par un génie brillant et une telle facilité, qu'il exécutait de grands tableaux tandis que d'autres ne faisaient que rendre net leur première pensée. Ce tableau, d'une couleur brillante, exécuté pour les comtes Vidmani, fit ensuite partie de la galerie de tableaux formée à Prague. Cette collection ayant été dispersée par suite des événemens de la guerre en 1620, ce tableau se trouva alors dans le lot qui échut à l'électeur de Saxe, et il se voit maintenant dans la Galerie de Dresde.

Il a été gravé par Philippe-André Kilian.

Larg., 12 pieds 6 pouces; haut., 6 pieds 7 pouces.

THE ADULTERESS.

This subject has been treated by Bartolomeo Biscaino, and given by us, n° 320. We then related the question put to Christ by the Pharisees, when they brought to him a woman taken in adultery, and his answer to them. The simplicity of that composition must have been remarked; but this one offers a complication, which, at first, would seem to destroy the unity of action, unless what St. John says be remembered : « And early in the morning he came again into the temple, and all the people came unto him; and he sat down, and taught them. And the Scribes and Pharisees brought a woman taken in adultery. » The painter cannot then be reproached with having been led away by his taste, in this vast composition, which, nevertheless, gives a very correct idea of his manner.

Giacomo Robusti, better known by the name of Tintoretto, was ever remarkable for his brilliant genius, and such a facility, that he executed large pictures before other artists could have arranged their first ideas. This picture, which is of a bright colouring, was executed for the Counts Vidmani, and afterwards formed part of the Gallery of Pictures collected at Prague. Being dispersed about, through the events occasioned by the war in 1620, this one was in the lot, which then fell to the Elector of Dresden, and it is now in the Dresden Gallery.

It has been engraved by Philip Andrew Kilian.

Width, 13 feet 3 inches; height, 7 feet.

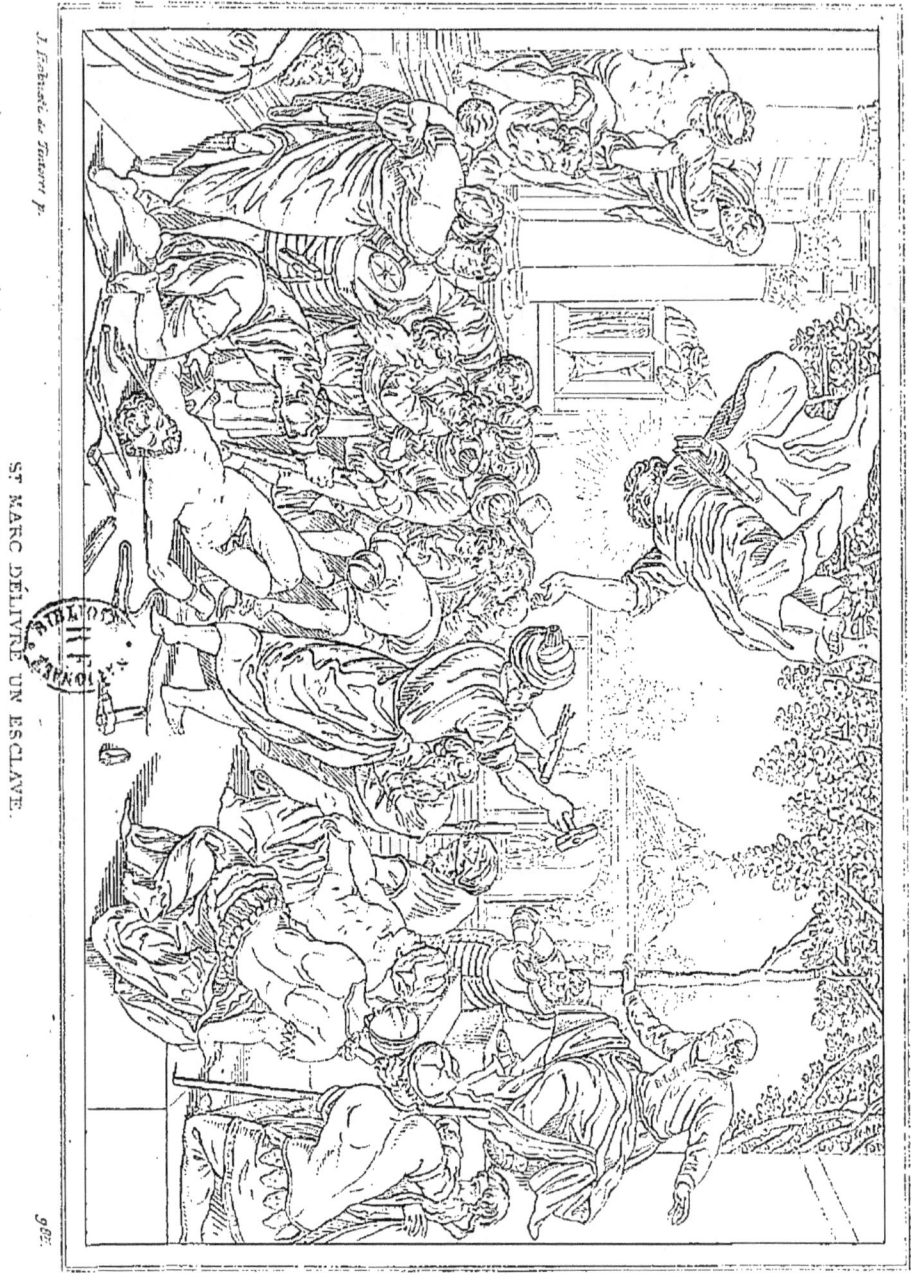

SAINT MARC DÉLIVRE UN ESCLAVE.

Ce grand et beau tableau fut peint pour l'une des salles de la confrérie de Saint-Marc à Venise. Il représente un fait miraculeux, dont il peut bien être permis de douter, quoique les Vénitiens le regardent, comme une preuve de la protection que l'évangéliste saint Marc, accorde à tous les sujets de la république de Venise.

Par suite des guerres qui eurent lieu si souvent entre les Turcs et les Vénitiens, un de ces derniers étant esclave chez un Turc, il fut condamné au supplice par son maître. Mais cet esclave prêt à être exécuté implora saint Marc, qui lui apparut dans les airs; et aussitôt toutes les cordes dont le patient était garrotté se trouvèrent rompues ainsi que les instrumens du supplice. L'un des bourreaux fait voir son dépit et montre sa masse brisée en deux, à celui qui avait ordonné le supplice, et qui s'y trouvait présent.

Cette grande et belle composition est regardée comme une des merveilles de l'école vénitienne. La couleur rappelle celle du Titien; le clair-obscur y est plein de force, la composition des plus sages, les formes bien choisies, les draperies bien étudiées; enfin les attitudes des hommes qui assistent à ce singulier spectacle sont variées, vraies et animées au delà de toute expression.

Peint en 1548, par Jacques Robusti alors âgé de 36 ans, ce tableau est un des trois sur lesquels il a jugé à propos de mettre son nom. Il y est écrit ainsi, JACOMO. TENTOR. F. Apporté à Paris en 1799, il a été rendu en 1815. Il a été gravé par Jacques Mathan.

Larg., 17 pieds; haut., 13 pieds.

N. 5.   985.

SAINT MARK DELIVERING A SLAVE.

This large and beautiful picture was painted for one of the halls belonging to the fraternity of St. Mark in Venice. It represents a miraculous fact, of which however, we may well be permitted to entertain a doubt, although the Venetians regard it as a proof, of the protection that the Evangelist Saint Mark, grants to all the subjects, of the Republic of Venice.

In consequence of the wars which took place between the Turks and Venetians, one of the latter, becoming a slave to a Turk was condemned to death by his master. But the slave about to be executed, implored the aid of Saint Mark, who appeared to him in the air, and immediately all the cords with which the criminal was bound, were broken as under, as well as the instruments of punishment. One of the executioners testifies his rage, exhibiting his broken club, to him who had commanded the execution, and who was there present.

This large and fine composition, is considered as one of the wonders of the Venetian school. The stile of the colouring reminds us of Titian, and the light and shade it, is full of force; the composition is exceedingly chaste, the figures well chosen, and the draperies very appropriate; in a word the attitudes of the persons present at this extraordinary spectacle, are varied, true, and animated beyond all expression.

This picture is one of the three, upon which the artist Jacques Robusti who painted it in 1548, at the age of 36, has thought proper to put his name. It is written in this manner: JACOMO. TENTOR F. Brought to Paris in 1799 it was given back in 1815. It has been engraved by Jacques Mathan.

Breadth, 18 feet 2 inches; heigth, 13 feet 10 inches.

985.

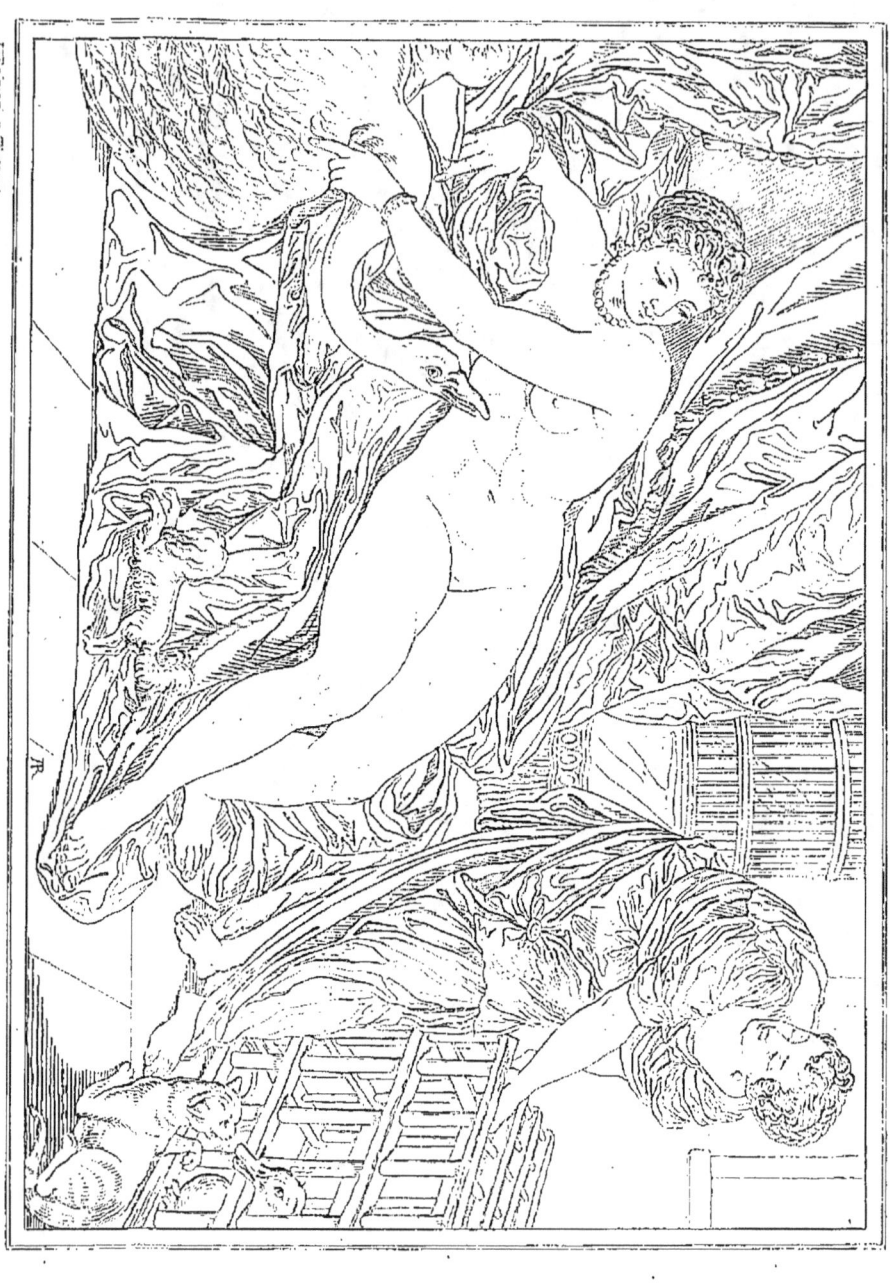

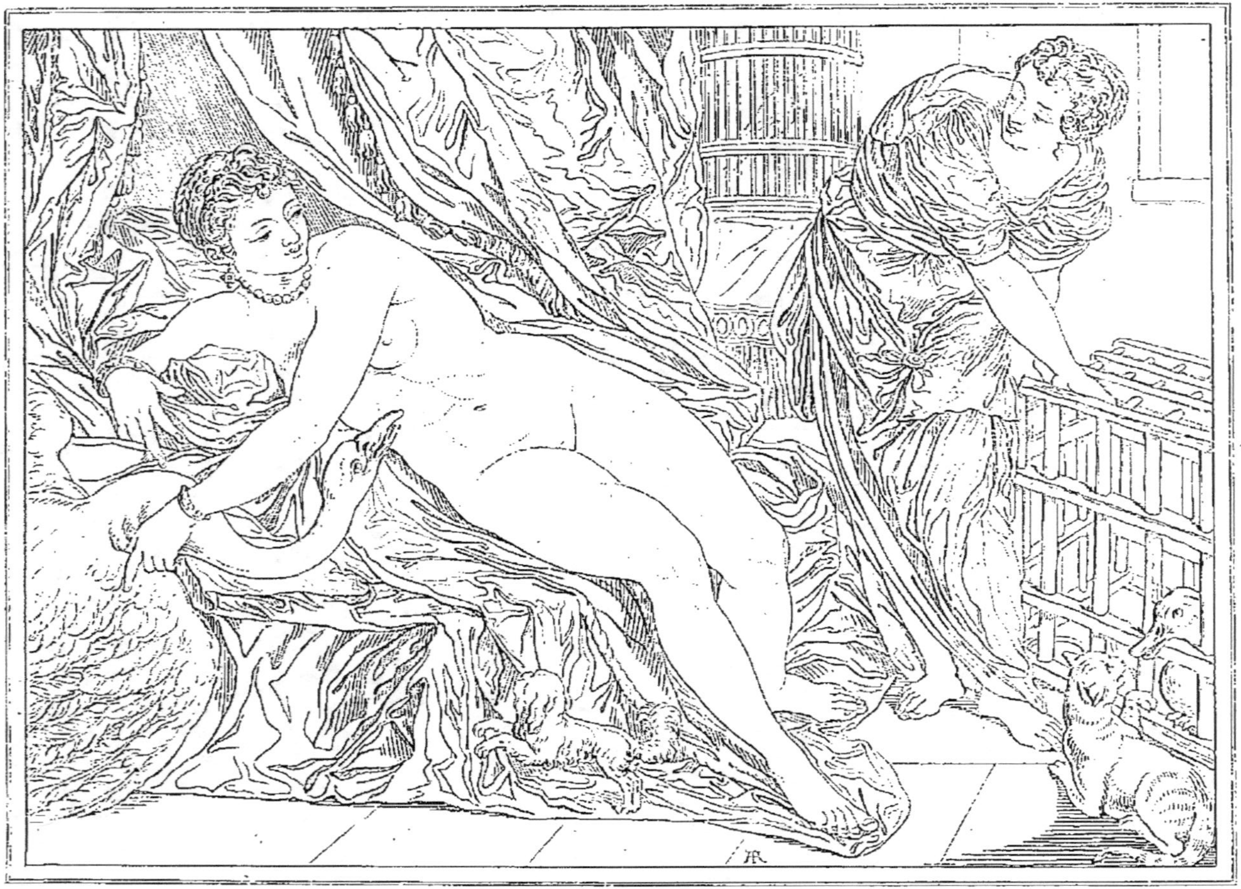

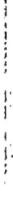

JUPITER ET LÉDA.

Devons-nous voir dans ce tableau Léda femme de Tyndarus, roi de Sparte; Léda, maîtresse de Jupiter; Léda,
mère de Castor et de Pollux; ou bien est-ce simplemnt le
portrait d'une belle personne, qui probablement croyaitque
la blancheur de son corps n'avait rien à craindre d'être
mise en comparaison avec celle d'un cygne?

Rien dans ce tableau ne rappelle les temps fabuleux, où
Jupiter prit la forme d'un cygne pour séduire Léda.Tout, au
contraire, nous reporte à l'époque où vivait le peintre
Jacques Robusti, ordinairement nommé Tintoret. L'attitude
de la femme est assez gracieuse et d'un bon goût de dessin;
mais il y a peu de finesse dans l'expression de la tête. Le
perroquet en cage que l'on voit dans le fond de la pièce,
la cage grossière dans laquelle on aperçoit un canard, et où
se trouvait aussi le cygne placé au côté gauche du tableau, le
chat qui paraît craindre l'attaque du canard, et le petit chien
qui semble jaloux des caresses que sa maîtresse donne au
cygne; la présence enfin d'une suivante, tout semble dénoter
ici le portrait d'une belle Vénitienne.

Ce tableau, après avoir appartenu au cardinal Mazarin,
passa dans la galerie d'Orléans; il fait maintenant partie du
cabinet de M. Willett, qui l'a payé 5,000 fr. Il a été gravé
par Glairon Mondet.

Larg., 6 pieds 9 pouces; haut., 5 pieds 1 pouce.

824.

JUPITER AND LEDA.

Does this picture represent Leda, the wife of Tyndarus, king of Sparta, the mistress of Jupiter, and the mother of Castor and Pollux; or simply some beautiful woman, who thought that the whiteness of her skin would not suffer, by a comparison with that of the swan?

There is nothing in the composition that carries back the imagination to the fabulous age, when Jupiter transformed himself into a swan, to seduce Leda; all the details, on the contrary, conspire to fix it on the epoch, at which the artist himself, Tintoretto, lived. The female is designed with correct taste, and the attitude is graceful; though there is a want of refinement in the expression of the head. The parrot in a cage, in the back-ground; the coop in which is seen a duck, and in which the swan, on the right, was also confined; the cat that appears to apprehend an assault from the duck, and the little dog that betrays his jealousy of the caresses bestowed by his mistress on the swan; in fine, the waiting-maid; all seem to denote the portrait of some fair Venetian.

This picture belonged to Cardinal Mazarine, and was afterwards in the Orleans gallery: it is now in the collection of M. Willet, who purchased it for 200 pounds (5,000 fr.): it has been engraved by Glairon Mondet.

Width, 7 feet 1 inch; height, 5 feet 5 inches.

824.

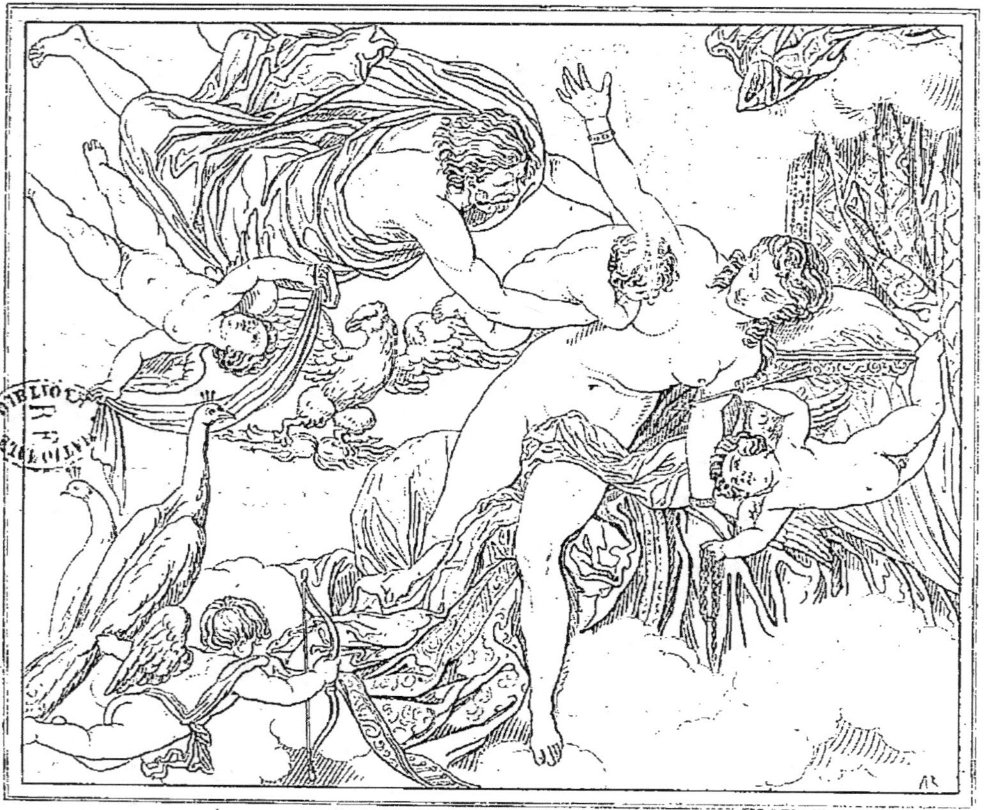

J. Robusti le Tintoret f.

681.

JUNON ALLAITANT HERCULE.

JUNON ALLAITANT HERCULE.

La manière dont sont posées toutes les figures de cette composition, fait bien voir que le peintre, Jacques Robusti, dit Tintoret, la destinait à décorer un plafond; mais on ne connaît autre chose que cette esquisse, dans laquelle on admire une touche hardie, un coloris vigoureux et un très-bon goût de dessin.

La tradition rapporte que Minerve engagea Junon à donner le sein au jeune Alcide, qu'elle venait de trouver abandonné dans un champ. Mais le peintre a préféré placer Jupiter présentant son fils à Junon. Le jeune héros serra alors avec tant de force le sein de la déesse, que la douleur la fit sortir précipitamment de son lit, et le lait qui s'échappa violemment se répandit dans le ciel et forma cette trace nébuleuse qui le traverse entièrement, et à laquelle on donne le nom de *Voie lactée*.

L'aigle et le paon, attributs de Jupiter et de Junon, étaient nécessaires pour l'intelligence du sujet. On ne peut en dire autant des trois petits Amours placés dans la composition sans que l'on puisse déterminer leur action.

Ce tableau appartint d'abord à M. de Seignelay; il passa depuis dans la galerie d'Orléans, et fut acquis ensuite par M. Bryan qui le paya douze cents francs.

P. R. Delaunay l'a gravé pour la galerie du Palais-Royal.

Larg., 5 pieds 1 pouce; haut., 4 pieds 8 pouces.

685.

JUNO SUCKLING HERCULES.

The manner in which are placed all the figures of this composition, clearly indicates that the painter, Giacomo Robusti, called Tintoretto, intended it to decorate a ceiling; but this sketch only is known, presenting to the admiration of the beholder, a bold touch, a vigorous colouring, and a very excellent taste in designing.

Tradition has handed down to us, that it was Minerva who induced Juno to give the breast to young Alcides, whom she had just found in a field where he had been forsaken. The painter has preferred placing in his composition Jupiter, who presents his son to Juno. The young hero squeezed so vigorously the goddess' breast, that the pain made her leap precipitately from her bed, and the milk which gushed away, spread itself in the heavens, and formed that nebulous path which crosses it entirely, and to which has been given the name of the *Milky Way*.

The eagle and peacock, the attributes of Jupiter and of Juno, were necessary to understand the subject : the same cannot be said of the three little Loves, introduced in the composition, without their action being determined.

This picture at first belonged to M. de Seignelay; it subsequently got into the Orleans Gallery, and was afterwards purchased by M^r. Bryan for 1200 franks, about L. 5o.

P. R. Delaunay, engraved it for the Gallery of the Palais-Royal.

Width 5 feet 5 inches; height 5 feet.

685.

NOTICE

SUR

GEORGE VASARI.

George Vasari naquit à Arezzo en 1512. Sa famille était depuis long-temps connue avantageusement dans les arts, et c'est dans la maison paternelle qu'il apprit les premiers principes du dessin ; mais il eut encore d'autres maîtres, et reçut des conseils de Michel-Ange et d'André del Sarte.

Cependant, ayant été conduit à Rome par le cardinal Hippolyte de Médicis, il se livra entièrement à Raphaël, et profita de ses conseils sans oublier ceux de Michel-Ange : à l'exemple de ce grand artiste, il fut architecte aussi bien que peintre.

Rome, Rimini, Bologne, Naples, Ravenne, Venise, Pise et Florence, offrent de nombreux et beaux travaux exécutés par Vasari ou sur ses dessins. Il s'est encore fait connaître par un ouvrage plus répandu et plus durable que ses tableaux : c'est lui qui le premier eut la pensée de publier des Notices biographiques et critiques assez étendues, sur les artistes italiens, ses prédécesseurs ou ses contemporains. Cet ouvage fut imprimé pour la première fois en 1550, à Florence.

Vasari mourut en 1574, à Florence.

NOTICE

OF

GEORGE VASARI.

George Vasari was born at Arrezzo in 1512. His family was advantageously known since a long time in the arts, and he learned the first principles of drawing in his paternal house; but he had yet other masters, and also took advice from Michel-Ange and André del Sarte.

However, being carried to Rome by cardinal Hippolite de Médicis, he gave himself wholly up to Raphael, and improved by his counsel, but always kept in mind those of Michel-Ange in imitation of this great artist, he was both a painter and an architect.

Rome, Rimini, Bologne, Naples, Ravenne, Venise, Pise and Florence present numerous beautiful works performed by Vasari or after his drawings. He yet made himself known by a work more generally dispersed and more lasting than his pictures: he was the first who bethought of publishing extended biographical and critical Notices of italian artists, his predecessors or contemporaries. This work was published for the first time at Florence in 1550.

Vasari died at Florence in 1574.

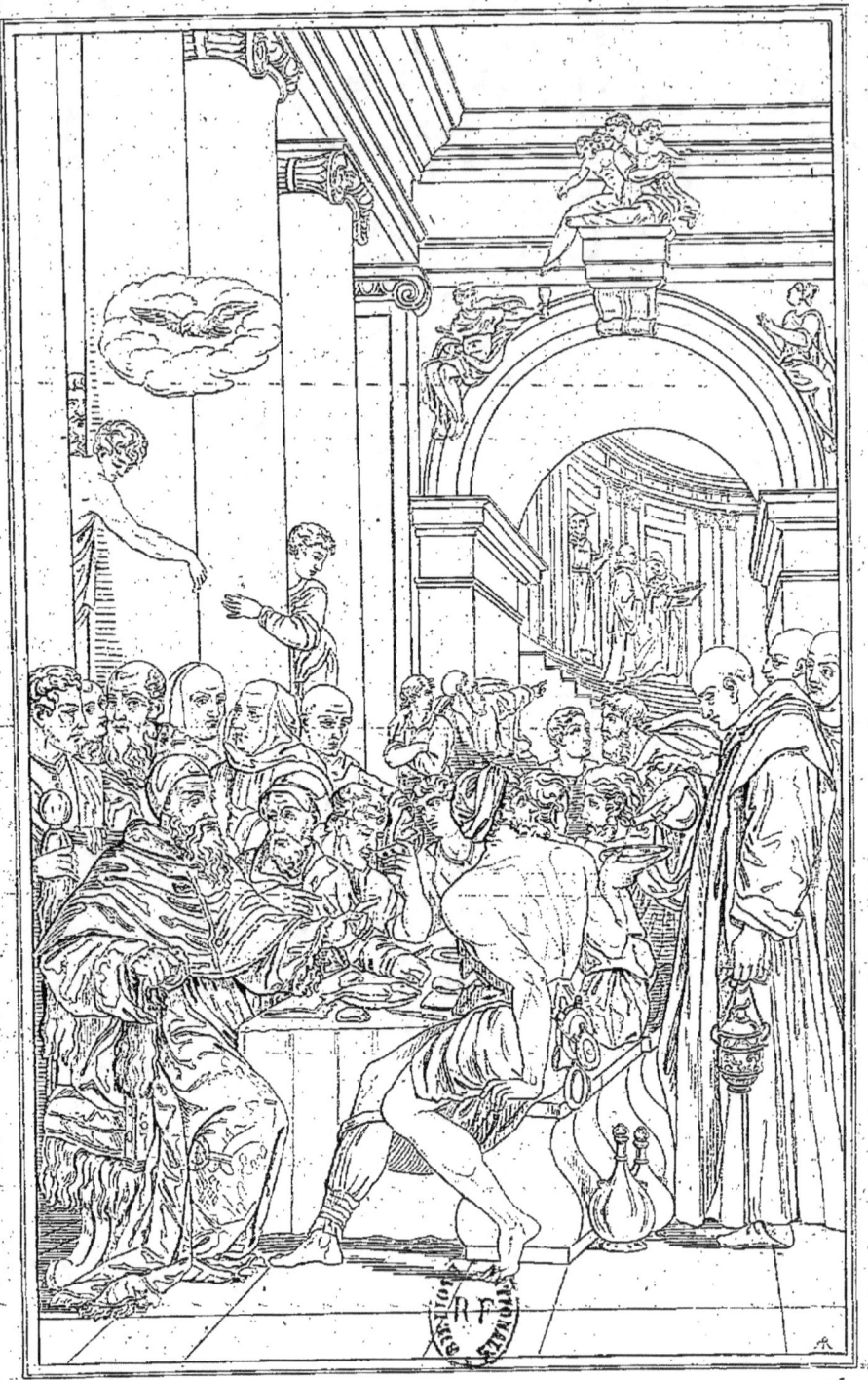

LA CÈNE PAR St GRÉGOIRE.

726.

LA CÈNE,

PAR LE PAPE SAINT GRÉGOIRE.

L'Église, pour faire la commémoration de la dernière Cène du Sauveur avec ses apôtres, est dans l'usage de réunir, le Jeudi Saint, douze pauvres qui reçoivent un repas, auquel préside le curé dans sa paroisse, l'évêque dans sa cathédrale, le pape au Vatican et chaque prieur dans son couvent.

Vasari, dans son ouvrage, donne sur son tableau une notice curieuse à connaître, et dans laquelle il dit : « J'ai peint saint Grégoire à table avec douze pauvres, parmi lesquels ce saint pontife représente Jésus-Christ. La Cène a lieu dans un couvent d'Olivetains ; je l'ai fait desservir par les moines de cet ordre, afin de les rassembler autour de la table, selon la place qu'ils voulaient y occuper. Le pape est représenté sous les traits de Clément VII. Plusieurs grands personnages sont près de lui ; de ce nombre est le duc Alexandre de Médicis, à qui j'ai voulu témoigner ma reconnaissance et mon admiration. J'ai représenté aussi plusieurs de mes amis. Parmi les domestiques, on retrouve quelques frères lais qui me servaient ; puis d'autres personnes attachées au couvent, telles que le dépensier et le sommelier. Enfin, on y distintingue l'abbé Seraglio, le général don Cyprien de Vérone et le cardinal Bentivoglio. »

Ce tableau fut peint sur bois pour le réfectoire du monastère de Saint-Michel in Bosco, il est maintenant au musée de Bologne. Il a été gravé par G. Tomba.

Haut., 12 pieds 2 pouces ; larg., 8 pieds 4 pouces.

716.

THE LAST SUPPER.

COMMEMORATED BY St. GREGORY.

The Church for the purpose of commemorating Our Saviour's Last Supper with his Apostles, is in the habit of calling together, on Maundy Thursday, twelve poor persons, who partake of a meal at which the Curate of the parish presides, the Bishop in his Cathedral, the Pope in the Vatican , and each Prior in his Convent.

Vasari, in his work, gives a curious description of this picture; he says : « I have delineated St. Gregory at table with twelve poor persons, amongst whom this holy Pontiff represents Jesus Christ. The Supper takes place in a convent of Olivetans ; it is served by the monks of that order, so as to assemble them around the table, according to the places they wished to occupy there. The Pope is represented under the likeness of Clement VIII. Several high personages are near him ; among the number is the Duke Alexander di Medici, to whom I wished to testify my gratitude and my admiration. I have also represented several of my friends. Amongst the servants are some foster-brothers who used to wait upon me; also other persons belonging to the convent, such as the Purveyor and the Butler. Finally the Abbate Seraglio is seen there, as also General Don Cyprian of Verona, and Cardinal Bentivoglio. »

This picture was painted on wood for the Refectory of the Monastery of San Michele in Bosco; it now is in the Museum of Bologna. It has been engraved by G. Tomba.

Height 15 feet; width 8 feet 10 inches.

716.

NOTICE

SUR

NICOLAS ABATI, dit NICOLO DEL ABBATE.

Nicolas Abati naquit à Modène en 1512, et par cette raison il a été quelquefois désigné sous le nom de Nicolas de
Modène. Son père, Jean Abati, vendait de petites figures en
plâtre, dans lesquelles on dit qu'il y avait quelque mérite.
Cependant son fils devint l'élève d'Antoine Begarelli, artiste
peu connu maintenant, mais qui jouissait alors de quelque
réputation.

Nicolas travailla à Modène, et fit, pour l'institut de cette
ville, des peintures tellement estimées, que, dans un de ses
sonnets, Augustin Carrache dit que Nicolo possède la régularité de Raphaël, le tragique de Michel-Ange, le naturel du
Titien, la noblesse du Corrège, la composition de Tibaldi et
la grâce de Parmesan. Cet éloge, peut-être exagéré, montre
pourtant que le peintre avait un mérite réel, reconnu par un
autre artiste également habile.

Nicolas Abati vint en France en 1552, et alors il aida beaucoup Primatice, qui était connu sous le nom d'abbé de Saint-
Martin. Croyant Nicolas élève de ce maître, il a été alors désigné sous le nom de *Nicolo del Abbate*. Il a beaucoup travaillé
à Fontainebleau et dans l'ancien château de Meudon. C'est
lui-même qui peignit à fresque toutes les peintures de la
galerie d'Ulysse à Fontainebleau, maintenant détruite, mais
gravée par Van Thulden. Il a peint aussi la chapelle de l'hô-
tel de Soubise à Paris, et mourut dans cette ville dans un
âge très-avancé.

NOTICE

OF

NICOLAS ABATI, ALIAS NICOLO DEL ABBATE.

Nicolas Abati was born at Modéne, in 1512, and for that reason was sometimes designed by that of Nicolas of Modéne. His father, John Abati, sold small plaster figures, in which it is said there was a certain merit. His son became the pupil of Anthony Begarelli, an artist little known now but who at that time had some reputation.

Nicolas worked at Modéne, and performed for the university of that town, such valuable paintings, that Augustus Carrache in one of his sonnets says: « Nicolas possesses the regularity of Raphael, the tragic of Michel-Ange, the natural of Titian, the nobleness of Corregio, the composition of Tibaldi and the gracefulness of Parmesan. » Though perhaps this praise may be rather extravagant, yet it shows that the painter had a true merit, acknowledged by another artist equally skilful.

Nicolas Abati came to France in 1552, where he gave a good help to Primatice, who was known by the name of the abbot of Saint Martin. Thinking Nicolas was a pupil of that master, he was then designed by the name of *Nicolo del Abbate*. He worked very hard at Fontainebleau, and in the ancient castle of Meudon. It is he himself who painted in fresco all the paintings of the gallery of Ulysses at Fontainebleau, now destroyed, but engraven by Van Thulden. He has also painted the chapel of hotel Soubise at Paris and died in that city in a good old age.

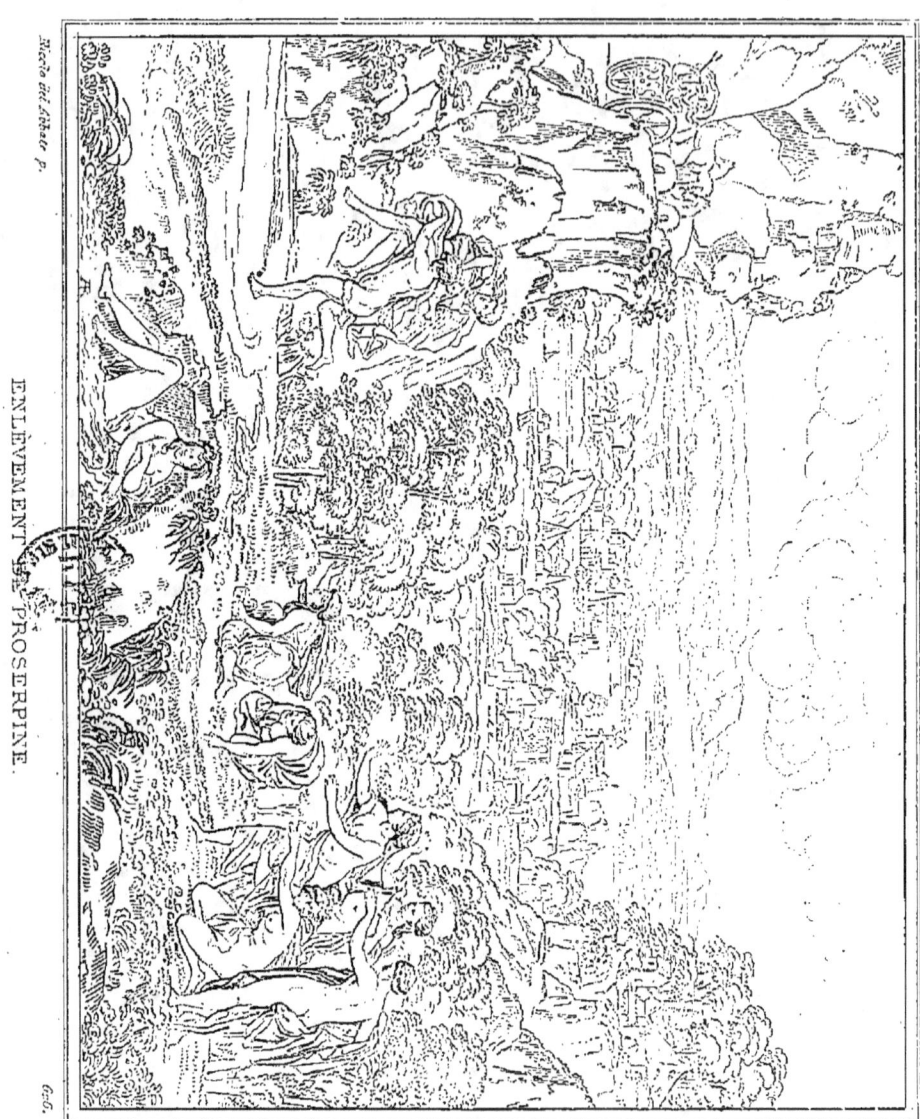

ENLÈVEMENT DE PROSERPINE.

ENLÈVEMENT DE PROSERPINE.

Quelques auteurs ont prétendu que Pluton, n'ayant pu trouver aucune déesse qui consentît à venir avec lui régner dans les enfers, se vit forcer d'enlever Proserpine, fille de Cérès. Il était devenu amoureux d'elle en la voyant cueillir des fleurs dans la campagne d'Enna en Sicile.

On voit ici Pluton ravissant la beauté dont il est épris ; les nymphes, ses compagnes, expriment leur étonnement. Le peintre a placé sur le devant la nymphe Cyane, dont parle Ovide, comme ayant voulu arrêter Pluton dans sa course, et qui fut alors métamorphosée en fontaine. Il a malheureusement suivi un usage ancien, en offrant dans son tableau deux scènes successives du même événement, puisque, après avoir montré le premier moment de l'enlèvement, il fait voir dans le fond le dieu des enfers, placé sur son char attelé de quatre chevaux noirs et fuyant avec précipitation.

Le fond de ce tableau est un paysage charmant, qui donne une haute idée du talent de Nicolo, auquel on donne le surnom *del Abbate,* parce qu'il était élève de Primatice, abbé de Saint-Martin.

Ce tableau a été gravé par Alix, il faisait partie de l'ancienne galerie du Palais-Royal et se trouve maintenant en Angleterre.

Larg. 6 p., 8 p.; haut. 6 p.

626.

THE RAPE OF PROSERPINE.

Several authors have advanced that Pluto, unable to find a Goddess willing to reign with him in hell, was forced to carry off Proserpine, the daughter of Ceres. He fell in love with her whilst she was gathering flowers on a spot named Enna, in Sicily.

Here Pluto is seen forcibly taking off the beauty with whom he was in love : the nymphs, her companions, express their astonishment. The painter has placed in the fore-ground Cyane, the nymph spoken of by Ovid as having attempted to prevent Pluto's violence, and who was at the time changed into a fountain. Unfortunately the artist has followed an ancient manner, by offering in his picture two successive scenes of the same event; for, after representing the first moment of the carrying off, he displays, in the back-ground, the God of Hell in his car, drawn by four black horses, and flying precipitately.

The back-ground is a charming landscape which gives a very favourable idea of the talent of Nicolo, to whom the surname of *Dell' Abbate* was given, from his being a pupil of Primaticcio, Abbot of St. Martin.

This picture has been engraved by Alix : it formed part of the ancient Gallery of the Palais-Royal and is now in England.

Width 7 feet 1 inch; height 6 feet 4 inches.

626.

NOTICE

SUR

PARIS BORDONE.

Pâris Bordone naquit à Trévise en 1500. Ses parens étaient nobles, et l'envoyèrent à Venise pour y faire son éducation. L'inclination qu'il ressentit pour la peinture l'engagea à fréquenter l'école du Titien, où il se trouva le condisciple du Giorgion, dont il chercha à étudier la manière; mais il finit par s'en faire une très-gracieuse et tout-à-fait originale.

De retour à Trévise, Bordone fit plusieurs tableaux très-estimés; sa réputation s'étendit bientôt hors de sa patrie, il fut appelé en France en 1558, pour faire le portrait du roi, François II. Il fit ensuite ceux du duc de Guise, du cardinal de Lorraine et de plusieurs dames de la cour.

Avant de revenir dans sa patrie, Bordone passa quelques temps à Milan, puis à Augsbourg, alla ensuite à Venise, où il fit plusieurs tableaux, et y mourut en 1570, âgé de 70 ans.

NOTICE

OF

PARIS BORDONE.

Pâris Bordone was born at Trevise in 1500. His parents who were noble, sent him to Venice for his education. The inclination he experienced for painting induced him to frequent Titian's academy, where he became the condisciple of Giorgion, whose manner he endeavoured to study, nay, he contrived acquiring a most gracious and quite original one.

Being returned to Trevise, Bordone performed several very valuable pictures; his fame soon extended beyond his country, he was called to France in 1558, to design the portrait of king Francis II. He afterwards made those of the duke of Guise, cardinal of Lorraine and several ladies of the court.

Before he came back to his country, Bordone spent some time at Milan, then at Augsbourg, and afterwards returned to Venice, where he painted many pictures, and died there in 1570, aged 70.

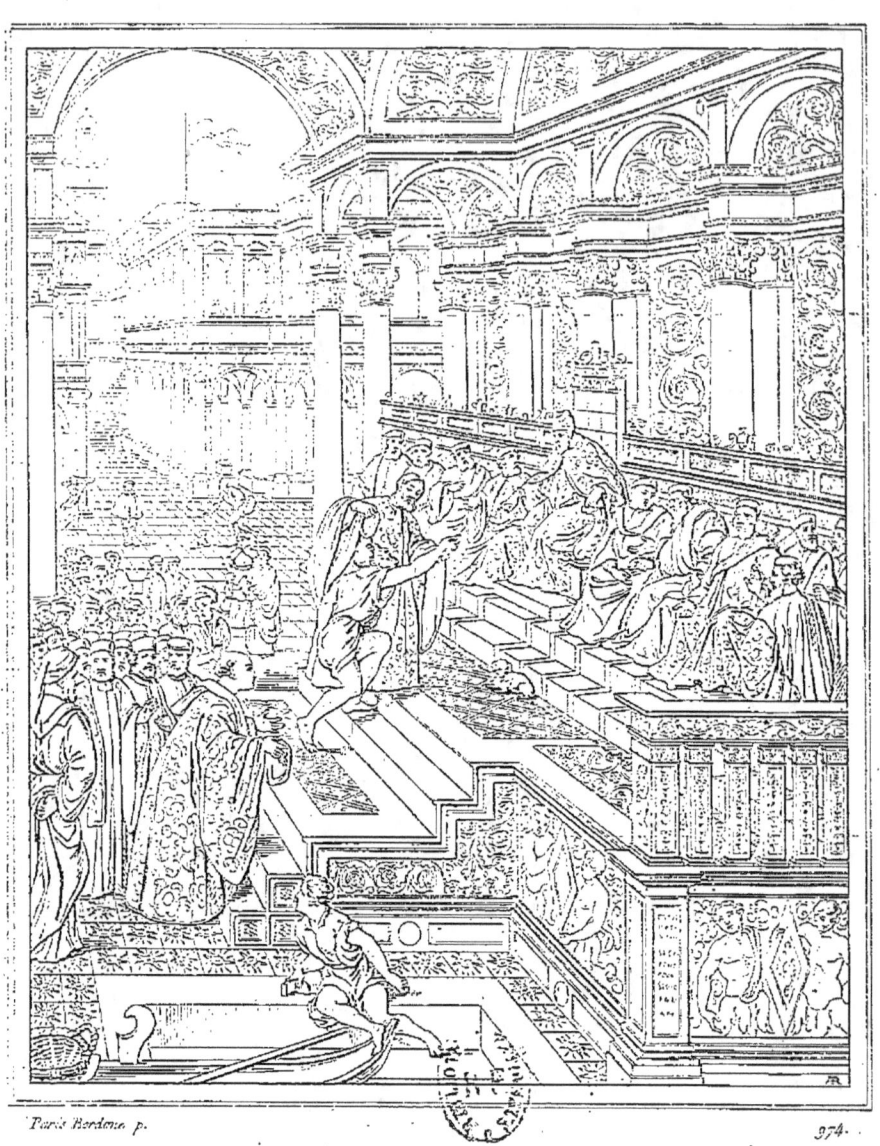

Paris Bordone. p.

974.

L'ANNEAU DE St MARC.

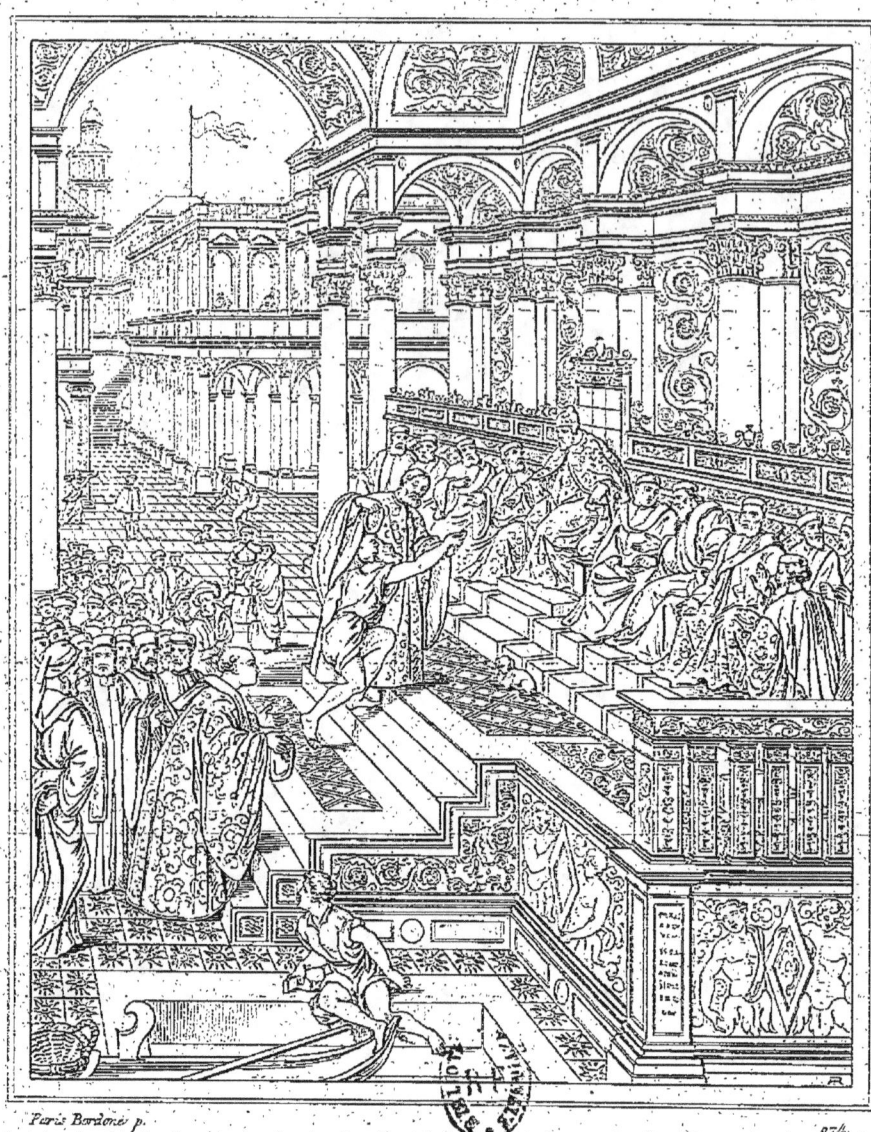

Paris Bordone p.

L' ANNEAU DE S^T MARC.

974

L'ANNEAU DE SAINT MARC.

Le 25 février 1340, une terrible inondation menaça de submerger la ville de Venise; mais, le vent ayant subitement changé, on regarda cet événement comme miraculeux et on répandit le bruit, qu'un pauvre pêcheur était venu annoncer au sénat le fait dont il venait d'être témoin. Pendant qu'il était en mer, il avait vu, disait-il, un vaisseau rempli de démons, et il l'avait vu engloutir par l'intercession de saint Marc, saint Nicolas et saint George.

Ce pauvre pêcheur présenta au doge Barthélemy Gradenigo, l'anneau que lui avait remis l'évangéliste saint Marc, en témoignage de la protection qu'il accordait à la ville de Venise. Le sénat, voulant à son tour donner à l'heureux messager, un témoignage de sa satisfaction, lui accorda une pension, qui lui procura les moyens de ne plus retourner à ses filets.

Tel est l'événement retracé dans ce tableau par le peintre Pâris Bordone, dont le talent est peu connu et qui cependant a fait ici un ouvrage digne de remarque, par la richesse de la composition, ainsi que par le vigoureux effet de la couleur.

Ce tableau, qui ornait une des salles de la Confrérie de saint Marc, fut apporté à Paris et placé dans la grande galerie du Louvre; en 1815 il a été rendu aux commissaires autrichiens. M. Le Normand en a donné une gravure au simple trait.

Haut., 11 pieds 4 pouces; larg., 9 pieds.

SAINT MARK'S RING.

On the 25th. of February 1340 , a dreadful inundation threatened to submerge the city of Venice, but the wind suddenly changing, this event was looked upon as miraculous, and a report was spread, that a poor fisherman, had announced to the senate the fact he had just witnessed.

Whilst he was at sea, he had seen as he said, a ship filled with demons; which was swallowed up by the intercession of Saint Mark, Saint Nicolas, and Saint George.

The poor fisherman presented to the Doge, Bartholomew Gradenigo, the ring which the Evangelist Saint Mark had committed to his care, in testimony of the protection that he afforded to the city of Venice. The senate wishing in turn to bestow on the auspicious messenger a testimo y of its satisfaction, granted him a pension, which prevented the necessity of his again returning to his nets.

This is the event which Paris Bordone represents in this picture; his talent appears to be little known, he has however here done a work worthy to be appreciated, as well for the richness of the composition, as for the vigorous effect of colouring.

This painting which ornamented one of the stalls ot the fraternity of Saint Mark, was brought to Paris, and placed in the grand Gallery of the Louvre, it was delivered up to the Austrian Commissioners in 1815, M. Le Normand has made an engraving of it in simple outline.

Height 11 feet 11 inches breath 9 feet 6 inches.

NOTICE

SUR

JÉROME MUZIANO.

Jérôme Muziano, souvent nommé Mucián, naquit en 1528, dans la terre d'Aqua-Fredda, aux environs de Brescia. Élève de Romanini, il étudia beaucoup les ouvrages de Titien, et sut même imiter sa couleur. Il vint ensuite à Rome, et montra d'heureuses dispositions pour le paysage. Cette étude cependant ne l'empêcha pas d'étudier la figure, sous la conduite de Michel-Ange. Ce grand peintre le favorisa et lui procura la connaissance du cardinal d'Este pour lequel il fit de grands travaux à Tivoli.

Jérôme Muziano était d'un caractère sérieux, circonspect, décent et pieux; aussi a-t-il peint habituellement des sujets religieux. Pendant son séjour à Rome, il se lia d'amitié avec Fréderic Zuccaro, et fit en société avec lui une suite de figures dessinées d'après l'antique. Il termina aussi les dessins de la colonne Trajane, commencés par Jules Romain, et gravés par Villamena.

On peut dire avec raison que Muziano a possédé également toutes les parties de la peinture. Son dessin est noble, ses têtes agréables et d'un bon caractère; la pose de ses figures est facile, elles sont drapées avec goût; son coloris est vrai et vigoureux; ses paysages sont aussi remarquables que ceux d'Annibal Carrache.

Il a beaucoup contribué à l'établissement de l'académie de Saint-Luc, à Rome, et il voulut encore lui lui être utile après sa mort, ayant fait en sa faveur des dispositions testamentaires.

NOTICE

OF

JÉROME MUZIANO.

Jérome Muziano often called Mutian, was born in 1528, at the seat of Aqua-Fredda, near Brescia. A pupil of Romanini, he greatly studied Titien's paintings, and even knew how to imitate his colours. He then went to Rome, and displayed very happy dispositions for landscape. This study did not however prevent his application to the figure, under Michel-Ange. This great painter protected him, and caused him to be known by cardinal Este for whom he performed many paintings at Tivoli.

Jérome Muziano was of a serious cast, circumspect, decent and pious; which induced him to paint religious subjects. During his stay at Rome, he connected a friendship with Frédéric Zuccaro, and made in company with him a number of figures drawn from the antique. He also finished the designs of the Trajan column, begun by Jules Romain, and engraven by Villamena.

It may be rightly said Muziano equally possessed every part of painting. He has a noble design, his heads are pleasing and of a good stamp; the placing of his figures is easy, they are skilfully draped; his colouring true and vigorous, his landscapes are as remarkable as Carrache's.

He has greatly contributed to the establishment of the academy of Saint-Luc at Rome, and was still willing to be useful to it after his death, having willed dispositions in its favour.

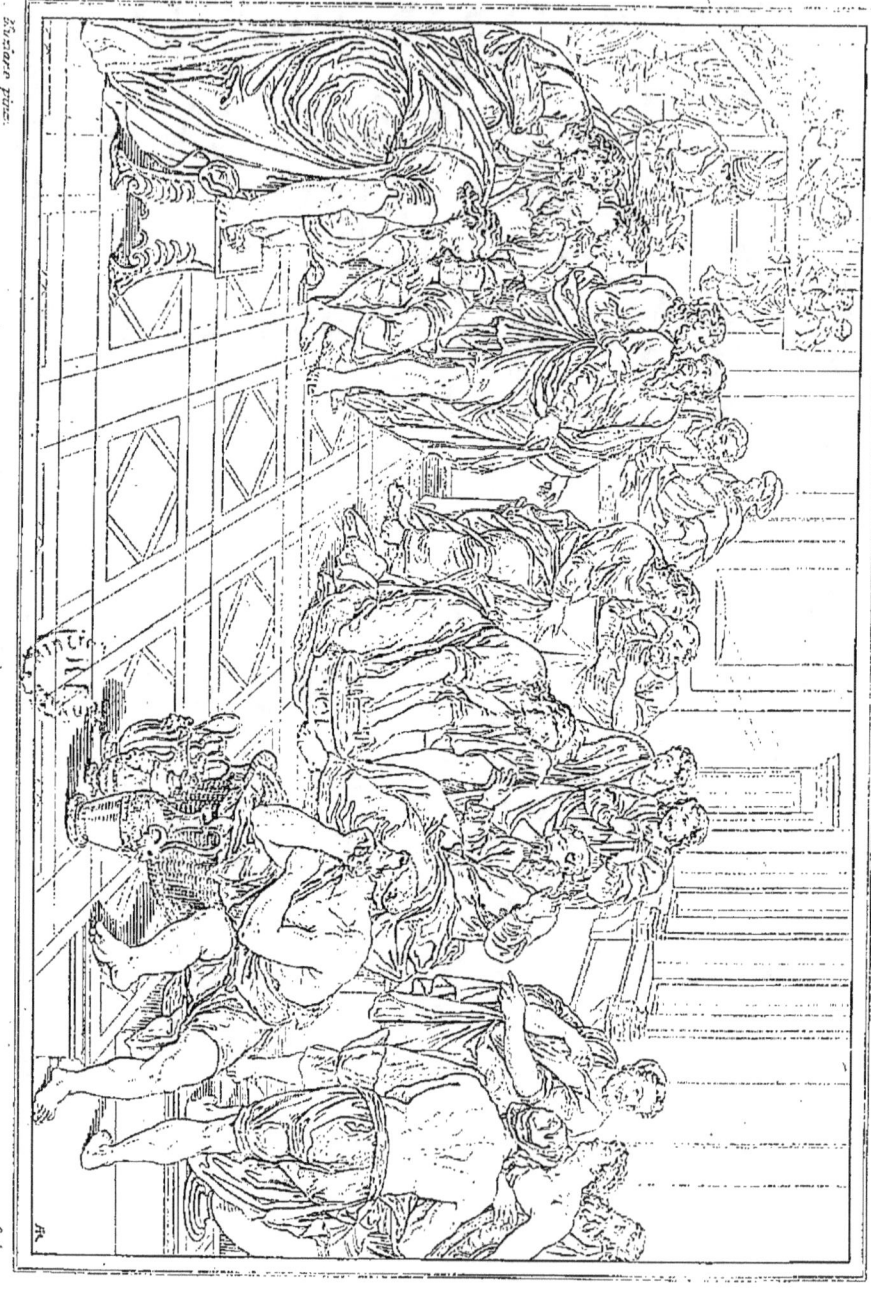

LE LAVEMENT DES PIEDS.

LE LAVEMENT DES PIEDS.

Lorsque Jésus-Christ eut fait la dernière cène avec ses apôtres, « il se leva de table, quitta ses habits, et ayant pris un
linge, il s'en ceignit. Après il mit de l'eau dans un bassin et
commença à laver les pieds de ses disciples et à les essuyer
avec le linge : il vint à Simon Pierre, et Pierre lui dit : Quoi !
Seigneur ! vous me laveriez les pieds. Jésus lui répondit :
Vous ne savez pas maintenant ce que je fais, mais vous le
saurez par la suite. Pierre lui dit : Vous ne me laverez jamais
les pieds. Jésus lui répondit : Si je ne vous lave, vous n'aurez point de part avec moi. Simon lui dit alors : Seigneur,
non-seulement les pieds, mais aussi les mains et la tête. »

Tel est l'instant représenté dans ce tableau, par Jérôme
Muzziano, souvent nommé en France, Mucian ou Mutien. Les
figures sont de grandeur naturelle. Ce tableau, peint à la colle,
fut fait pour le cardinal de Lenoncourt, alors archevêque de
Reims, qui le laissa à son église. Depuis, les chanoines en
firent présent au duc d'Orléans, régent ; mais son fils, en
ayant fait faire une copie à l'huile par Vanloo, il rendit l'o-
riginal à l'église de Reims, où il est encore maintenant.

On en connaît une gravure faite par Louis Desplace.

Larg., 14 pieds 10 pouces ; haut., 10 pieds 8 pouces.

674.

CHRIST'S HUMILITY.

After Jesus Christ's last supper with his Apostles; « He riseth from supper, and laid aside his garments; and took a towel, and girded himself. After that he poureth water into a basin and began to wash the disciples' feet, and to wipe them with the towel wherewith he was girded. Then cometh he to Simon Peter: and Peter said unto him, Lord, dost thou wash my feet? Jesus answered and said unto him, What I do thou knowest not now; but thou shalt know hereafter. Peter saith unto him, Thou shalt never wash my feet. Jesus answered him, If I wash thee not, thou hast no part with me. Simon Peter saith unto him, Lord, not my feet only, but also my hands and my head. »

This is the moment represented in the picture by Giro-lamo Muzziano, often called, by the French, Jerome Mutien, or Mucian. The figures are of the size of life. This picture which is painted in distemper, was executed for the Cardinal de Lenoncourt, then Archbishop of Rheims; who left it to his Church. Subsequently the Canons made a present of it to the Duke of Orleans, Regent; but his son having had a copy in oil taken of it by Vanloo, returned the original to Rheims, where it is now.

There is an engraving of it by Louis Desplace.

Width 15 feet 9 inches; height 11 feet 4 inches.

674.

NOTICE

FRÉDÉRIC BAROCHE.

Frédéric Barocci, nommé Baroche en France, naquit à Urbin, en 1528. Il vint à Rome à 20 ans, et reçut quelques encouragements de Michel-Ange; cependant c'est le Corrége qu'il chercha à imiter. Ses tableaux sont harmonieux, le clair-obscur y est parfait, et le coloris très-suave.

Jamais il ne posait le modèle sans s'informer s'il était à son aise, dans la pose qu'il lui donnait, c'est un usage que devraient suivre tous les artistes. Baroche est un des peintres les plus gracieux de l'école romaine; ses figures sont bien posées, bien-drapées et bien dessinées; les plis de ses draperies sont bien formés et touchés nettement. Lorsqu'il avait à peindre des figures drapées, il faisait un modèle en cire sur lequel il posait ses draperies. Ses têtes de vierges sont ordinairement d'un caractère aimable et plein de douceur; sa sœur, avec l'un de ses enfants, lui servaient de modèles.

Ses tableaux les plus célèbres sont une Annonciation et un Saint François stygmatisé. Cochin, en parlant de ce peintre, dit que ses compositions se distinguent par « des dispositions de figures et de groupes si simples, si naturelles et qui paraissent si dénués d'art, qu'on en trouverait de pareilles dans quelque lieu où le hasard fit entrer. Souvent les principales figures sont au fond du tableau et le devant est vide; d'autres fois elles sont dispersées au hasard et sans beaucoup de liaison, néanmoins cette manière a des beautés. »

Baroche était d'une santé délicate, qui lui permettait de travailler seulement deux ou trois heures par jour. Il a gravé à l'eau-forte quatre pièces très-estimées, et mourut à Urbin, sa ville natale, en 1612, étant âgé de 84 ans.

NOTICE

OF

FREDERICO BAROCCIO.

Frederico Baroccio, was born at Urbino, in 1528. He came to Rome when 20 years old, and met with some encouragement from Michael Angelo; and yet, Correggio was the painter whom he sought to imitate. His pictures are harmonious, the light and shade is excellent, and the colouring very mild.

He never placed his model whithout inquiring if the individual was at ease in the attitude given; a custom wich all artists ought to follow. Baroccio is one of the most graceful painters of the Roman School : his figures are in good attitudes, well draped, and well designed. The folds of his draperies are well regulated and touched off with freedom. When he had draped figures to paint, he had a model in wax, over which he cast his drapery. His heads of virgins are usually of an amiable and mild character. His sister and one of her children used to serve him as models.

His most famous pictures are an Annunciation and a St. Francis receiving the Stygmata. Cochin speaking of this painter, says, that, « his compositions are remarkable by the arrangements of figures and groups so simple, so natural, and appearing so artless that such might be found in any place where chance might lead us. His principal figures are often in the back-ground of the picture; whilst the fore-ground is bare : at other times they are dispersed at random and whithout much connexion together : still his manner has its beauties. »

Baroccio was of a delicate health, which allowed him to work only two or three hours in the day. He etched four plates which are held in great esteem. He died at Urbino, his native city, in 1612, 84 years old.

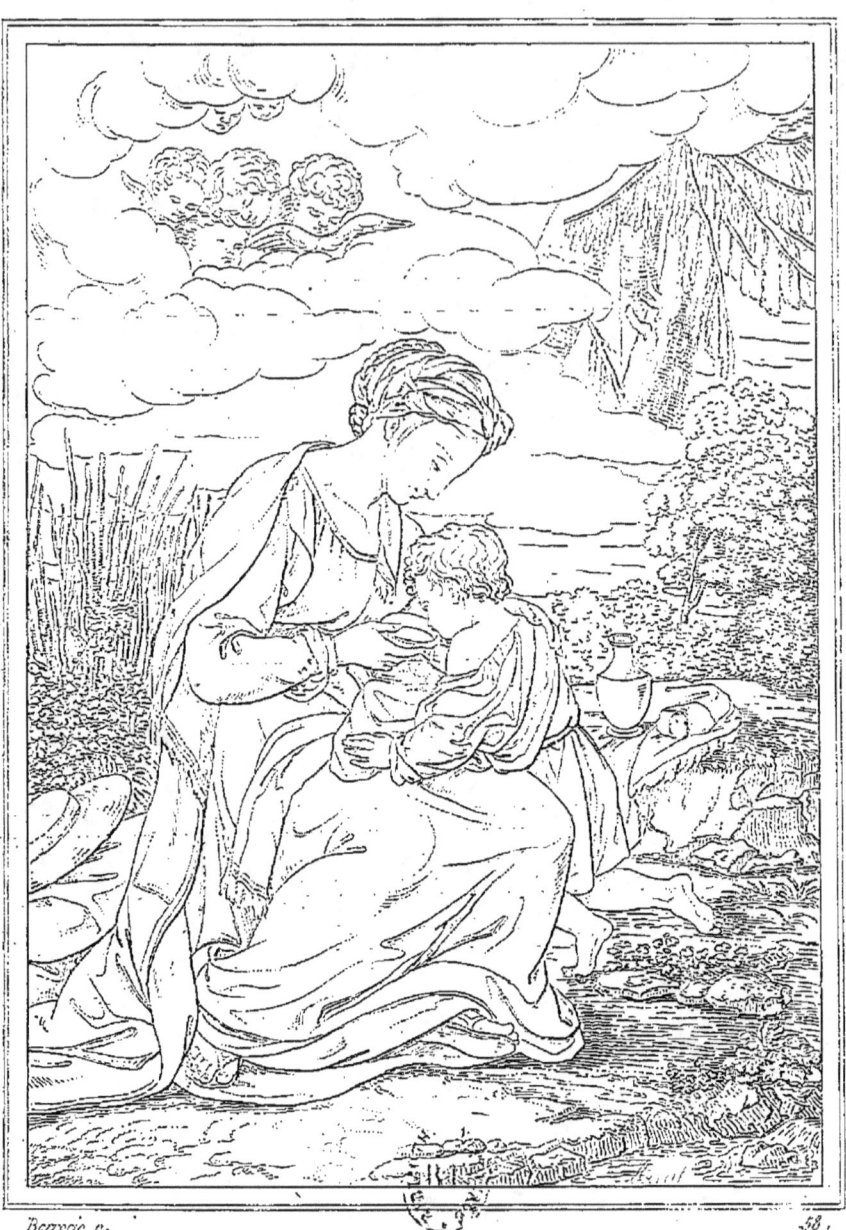

Barreàe p.   58.

AGAR DANS LE DÉSERT.

AGAR DANS LE DÉSERT.

Abraham n'ayant pas d'enfant de Sara sa femme, elle lui donna pour concubine Agar, Égyptienne qui était à son service, et il en eut un fils nommé Ismaël. Quelques années après, Sara devint mère d'Isaac ; et lorsque les enfans furent plus grands, Ismaël frappa Isaac : sa mère Sara ne put supporter cette action, c'est pourquoi elle exigea d'Abraham qu'il chassât de la maison cette servante et son enfant. Le patriarche éprouva d'abord quelque répuguance à y consentir ; mais Dieu lui ayant ordonné de satisfaire le désir de Sara, il renvoya Agar en lui donnant seulement du pain et un peu d'eau.

Cette femme, se trouvant dans le désert, eut bientôt épuisé sa provision, et voyant son enfant sans ressource, elle allait se livrer au désespoir ; mais l'ange du Seigneur lui cria : « Agar, qu'avez-vous ? ne craignez point, car Dieu a écouté la voix de votre enfant du lieu où il est ; levez-vous, prenez-le, ayez-en soin sans vous décourager, car il sera père d'un grand peuple. En même temps elle ouvrit les yeux et aperçut un puits où il y avait de l'eau ; elle y alla remplir d'eau son vaisseau, et en donna à boire à l'enfant. »

Ce joli tableau, de Frédéric Baroccio, fait partie de la galerie de Dresde ; il a été gravé par Giovita Garavaglia.

Haut., 1 pied 4 pouces ; larg., 1 pied.

HAGAR IN THE WILDERNESS.

Abraham having no children by Sarah his wife, she gave him for a concubine her handmaid, an Egyptian, whose name was Hagar, and he had by her a son whom he called Ismael. Some years after Sarah became the mother of Isaac, and when the children were somewhat grown, Ishmael struck Isaac; his mother Sarah could not endure Ishmael, and hence she entreated Abraham to send away from his house her handmaid with her son. The patriarch felt at first some repugnance to consent, but God having commanded him to comply with the desire of Sarah, he sent away Hagar, giving her only some bread and a little water.

This woman, wandering in the wilderness, soon exhausted her provisions, and seeing her child without resource, gave herself up to despair, but the angel of the Lord called to her and said : « What aileth thee, Hagar? fear not, for God hath heard the voice of the lad where he is. Arise, lift up the lad, and hold him in thine hand; for I will make him a great nation. And God opened her eyes, and she saw a well of water; and she went, and filled her bottle with water, and gave the lad drink. »

This beautiful picture, by Frederick Baroccio, forms a part of the Dresden gallery. An engraving has been taken from it by Giovita Garavaglia.

Height, 1 foot 5 ½ inches; breadth, 1 foot ⅓ inch.

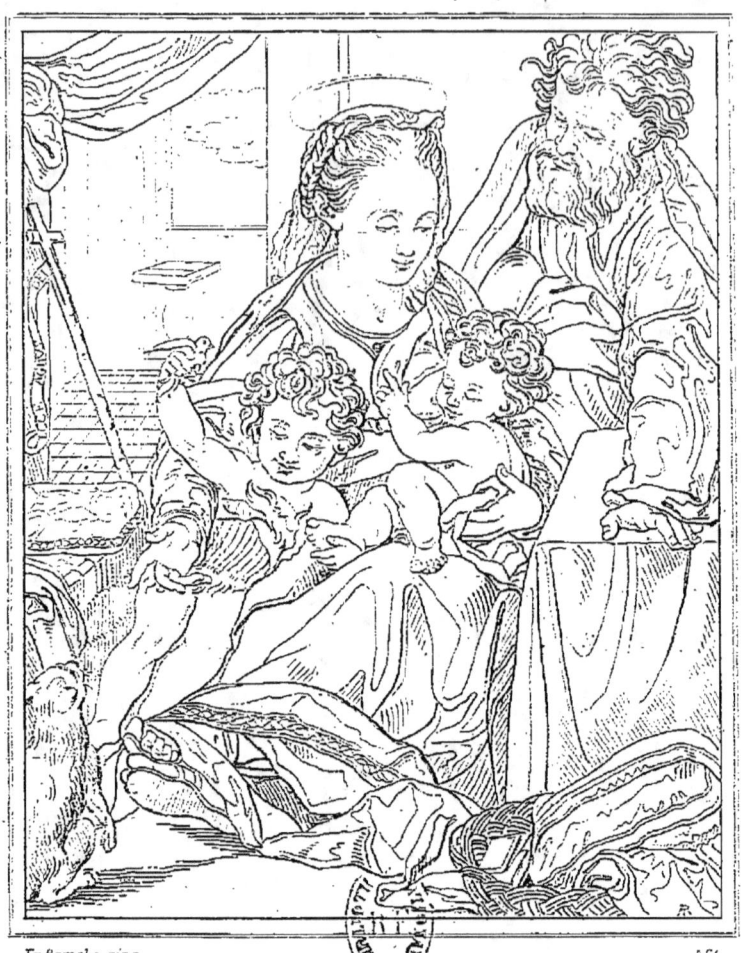

Fr.Baroche pinx.   554.

Ste FAMILLE, DITE LA VIERGE AU CHAT.

≋◁▨

S^{TE}. FAMILLE,

DITE

LA VIERGE AU CHAT.

Les ouvrages de Frédéric Baroche tiennent un rang distingué dans la peinture, et ce tableau plein de charme donne une opinion exacte du talent de l'auteur.

Les personnages sont groupés d'une manière gracieuse et dessinés avec élégance. Rien n'est plus naturel que l'action du petit saint Jean, qui élève la main dans laquelle il tient un oiseau, sa physionomie exprime à la fois la crainte qu'il éprouve pour ce petit oiseau, et le plaisir qu'il ressent à le mettre hors de la portée du chat qui le guette. C'est cette action qui a fait donner au tableau le nom de *la Vierge au chat*.

Ce tableau était fort admiré à Pérouse, lorsqu'il y décorait le palais de César. Il a été apporté en Angleterre en 1807, et fait maintenant partie du cabinet du Rev. Guillaume Holwell Carr., à Londres. Il a été gravé par A. Cardon.

Haut., 3 pieds 5 pouces; larg., 2 pieds 10 pouces.

584.

THE HOLY FAMILY,

CALLED,

THE VIRGIN AND CAT.

The works of Frederico Barroccio are held in high estimation in painting; and this charming picture gives a correct opinion of the author's talent.

The personages are grouped in a graceful manner, and drawn with elegance. Nothing can be more natural than the action of St. John as he raises his hand, in which he holds a bird : his countenance expresses, both the fear he feels for the bird, and the pleasure he takes in placing it beyond the reach of the cat watching it. It is this incident that has given to the picture, the name of the *Virgin and Cat*.

This picture was much admired at Perouse, when it adorned Cesar's Palace. It was brought to England in 1807, and now forms part of the Rev. William Holwell Carr's Collection, in London. It has been engraved by A Cardon.

Height, 3 feet 8 inches; width 3 feet.

584.

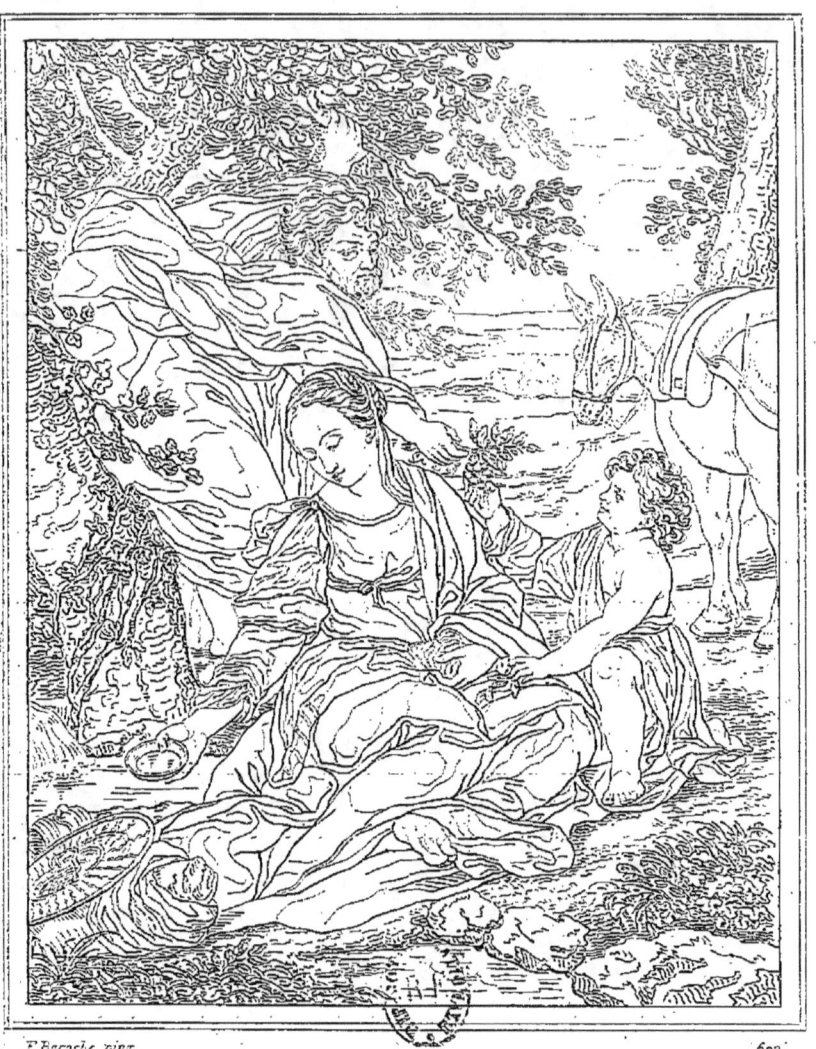

F. Baroche pinx.   602.

REPOS EN ÉGYPTE.

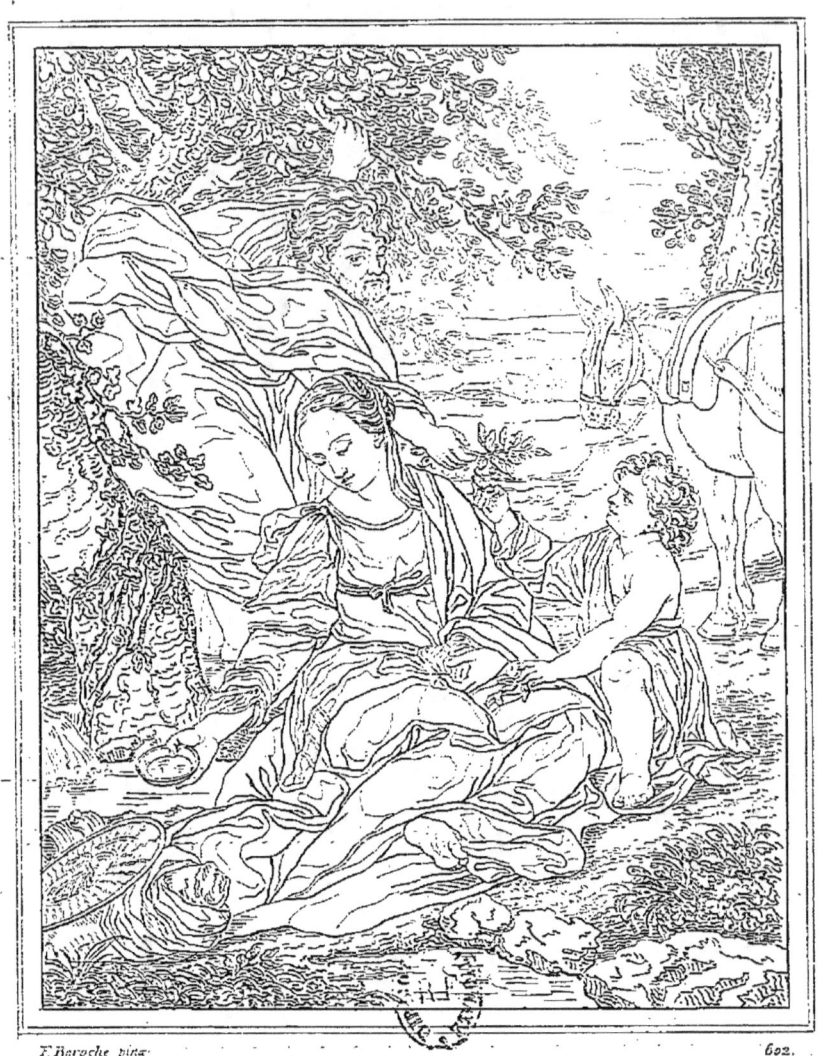

F. Baroche pinx   602.

REPOS EN ÉGYPTE.

REPOS EN ÉGYPTE.

Parmi les nombreux tableaux représentant la sainte famille de Jésus-Christ, on peut faire trois subdivisions qui doivent être désignées sous les titres de *Fuite en Égypte*, *Repos en Égypte* et *Retour d'Égypte*.

Ces compositions ne contiennent que la Vierge, l'enfant Jésus et saint Joseph, quelquefois des anges qui les accompagnent, et souvent un âne qui leur sert de monture ou porte leur bagage. La fuite en Égypte doit représenter l'enfant âgé de six mois à deux ans, car on est dans l'incertitude sur l'époque de ce voyage. Au retour d'Égypte l'enfant Jésus devait avoir quatre ans; les *Repos en Égypte* peuvent indifféremment le représenter pendant ces différens âges; mais jamais ces compositions ne peuvent offrir ni saint Jean ni aucun des autres personnages de la sainte famille.

La Vierge cherche à prendre de l'eau dans une coupe, ce qui a fait donner à ce tableau le nom de *la Vierge à l'écuelle*. Frédéric Baroche, en faisant ce tableau, a eu tort de placer dans son paysage des arbres européens, il aurait dû au contraire y placer des palmiers, afin de bien faire reconnaître l'Égypte.

Ce tableau faisait autrefois partie de la galerie du Palais-Royal; en 1798 il fut acheté 4500 francs par lady Lucas, devenue depuis Comtesse Gray. Il a été gravé plusieurs fois par des graveurs anonymes; quelques-unes de ces pièces portent les dates de 1575 et 1587. Il s'en trouve une gravée en camaïeux, une à l'eau-forte, par Raphaël Schiaminozzi; une autre au burin par Capellan, en 1772, et une par H. Guttemberg.

Haut., 4 pieds 1 pouce; larg., 3 pieds 4 pouces.

602.

RIPOSO IN EGYPT.

Among the numerous pictures representing the Holy Family of Jesus Christ, three subdivisions may be made of them, which must be comprehended under the designations of the Flight, the Riposo, and the Return.

These compositions contain only the Virgin, the Infant Jesus, and St. Joseph; sometimes angels accompany them, and often an ass, which serves them to ride on, or to carry their effects. The Flight into Egypt ought to represent the Infant between the age of six months and two years, for there is an uncertainty relative to the epoch of this journey. On the return from Egypt, the Infant Jesus must have been four years old. The Riposos may represent him at any age intervening between those different periods: but these compositions can present neither St. John nor any other of the personages appertaining to the Holy Family.

The Virgin is endeavouring to take some water in an earthen vessel, which has caused this picture te be called *La vierge à l'écuelle.* Frederico Baroccio has erred, by placing European trees in the landscape, whilst he ought, on the contrary to have introduced some palm trees, to designate more particularly Egypt.

This picture, formerly formed part of the Gallery of the Palais-Royal : it was purchased, in 1798 for 4500 franks, about L 160, by Lady Lucas, afterwards Lady Gray. It has been several times engraved by anonymous artists : some of the prints bear the dates 1575 and 1587. There is one engraved in camayeux, another which is an etching by Raphael Schiaminozzi; another in the line manner by Capellan, in 1772; and another by H. Guttemberg.

Height 4 feet 4 inches; width 3 feet 6 inches.

602.

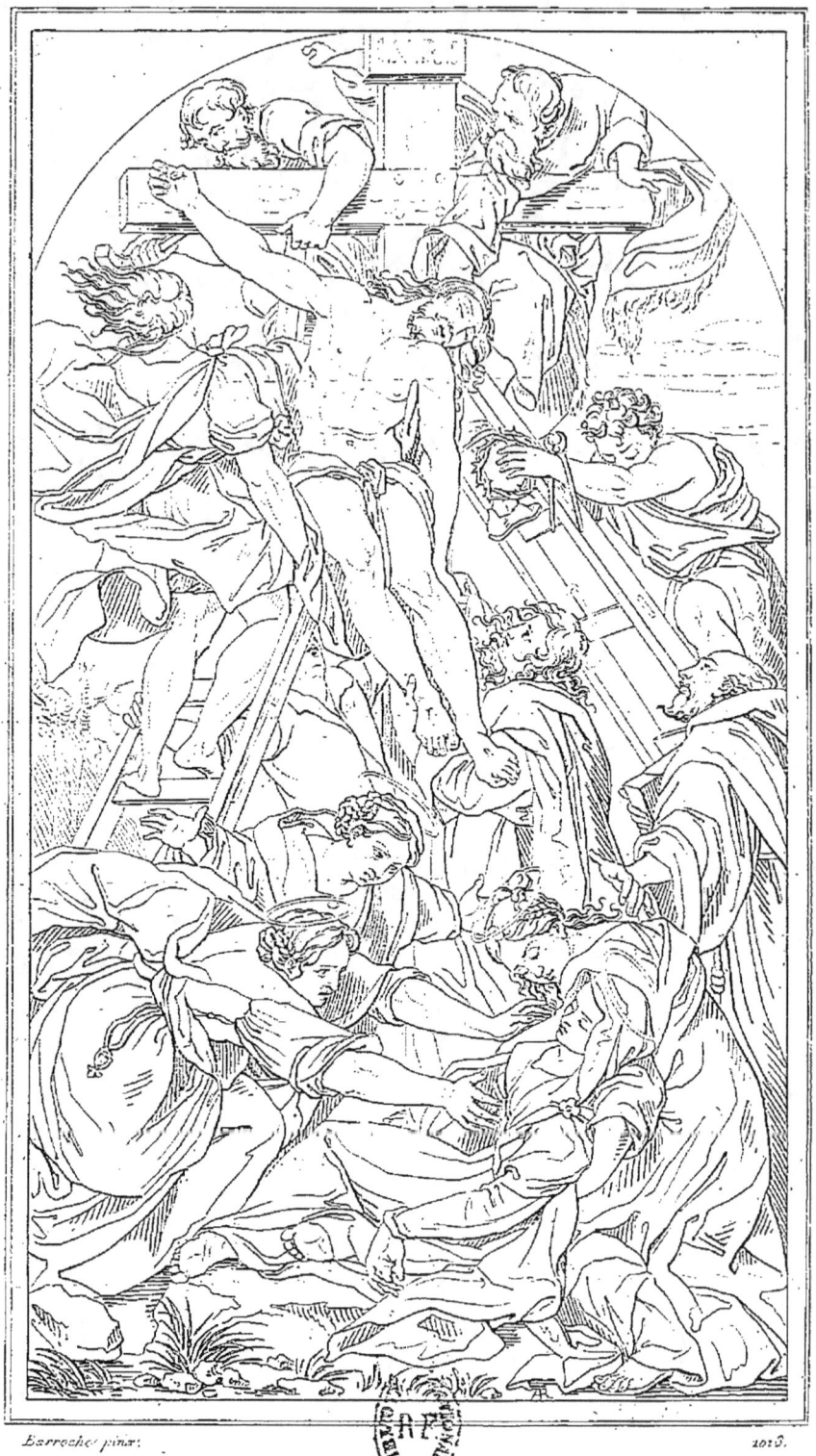

Barroche pinx.   1015.

DESCENTE DE CROIX.

J.-C. DESCENDU DE LA CROIX.

Tandis que Nicodème et Joseph d'Arimathie, placés sur des échelles, soutiennent le corps de Jésus - Christ, dont la main gauche est encore attachée à la croix, saint Jean soutient les pieds du Sauveur, et la Vierge évanouie est secourue par les saintes femmes que nous avons déjà eu occasion de nommer en parlant d'un tableau du Poussin, n°. 46. Le religieux que l'on voit debout à droite est saint Bernardin, introduit dans cette composition parce que ce tableau a été peint pour orner une chapelle sous son invocation, dans l'église de Saint-Laurent à Pérouse.

Ce tableau, regardé comme l'un des plus beaux ouvrages du peintre Frédéric Baroche, a été peint en 1569 ; on l'a vu pendant quelques années dans la galerie du Louvre à Paris ; mais, ainsi que d'autres chefs-d'œuvre, il a été repris en 1815, et est retourné en Italie. Des restaurations maladroites ont causé quelques dégradations à ce tableau. Il a été gravé en 1606, par François Villamene, et depuis par Dominique Falcino.

Haut., 12 pieds ; larg., 7 pieds.

1016.

THE DESCENT FROM THE CROSS.

Whilst Nicodemus, and Joseph of Arimathea, placed on ladders, are sustaining the body of Christ, whose left hand is still fastened to the cross, Saint John bears up the feet of the Saviour, and the Virgin having fainted, is aided by holy women whom we have already mentioned in speaking of Poussin's picture, n°. 46. The Monk seen standing up on the right is Saint Bernardin, introduced into this composition, because this picture was painted to ornament the chapel under his protection, in the church of Saint Laurent at Perouse.

This painting considered one of the finest works of this artist, was executed in 1569 it was exhibited for some years in the Gallery of the Louvre at Paris, but like many other masterpieces, was taken away, and has returned to Italy in 1815; certain ill done reparations have diminished the value of this picture, which has been engraved in 1606, by François Villamene and since by Dominique Falcino.

Height, 12 feet 10 inches; breadth, 7 feet 5 inches.

1016.

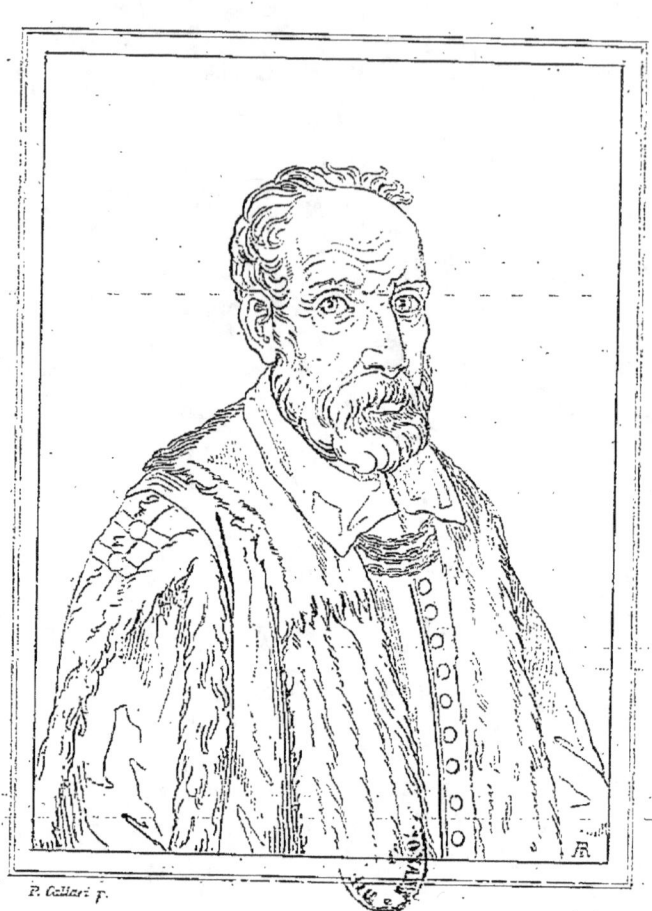

P. Caliari f.

PAUL CALIARI DIT PAUL VERONESE.

X

NOTICE

HISTORIQUE ET CRITIQUE

SUR

PAUL CALIARI,

DIT *PAUL VÉRONÈSE.*

———

Si Titien doit être placé à la tête de l'école vénitienne, Paul Véronèse doit être cité immédiatement après lui, comme le plus habile de cette école si remarquable par la vigueur, l'éclat et la vérité de sa couleur. C'est avec raison que Taillasson, dans ses *Observations sur quelques grands peintres*, a dit en parlant de Paul Véronèse : « Fécond dans ses idées, il a bien moins de raison que d'imagination; il a peu de sensibilité, et ses expressions sont rarement vives et justes. Il composait, habillait, ajustait ses figures selon les caprices de son goût, et tout lui paraissait bon lorsque son œil était flatté. Ses ordonnances en effet, comme compositions pittoresques, ont du mouvement, sont très agréables aux yeux; mais comme compositions poétiques, elles ne satisfont jamais l'esprit. Se laissant facilement aller à la fougue de son imagination, il semble devenir plus bizarre en raison de l'importance ou de la noblesse de son sujet. Cependant, plus il y a de figures dans ses tableaux, plus ils en imposent par l'ensemble de la scène et la richesse des accessoires. Sa touche, ferme et rapide, tient de celle de Téniers, rend la nature avec beaucoup de justesse et de feu : son coloris est vigoureux et brillant; il est encore rehaussé par des draperies de soie de couleur écarlate, et souvent enrichies de broderies d'or. Son dessin a de la vérité et même une sorte de noblesse et de grace quand il en trouvait dans ses modèles, mais il les copiait sans choix. »

Paul Caliari naquit à Vérone en 1532 : son père, Gabriel Caliari, sculpteur, lui donna les premières leçons de dessin; mais le jeune Paul ne tarda pas à montrer un goût si déterminé pour la peinture, qu'il fut placé sous la conduite de son oncle, Antoine Badile, peintre renommé alors pour avoir fait des tableaux d'une composition gracieuse, dans lesquels il avait su éviter cette sécheresse connue sous le nom de vieux style. L'élève surpassa bientôt son nouveau maître, puisque Ridolfi, dans le langage figuré habituel à cette époque, rapporte que « Paul, dès le printemps de son âge, avec des fleurs agréables rapportait d'excellens fruits. »

Le cardinal Hercule de Gonzague, voyant des tableaux peints par Paul Véronèse, jugea quelle serait un jour sa capacité; il l'emmena alors à Mantoue, où il fit deux tableaux différens des Tentations de saint Antoine. Ces ouvrages firent voir combien il était supérieur aux autres peintres ses compatriotes, Paul Farinati, Baptiste del Moro et Dominique Ricci.

Dès l'âge de vingt-cinq ans Paul peignit, dans la sacristie de l'église de Saint-Sébastien à Venise, le Couronnement de la Vierge et les Quatre Évangélistes. Ces morceaux étonnèrent tout le monde, et le firent rappeler plus tard par les moines de ce couvent pour décorer tout le reste de leur église. Il y représenta l'histoire d'Esther, plusieurs scènes de la vie de saint Sébastien, et différens autres sujets de piété. Paul Véronèse fut aussi chargé de décorer plusieurs châteaux dans les environs de Vicence et de Trévise. Il peignit dans ces appartemens différens sujets de la fable ou des scènes familières, dans lesquelles il est toujours remarquable par la vérité et le brillant de sa couleur.

Paul Véronèse venait de peindre à Venise, dans le réfectoire de Saint-George-Majeur, le fameux tableau des Noces de Cana, maintenant au Musée de Paris, et dans lequel on compte

plus de cent-vingt figures, lorsqu'en 1570 il retourna à Vérone, sa ville natale, pour peindre, dans le réfectoire des
pères de Saint-Nazare, le Repas de Jésus-Christ chez Simon
le pharisien; il avait alors trente-huit ans. En 1573, il revint
à Venise, et y peignit un autre Repas dans le réfectoire de Saint-
Jean et Saint-Paul : c'est celui de Jésus-Christ chez Lévi le
publicain, plus connu sous le nom de saint Mathieu. Enfin,
dans le réfectoire des Servites, il fit une autre composition du
Repas de Jésus-Christ chez Simon le pharisien. Ce tableau fut
donné en 1665, par le sénat de Venise, à Louis XIV, qui le fit
placer au château de Versailles, dans la pièce connue sous le
nom de salon d'Hercule.

Ces quatre tableaux auraient suffi pour établir la réputation
de Paul Véronèse; ils sont cependant composés d'une manière
qui lui est particulière. « C'est surtout son tableau des Noces
de Cana où sa physionomie est bien prononcée : que de magni-
ficence dans l'ordonnance! que de vie dans les figures, et de
richesse dans les draperies! Où vit-on jamais une couleur
plus brillante et plus vigoureuse ? » Mais après avoir admiré
cette magnifique peinture, si l'on veut se rappeler le sujet
que l'artiste a voulu rendre alors dans un ensemble où les
yeux sont frappés de la manière la plus harmonieuse, combien
la raison aperçoit d'invraisemblances, de bizarreries! Paul Véronèse n'a pas mis dans ce tableau plus de mouvement que
dans un repas ordinaire ; le miracle n'étonne personne; les
musiciens continuent leur concert, l'assemblée les écoute ;
l'un s'occupe de sa voisine, un autre joue avec un chien.
L'ame ne reçoit aucune émotion, puisqu'au lieu de voir une
action surnaturelle de Jésus-Christ, on voit le Sauveur, la
Vierge et les apôtres, faisant bonne chère à la même table,
avec un roi de France, le grand-turc, des moines et des poètes
vénitiens contemporains du peintre.

Paul Véronèse eut le désir d'aller à Rome; il y accompagna
l'ambassadeur de Venise Grimani, et ne put voir sans enthou-

siasme les magnifiques et sublimes compositions de Raphaël et
de Michel-Ange. A son retour à Venise, il fut chargé de nombreux travaux pour orner le palais de Saint-Marc, et fit entre
autres dans la salle du grand conseil une admirable composition allégorique où se trouve la ville de Venise personnifiée :
elle est couronnée par la Victoire, et accompagnée de la Valeur, de la Gloire, de la Paix et de l'Abondance. Dans la même
salle on voit aussi la Victoire remportée par André Contarini
sur les Génois, la Ville de Scutari défendue par Scanderberg,
la Prise de Smyrne par Pierre Mocenigo. Le plafond de la salle
du Conseil des dix représente Jupiter foudroyant les Vices.
Ce morceau, digne d'admiration, est bien composé, d'une couleur admirable et du plus grand effet; les têtes sont toutes
du plus beau caractère et pleines d'expression.

Tant de talens furent bien récompensés par le sénat, qui
créa Paul Véronèse chevalier de Saint-Marc. La réputation du
peintre s'étendit au loin, et le roi d'Espagne Philippe II désira
l'avoir à l'Escurial pour orner son palais; mais la considéra-
tion dont il jouissait l'engagea à répondre au roi qu'il ne pouvait abandonner les grands ouvrages qu'il avait commencés.

Dans presque toutes les galeries on possède des tableaux
peints à l'huile par Paul Véronèse; mais quoiqu'ils passent le
nombre de cent, c'est peu de chose en comparaison de ses
grandes et nombreuses fresques dans différentes villes des États
vénitiens.

Parmi les élèves de Paul Véronèse on remarque ses deux
fils, Gabriel et Charles Caliari, son frère Benoît Caliari, Michel Parrasion, Naudi, Maffei et François Montemezzano ;
mais ils sont peu connus hors de leur pays.

En 1588, Paul Caliari ayant suivi une procession dans un
jour très chaud, tomba malade, et mourut à l'âge de cinquante-
six ans. Les moines de Saint-Sébastien à Venise le firent en-
terrer dans leur église, où il avait fait ses premiers travaux.

HISTORICAL AND CRITICAL

NOTICE

OF PAUL CAGLIARI,

CALLED *PAUL VERONESE*.

If Titian deserves the highest place in the Venetian School, Paul Veronese ranks justly after him, as the most distinguished painter of a school, so eminent for its vigour, brilliancy and truth of colouring. Daillasson, in his *Observations on certain great painters*, speaking of Paul Veronese, observes with great reason : « Fecund in ideas, his imagination predominates over his reason. He possesses little sensibility, and his expression is rarely vivid or just. He composed, dressed and adjusted his figures according to the caprice of his taste, and every thing appeared perfect to him, when his eye was flattered. His compositions, considered with reference to picturesque effect, possess, it is true, animation, and are agreable to the eye; but as poetical effusions they, by no means, give satisfaction. Yielding easily to the fire of his imagination, he becomes, as it were, more singular, in proportion to the importance, and the nobleness of his subject. It must however be admitted, that the more multiplied the figures in his pictures are, the more, the *ensemble* of the scene and the luxury of the details are imposing. His rapid and firm touch has in it something of Teniers, and renders nature with great justness and fire : his colouring, vigorous and brilliant, is still further enhanced by silk scarlet drapery, which he frequently enriches with gold embroidery. His drawing is remarkable for its truth, and when his models were favorable afford proofs of grace and nobleness; but, in the choice of them, he was never scrupulous. »

Paul Cagliari was born at Verona in 1532 : his father, Gabriel Cagliari, a sculptor, gave him the first lessons in drawing; but ere long, young Paul shewed signs of so decided a taste for painting, that he was placed under the care of his uncle, Anthony Badile, a painter much celebrated at that time, for his pictures, which were remarkable for their graceful composition, and their freedom from that dryness, known by the name of the *old style*. The pupil soon surpassed his master, and Ridolfi, who wrote in the figurative language of that time, says, that « Paul, in the very spring of life, not only produced agreable flowers, but the most excellent fruits. »

The cardinal Hercules de Gonzaga, having seen some of the pictures of Paul Veronese, foresaw the celebrity which he was destined to arrive at, and took him to Mantua, where he painted two different pictures of the Temptation of St. Anthony. These compositions shewed his great superiority over his countrymen, Paul Farinati, Baptista del Moro, and Dominico Ricci.

At the age of twenty-five, Paul painted in the sacristy of the church of San Sebastian at Venice, the Crowning of the Virgin, and the Four Evangelists. These productions excited universal astonishment, and caused him, soon after to be invited, by the monks of this convent, to decorate the rest of their church. He there painted the Story of Esther, several scenes in the life of St. Sebastian, and different other subjects of piety. He was also employed to decorate several *châteaux* in the environs of Vicenza and Treviso. In these edifices he painted different subjects from fable, and other familiar subjects, in which he maintains his eminence for truth and brilliant colouring.

Paul Veronese had just finished at Venice, in the refectory of the convent of San Georgio Maggiore, the celebrated picture of the Marriage at Cana, now in the Louvre, and which contains upwards of a hundred and twenty figures, when he returned, in 1570, to Verona, his native city, to paint, in the refectory of the convent of St. Nazarus, Jesus-Christ's Repast in the house of Simon the pharisee; he was then but thirty-eight years old. In 1573, he returned to Venice, and there painted, in the refectory of St. John and St. Paul, the Repast of Jesus-Christ at the house of Levi the publican, better known as St. Matthew. And lastly, in the refectory of the Servites, he composed another picture, representing the Repast of Jesus, at the house of Simon the pharisee. This picture was given by the senate of Venice, in 1665, to Lewis XIV, who had it placed in the palace of Versailles, in the hall of Hercules.

These four pictures, the style of composition of which is peculiar to himself, would have alone sufficed to establish the reputation of Paul Veronese. It is more especially in his picture of the Marriage at Cana, that his manner displays itself conspicuously: how magnificently it is disposed! what life in the figures! what richness of drapery! Where find more brilliant or more vigorous colouring? But after bestowing on this splendid picture the admiration it deserves, if we recollect the subject which the painter intended to render, we shall have more than one blemish to reproach him with, on the score of improbability and singularity. Paul Veronese has infused no more life into the scene, than may be exhibited in an ordinary repast; no one seems astonished at the miracle; the musicians proceed with the concert, and the assembly listen, as if nothing extraordinary had happened; on one side, one of the guests holds conversation with the female next to him; on another, a man is playing with his dog. The mind is struck with no deep emotion; since, instead of being struck with the supernatural act of Jesus-Christ, we behold the Saviour, the Virgin, and the Apostles, feasting at the same table, with a King of France, the Grand Turk, and Venetian monks and poets, contemporaries of the painter.

Paul Veronese, having made a journey to Rome, in company with the ambassador Grimani, could not behold without enthusiasm the sublime and magnificent compositions of Raffaelle and Michael Angelo. On his return to Venice, he was engaged to execute numerous works for the decoration of the palace of San Marc. Amongst many others, he composed a most admirable allegory for the grand hall of the council of state, in which he represents Venice personified; she is crowned by Victory, and is surrounded by Valour, Glory, Peace and Plenty. In the same hall are pictures representing the Victory gained by Andrew Contarini over the Genoese, the Town of Scutari defended by Scanderberg, the Taking of Smyrna by Peter Moncenigo, the ceiling of the hall of the council of ten, represents Jupiter hurling his thunders against the Vices. This picture deserves the highest admiration; it is a fine composition; its colouring and effect are truly charming; the heads are of the very finest character and expression.

Such distinguished talents, could not fail to obtain an honourable recompense from the senate. He was created a knight of San Marc. His fame spread through the different countries of Europe, and Philip II. of Spain wished to have him at the Escurial, to adorn that palace; but the esteem in which he was held at Venice, induced him to reply to the king, that « he could not abandon the great works he had begun. "

In almost every gallery, oil paintings of Paul Veronese, may be found; and although they exceed one hundred in number, they are nevertheless trifling when compared with his great and numerous *frescos* to be found in the different states of Venice.

Among the pupils of Paul Veronese, we notice his two sons, Gabriel and Charles Cagliari, his brother Benedict Cagliari, Michael Parrasian, Naudi, Maffei and Francis Montemezzano; but they are little known out of their own country.

In 1588, Paul Cagliari, having attended a procession on a very hot day, fell ill, and died at the age of fifty-six. The monks of San Sebastian, at Venice, caused him to be interred in their church, where he had executed his first works.

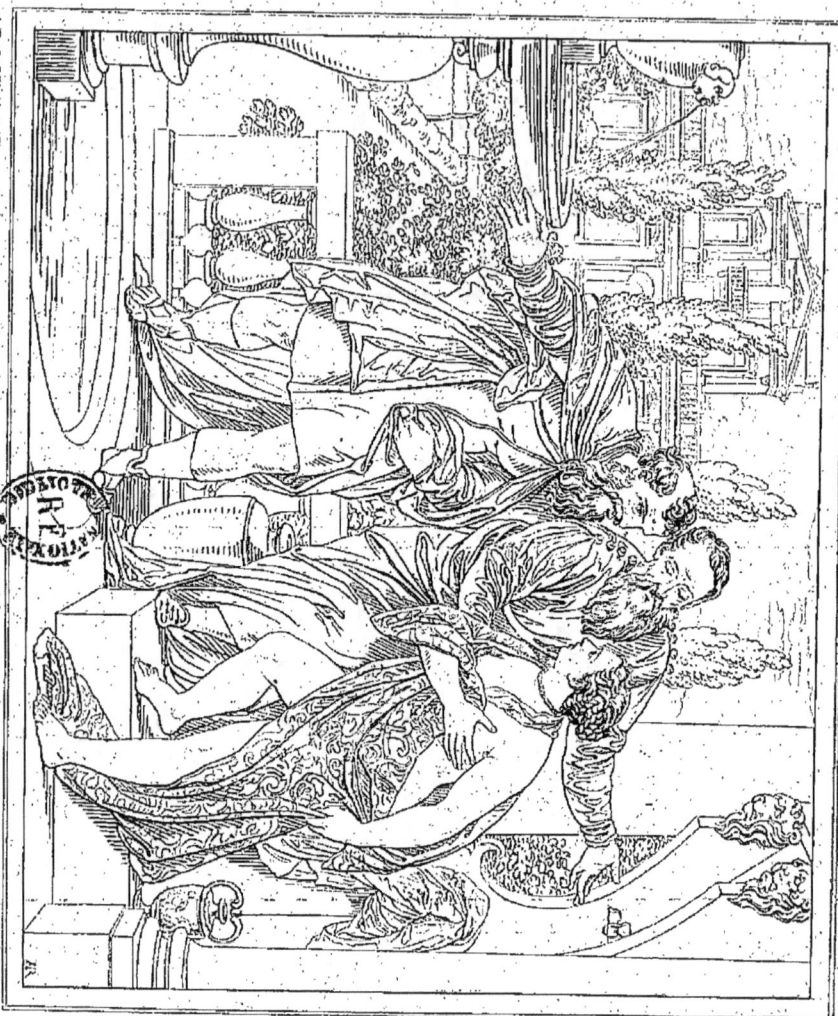

SUSANNE AU BAIN.

Paul Calais de Verona f.

573.

SUZANNE AU BAIN.

Nous avons déjà donné le même sujet peint par Santerre, sous le n°. 52, et par Louis Carrache, sous le n°. 368. Le premier de ces deux tableaux est remarquable par la grâce de la pose. Le second par l'expression des figures. Celui-ci est d'une couleur admirable, mais il manque tout-à-fait d'expression. La vertueuse Suzanne ne paraît témoigner aucun mécontentement; elle semble s'expliquer avec tranquillité, et les vieillards ne paraissent pas non plus animés par une passion bien vive.

Paul-Véronese, qui a toujours suivi le goût vénitien dans ses tableaux, s'y est conformé encore dans celui-ci, en enveloppant le corps de Suzanne d'une draperie en soie blanche brochée d'or.

Ce tableau fait partie du musée de Madrid, il a été lithographié par Paul Guiglielmi.

Larg., 6 pieds 5 pouces; haut., 5 pieds 6 pouces.

979

SUSANNAH IN THE BATH.

We have already presented the same subject painted by Santerre, under nº. 52, and by Louis Carracci at nº. 368. The first of the two paintings, is remarkable for the graceful attitude exhibited, and the second for the expression of the countenances. This of which we treat, is of an admirable colour, but it is quite destitute of expression. The virtuous Susannah does not seem to testify the smallest discontent she appears to reason with tranquillity, and the elders do not seem either, to be animated by any ardent desire.

Paul Veronese, who always followed the Venetian taste in his paintings, has conformed to it in this, by enveloping the body of Susannah with a drapery of white silk worked with gold.

This painting forms part of the Museum of Madrid; and has been engraved on stone by Paul Gulielmi.

Breath 6 feet 9 inches; height 5 feet 9 inches.

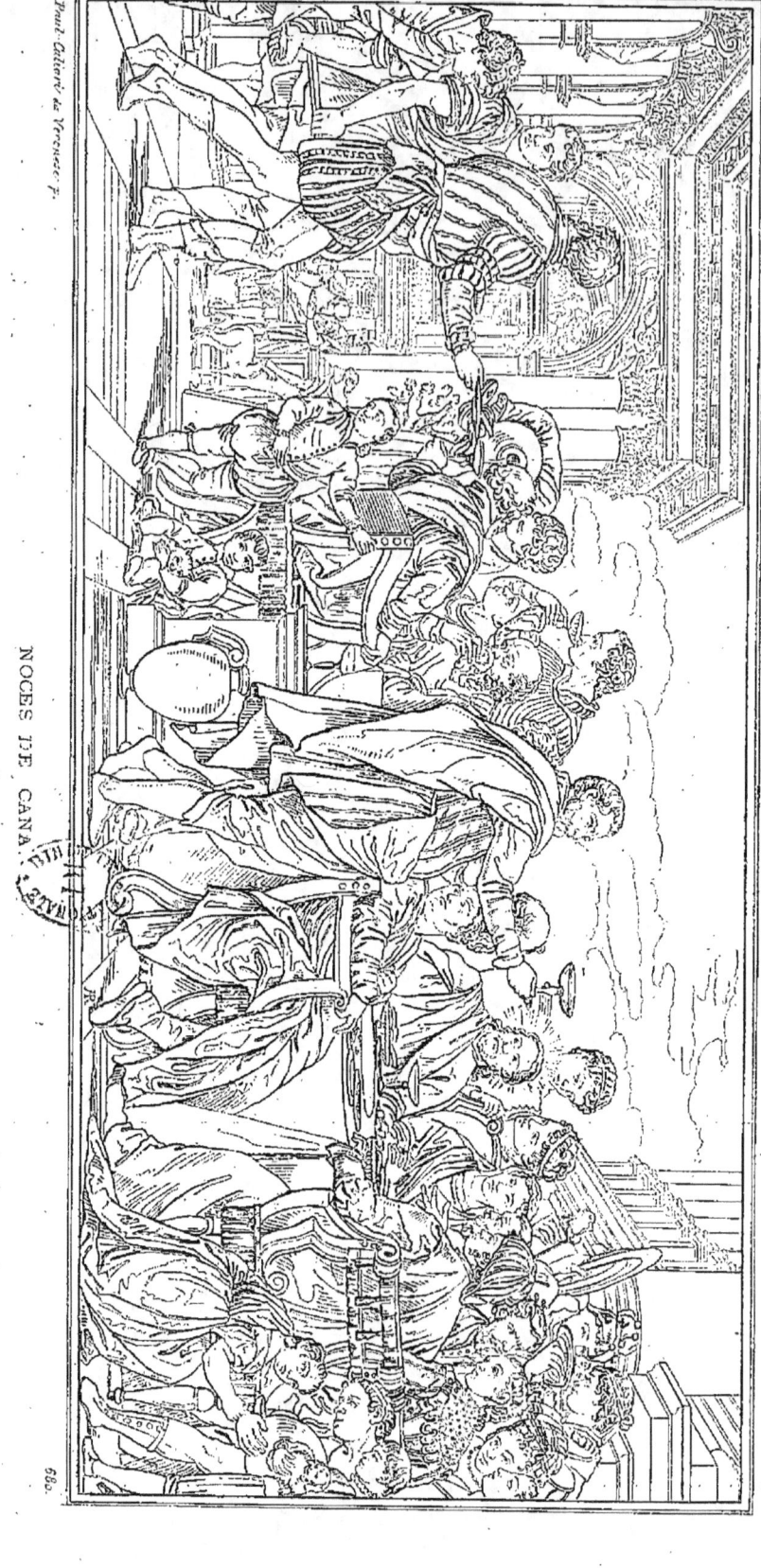

NOCES DE CANA.

NOCES DE CANA.

Le miracle que Jésus-Christ opéra aux noces de Cana fut le premier de sa vie, et nous n'y reviendrons pas, parce que nous en avons déjà parlé sous le n°. 578. Dans ce tableau, comme dans presque tous ceux de Paul Véronèse, on admire une grande et magnifique composition, remplie de mouvement, sans aucun embarras; mais on retrouve toujours le même oubli des convenances. L'architecture, les usages, les costumes, n'ont aucun rapport avec ceux des Juifs en Galilée. C'est un repas tel que pouvaient le faire des Vénitiens, dans le XVIe. siècle.

On peut admirer dans ce tableau la facilité du peintre, qui a donné à toutes ses têtes des expressions variées et agréables. La couleur est des plus brillantes, et c'est le plus beau des quatre tableaux de ce maître, qui ait passé de la collection du duc de Modène dans la galerie de Dresde, où on le voit maintenant.

Il a été gravé par Louis Jacob.

Larg., 16 p.; haut., 7 p. 3 p.

THE MARRIAGE AT CANA.

The miracle wrought by Jesus Christ at the marriage at Cana was his first: we shall not describe it here, having already done so under n°. 578. In this picture, as in almost all those by Paul Veronese, a grand magnificent composition, full of life, divested of all confusion, is to be admired: but the same omission of propriety constantly recurs. The architecture, habits, and costumes, have no reference to those of the Jews in Galilee. This is a banquet such as might have been given by Venetians, in the sixteenth century.

This picture displays the painter's great facility: he has given to all his heads, varied and agreeable expressions. The colouring is of the most brilliant; and it is the finest of the four pictures by this master, which have gone from the Duke of Modena's Collection into the Gallery of Dresden; where it now is: it has been engraved by Louis Jacob.

Width 17 feet; height 7 feet 8 inches.

Paul Caliari de Véronèse p.

NOCES DE CANA.

NOCES DE CANA.

Jésus-Christ se trouvant dans une noce nombreuse, à Cana en Galilée, changea l'eau en vin. Nous avons rapporté ce qu'en dit saint Jean, lorsque sous le n°. 578 nous avons donné ce sujet, peint par Jacques Robusti.

On sait que Paul Caliari a peint quatre tableaux également célèbres, et représentant des repas de Jésus-Christ. Celui-ci est le premier, et le plus grand des quatre. Il s'y trouve 120 figures, la plupart sont des portraits des personnages les plus célèbres de l'époque où vivait le peintre. Celui qui se trouve placé le premier à gauche est Alphonse d'Avalos, marquis de Guast; à côté de lui est Éléonore d'Autriche, et son mari le roi François Ier. coiffé d'un bonnet vénitien. Ensuite se trouvent Marie, reine d'Angleterre, et le sultan Soliman II. A l'angle de la table, le personnage vu de profil et nu-tête est l'empereur Charles V, portant le collier de l'ordre de la toison-d'or. Paul Véronèse est assis sur le devant, jouant de la viole, Titien est debout jouant de la basse, près de lui Tintoret joue du violon, et Bassan le Vieux joue de la flûte.

Le peintre a fait ce tableau pour le réfectoire de Saint-George-le-Majeur à Venise : fruit des conquêtes de l'armée française, ce tableau fut apporté à Paris, en 1798. Placé quelque temps après dans le grand salon du Louvre, il y est resté depuis cette époque, les commissaires italiens, chargés de reprendre les tableaux en 1815, ayant consenti à laisser ce grand ouvrage en France, et à prendre en échange un saint Étienne peint par Charles Le Brun.

Le tableau des noces de Cana a été gravé par J.-B. Vanni.

Larg., 30 pieds; haut., 20 pieds.

THE CANAITISH MARRIAGE.

Jesus Christ being at a large wedding, in Canaah of Galilee, changed water in to wine; the words of Saint John have been given in number 578, where we have treated on the same subject in a picture painted by Jacques Robusti.

Paul Caliari is known to have painted four pictures equally celebrated, representing the repasts of Jesus-Christ, of which this is the first, and the largest of the four. It comprises 120 figures, the greatest part portraits of the most celebrated personages of the age in which the painter lived. The first on the left is Alphonse d'Avalos, marquis de Guast, by the side of him is Eleanor of Austria and her husband Francis the first in a Venetian cap. Afterwards we see Mary Queen of England and Suetan Soliman the second. At the angle of the table the person seen in profile, and bald-headed is the emperor Charles the fifth, bearing the insignia of the order of the Golden fleece.

Paul Veronese is seated in front playing the viol, Titian is standing up playing the bass, near him Tintoret touches the violin, and Bassan the flute.

This picture was painted for the dining hall of Saint George in Venice, the conquests of France caused it to be brought to Paris in 1798, where it was placed in the principal saloon of the Louvre. It has remained there ever since, the Italian commissaries empowered to take back the pictures in 1815, having consented to leave this splendid work in France, and to take in exchange, a Saint Stephen painted by Charles Lebrun.

The picture of the marriage in Canaah, has been engraved in two sheets, by John Baptist Vanni.

Breadth 31 feet 10 inches ½; height 21 feet 3 inches.

932.

Paul Gérard Véronèse p.

JÉSUS-CHRIST CHEZ SIMON

662.

JÉSUS-CHRIST CHEZ SIMON.

Le même sujet, peint par Jouvenet, a été donné sous le n°. 406. Nous ne répéterons pas ce que nous avons dit alors, mais nous pourrons ajouter que les disciples de Jésus-Christ, pensant à la perte du parfum que la femme pécheresse venait de répandre, dirent avec une espèce d'indignation : « On eut pu vendre ce parfum bien cher et en donner l'argent aux pauvres. » Mais Jésus, connaissant leur pensée, dit : « Pourquoi blâmer cette femme, puisqu'elle a fait une bonne œuvre envers moi. Vous aurez toujours des pauvres parmi vous, mais vous ne m'aurez pas toujours. Ça été pour prévenir ma sépulture qu'elle a répandu ce baume sur moi. Je vous dis en vérité que par toute la terre et dans tous les lieux où sera publié cet évangile, on publiera aussi en mémoire d'elle l'action qu'elle vient de faire. »

Ce tableau de Paul Véronèse est dans le palais Durazzo, à Gènes. Il est bien composé, les têtes sont belles et d'un grand caractère : celle de la Madeleine est remplie de grâce et d'une fraîcheur charmante. Les mains sont bien dessinées, les ajustemens bien traités. Le ton général du tableau est clair et d'un effet admirable ; il est parfaitement conservé. Il a été gravé par Volpato en 1772.

Larg., 14 pieds ? haut., 10 pieds ?

CHRIST IN THE HOUSE OF SIMON.

The same subject, painted by Jouvenet, was given n°. 406. We need not repeat our description, but we will add that Christ's disciples alluding to the loss of the precious ointment, indignantly exclaimed, that it might have been sold for much, and the money given to the poor. « When Jesus understood it, he said unto them, Why trouble ye the woman? for she hath wrought a good work upon me. For ye have the poor always with you; but me ye have not always. For in that she hath poured this ointment on my body, she did it for my burial. Verily I say unto you, Wheresoever this gospel shall be preached in the whole world, there shall also this, that this woman hath done, be told for a memorial of her. »

This picture by Paul Veronese is in the Palazzo Durazzo, at Genoa. The composition is good; the heads have a character of grandeur: that of the Magdalene is graceful and delightfully fresh. The hands are correctly drawn, and the draperies well treated. The general tone of the picture is clear and of an admirable effect: it is also in high preservation. It was engraved by Volpato in 1772.

Width 14 feet 10 inches? height 10 feet 1 inches?

662.

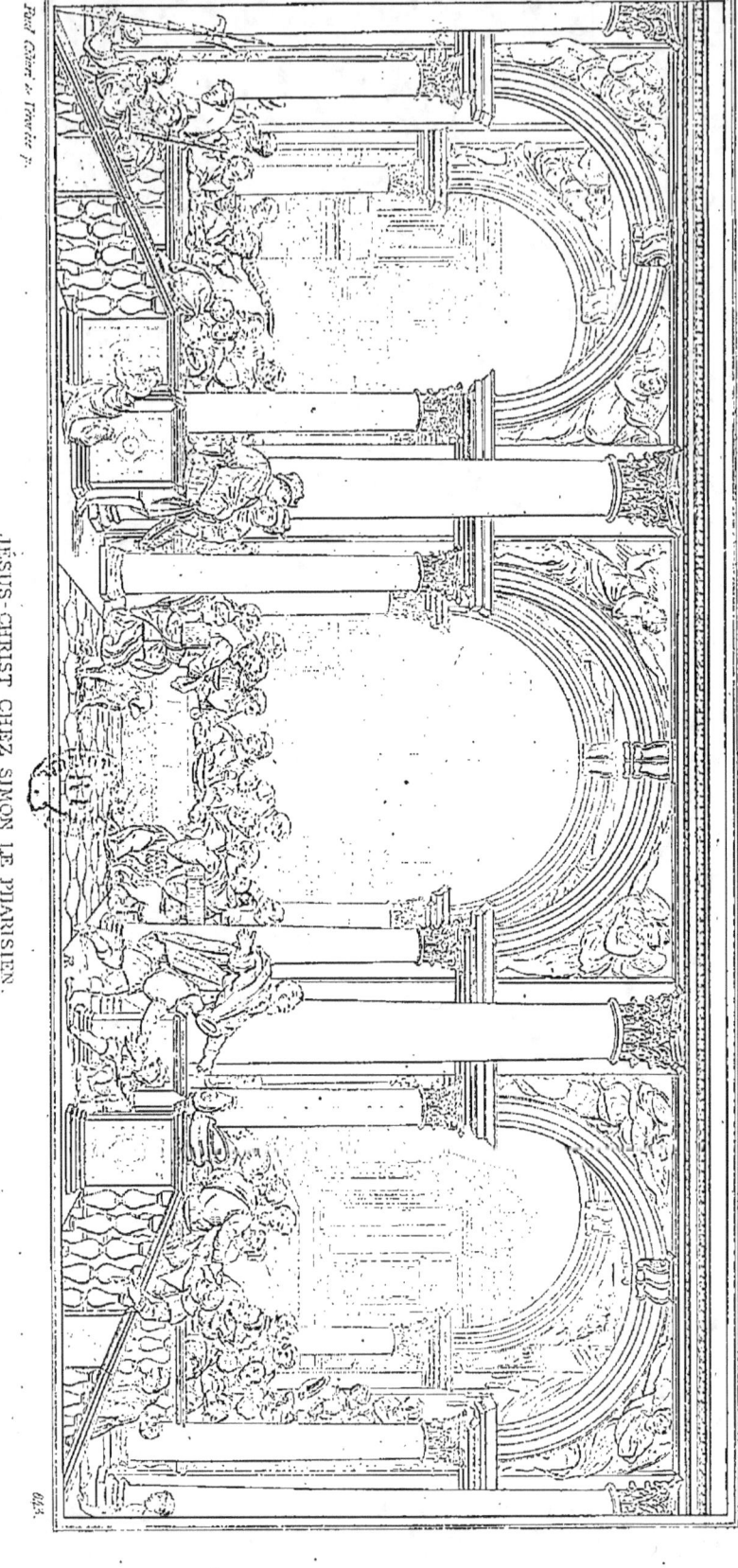

Paul Calent se Trinette j.

JÉSUS-CHRIST CHEZ SIMON LE PHARISIEN.

645.

JÉSUS-CHRIST CHEZ LÉVI.

La pêche miraculeuse venait d'avoir lieu sur le lac de Génézareth ; ensuite un lépreux s'étant présenté à Jésus-Christ, fut
guéri à l'instant même où il le toucha. Puis un paralytique lui
étant amené, il lui ordonna de se lever et de marcher, ce qu'il
fit à l'instant même. Le bruit de ces miracles se répandit bientôt ; et plusieurs, parmi les Juifs, louaient Dieu en disant :
» Nous voyons aujourd'hui des merveilles. » Lévi même, le
publicain Lévi, renonçant à la fortune, quitta son bureau
de recette pour suivre Jésus-Christ ; cependant il offrit, à son
nouveau maître, un festin splendide dans sa maison, où il le
reçut avec ses disciples, et un grand nombre de personnages
marquans parmi les Juifs.

C'est ce repas que Paul Véronèse a représenté dans ce tableau, qui fut peint en 1573, pour décorer l'église de Saint-
Jean et Saint-Paul, en remplacement d'une Cène peinte par
Titien, et qui avait été la proie des flammes. André Buoni,
frère quêteur de ce couvent, désirant réparer la perte qu'a-
vait fait éprouver l'incendie, proposa à Caliari de peindre
ce grand tableau, et lui offrit en échange ses petites épargnes.
Le peintre, sentant la grandeur du sacrifice, voulut aussi agir
avec générosité, et, sans penser à la modicité du prix, il fit
un ouvrage qui le couvrit de gloire.

Ce grand et magnifique tableau fut apporté à Paris en 1798 ;
en 1816, il fut reporté à Venise.

Long., 42 pieds, haut., 17 pieds 6 pouces.

Nota. C'est par erreur que les premières épreuves de la
gravure portent le titre de Jésus-Christ chez Simon. Le repas
qui eut lieu chez ce pharisien est celui où une pécheresse par-
fuma les pieds de Jésus-Christ.

843.

CHRIST IN THE HOUSE OF LEVI.

Soon after the miraculous draught of fishes on the lake of Genneserat, a leper presented himself to Christ, and was healed by his touch ; and a man sick of the palsy took up his bed, at his command, and walked. The fame of these miracles was blazed abroad; and many of the Jews « praised God saying, we have seen strange things today. » Even the publican Levi renounced the pursuit of wealth, and « left the receipt of custom, » to follow Christ. But he first made a splendid entertainment; at which he received his new master and his disciples, with many distinguished persons among the Jews.

It is this feast which is represented by Paolo Veronese, in the picture before us; which was painted in 1573, for the church of St. John and St. Paul at Venice, in place of a Last Supper, by Titian, which had been destroyed by fire. To repair the loss, Andrea Buoni, begging brother of the convent, offered Caliari all his little hoard, to paint this piece. The artist felt the greatness of the sacrifice ; and, not to be out-done in generosity, executed, without regard to the price, a work, for which he was richly recompensed in fame.

This large, magnificent picture was brought to Paris in 1798, and carried back to Venice in 1816.

Length, 44 feet 7 inches; width, 18 feet 7 inches.

Note. By mistake the first proofs of this plate were entitled, Christ in the house of Simon; the supper in the Pharisee's house, was that at which « a woman that was sinner» anointed the feet of Christ.

843

Paul Caliari de Veronese p.

J. CH. GUÉRISSANT UNE MALADE.

JESUS-CHRIST

GUÉRISSANT UNE MALADE.

Au moment où Jésus‑Christ quittait le lac de Génézareth pour aller chez Jaïr visiter sa fille malade, il fut suivi par une foule nombreuse, qui cherchait à s'assurer de la vérité des miracles qu'il opérait sans cesse. « Alors une femme, affligée depuis douze ans d'une perte de sang, s'approcha de lui par derrière et toucha le bord de son manteau, car elle se disait : Si je puis seulement toucher son vêtement, je serai guérie. Mais Jésus s'étant tourné, la regarda en disant : Ma fille, ayez confiance, votre foi vous a sauvée, et à l'instant même son mal cessa. »

Paul Véronèse, en représentant ce sujet, l'a fait de manière à ne laisser aucune incertitude. Jésus-Christ se retourne pour savoir qui l'a touché; la pâleur de la femme; son air languissant, ne peuvent laisser aucun doute sur l'état de sa maladie; sa figure exprime en même temps son entière confiance dans le Sauveur. L'arrangement des groupes placés sur un escalier offre des poses et des mouvemens variés, suivant le goût ordinaire aux maîtres de l'école vénitienne. Le costume, sans être exact, n'a rien de choquant, et le coloris, d'une délicatesse extrême, rappelle le talent par lequel s'est toujours fait remarquer Paul Véronèse.

Ce tableau se voit dans la galerie du Belvédère à Vienne; il a été gravé par J. Troyen et F. Blaschker.

Larg., 4 pieds 3 pouces; haut., 3 pieds 2 pouces.

530.

CHRIST
HEALING A SICK WOMAN.

At the moment Jesus Christ was leaving the lake of Genesa-
reth to go to the abode of Jairus, whose daughter lay at the
point of death, he was followed by a numerous throng, seeking to know the truth of the miracles wrought by him. « And
a certain woman, which had an issue of blood twelve years,
came in the press behind, and touched his garment. For she
said, If I may touch but his clothes, I shall be whole. And he
looked round about to see her that had done this thing, and he
said unto her; Daughter be of good comfort : thy faith hath
made the whole, go in peace; and she was healed immediately. »

Paul Veronese has represented this subject, so as to leave
no uncertainty upon the subject. Jesus Christ turns to ask who
has touched him; the paleness of the woman, and her air
of languor, can leave no doubt upon her ill state of health;
whilst, at the same time, her countenance expresses the fullest
confidence in our Saviour. The arrangement of the groups, placed
upon a flight of steps, offers attitudes and actions, varied according to the usual taste of the Venetian School. The costume,
though not accurate, has nothing revolting; and the colouring, which is of the highest delicacy, recals the talent that always rendered Paul Veronese very remarkable.

This picture is in the Belvedere Gallery at Vienna: it has
been engraved by J. Troyen et F. Blaschker.

Width, 4 feet 6 inches; height, 3 feet 4 inches.

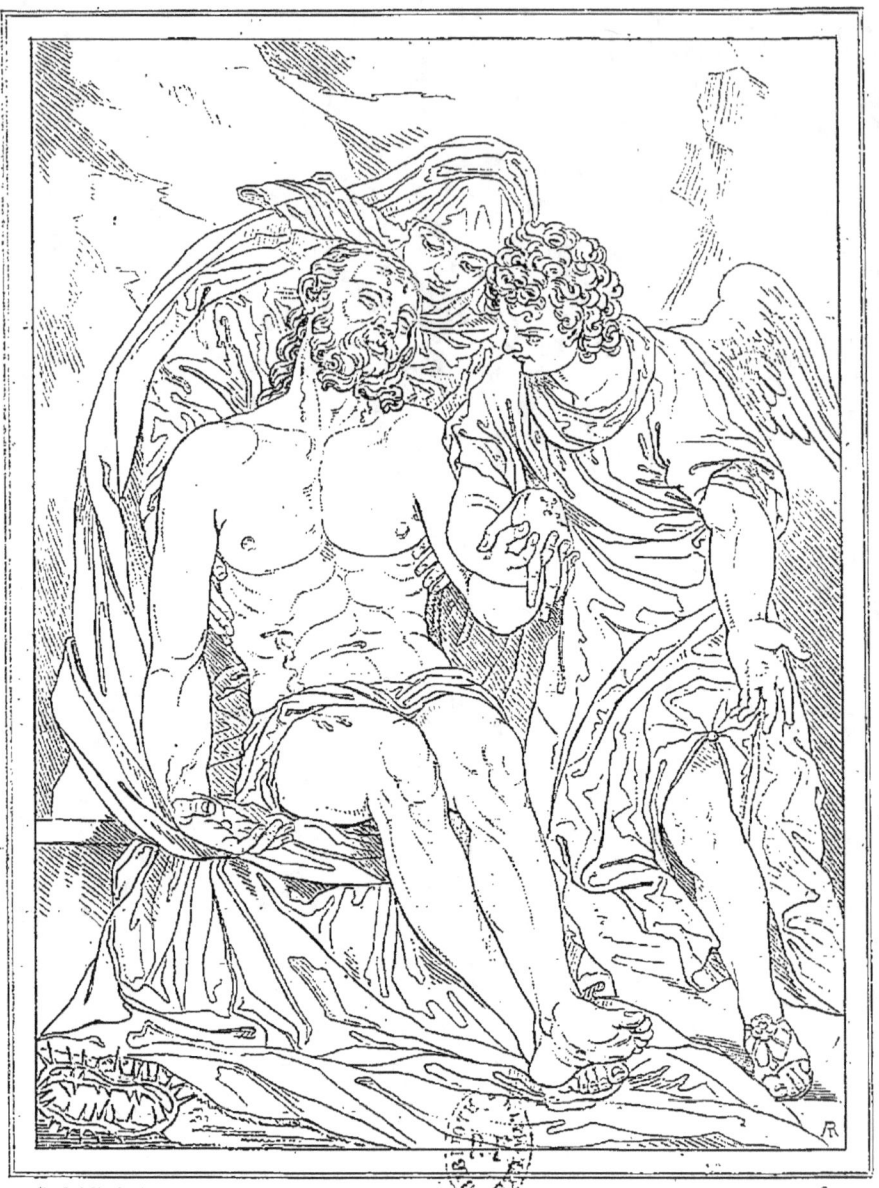

LE CHRIST MORT.

397

LE CHRIST MORT.

Le corps mort de Jésus-Christ près de son tombeau, soutenu
par la Vierge accompagnée de quelque autre personnage, est
un sujet souvent traité par les peintres. Les Italiens, ainsi que
nous l'avons déjà dit dans notre n° 46, ont l'habitude de désigner ce sujet sous le nom de *Pitié*. Quel sentiment pénible en
effet doit inspirer une semblable composition, où se trouvent
exprimées de si grandes douleurs remplies de tant de noblesse !

Paul Véronèse a cherché à peindre ce tableau dans la manière du Titien. La carnation de l'ange est d'une fraîcheur et
d'une beauté admirables ; celle du Christ offre la couleur de la
mort, mais on y sent encore quelque chose de divin.

Le peintre avait fait ce tableau pour l'église de Saint-Jean et
Saint-Paul, à Venise ; Charles Ier, roi d'Angleterre, en fit l'acquisition, et une copie fut mise en place dans l'église. A la mort
du roi, ce tableau fut acheté par le duc de Longueville ; la duchesse le donna ensuite à M. Le Nain, conseiller d'état ; il passa
depuis entre les mains du grand écuyer de France, le comte
d'Armagnac, puis dans celles de M. Crozat. Il est maintenant
dans la galerie de l'Ermitage, à Saint-Pétersbourg. Gravée en
1582 par Augustin Carache, cette composition l'a été depuis
par Gaspard Duchange.

Haut., 4 pieds 4 pouces ; larg., 3 pieds.

397.

≥·◎·≤

A DEAD CHRIST.

The body of Jesus Christ near his tomb and supported by the Virgin accompanied by some other personage, is a subject often chosen by painters. The Italians, as we before mentioned, n° 46, generally designate this subject by the name of *Pietà*. In fact, what a painful feeling must inspire such a composition, wherein are united the deepest anguish and so much grandeur.

Paul Veronese sought to paint this picture after Titian's manner. The carnations of the Angel are of an admirable beauty and freshness : those of Christ present a deathlike hue, but, still the figure has in itself something divine.

The painter did this picture for the Church of St. John and St. Paul, at Venice, but is was purchased by Charles I, king of England, and, in its stead, a copy was placed in the church. At that king's death this painting was purchased by the duke de Longueville whose dutchess afterwards gave it to M. Le Nain, counsellor of state; it subsequently passed into the hands of the Grand Master of the horse of France, the comte d'Armagnac, and then into those of M. Crozat. This composition was engraved by Agostino Caracci, in 1582, and since by Gaspard Duchange.

Height, 4 feet 7 ¼ inches; width, 3 feet 2 ¼ inches.

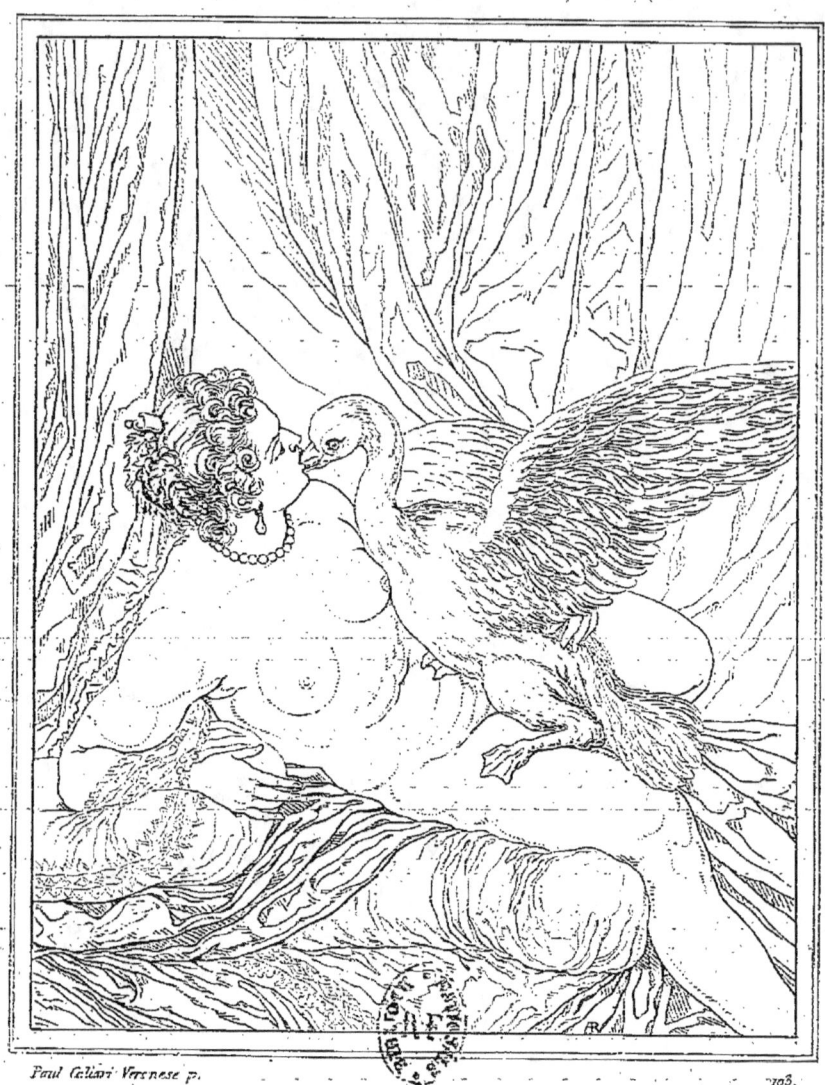

Paul Caliari Veronese p.   708.

JUPITER ET LEDA.

JUPITER ET LÉDA.

En représentant un sujet fabuleux, un peintre doit au moins ne pas perdre de vue les convenances ; leur oubli rend le sujet plus invraisemblable encore. Telle n'a pas été la manière de Paul-Véronèse. Au lieu de placer Léda près d'une rivière et sans vêtement, pour se baigner, et jouant avec un cygne, le peintre nous la montre assise sur un lit entouré de rideau, et recevant de Jupiter, sous la forme d'un oiseau, des caresses aussi singulières qu'inconvenantes.

Cette critique n'empêcha pas cette peinture d'être fort remarquable, sous le rapport de la grâce et de l'élégance du dessin, on admire aussi la fraîcheur du coloris et la finesse du pinceau. Les draperies et les accessoires offrent les belles oppositions d'un effet piquant et très-harmonieux.

Ce tableau d'une parfaite conservation appartint au ministre Bertin, avant de faire partie de la galerie du Palais-Royal. Il est maintenant chez le comte Gower, qui l'a payé 7,500 fr. Il a été bien gravé par Augustin de Saint-Aubin.

Haut., 3 pieds 7 pouces ; larg., 3 pieds.

JUPITER AND LEDA,

When a painter represents a fabulous subject, he ought not at least to lose sight of those probabilities, the omission of which would render it still less credible. Such however has not been Paul Veronese's conduct : instead of placing Leda near a river, undressed for the purpose of bathing, and sporting with a swan, he displays her to the beholder sitting on a bed surrounded with curtains and receiving from Jupiter, under the form of a bird, caresses as singular as the are indecorous.

This defect does not prevent the painting from being very much admired with respect to the gracefulness and the elegance of the design ; the freshness of the colouring and the delicacy of the pencilling are also much praised. The draperies and accessories offer fine contrasts, of a most striking and harmonious effect.

This picture which is in high preservation belonged to the Minister Berlin previous to its forming part of the Gallery of the Palais-Royal. It now is in the possession of Earl Gower who paid for it 7,500 franks, or L. 3oo. It has been well engraved by Augustin de Saint-Aubin.

Height 3 feet 9 ¼ inches; width 3 feet 2 inches.

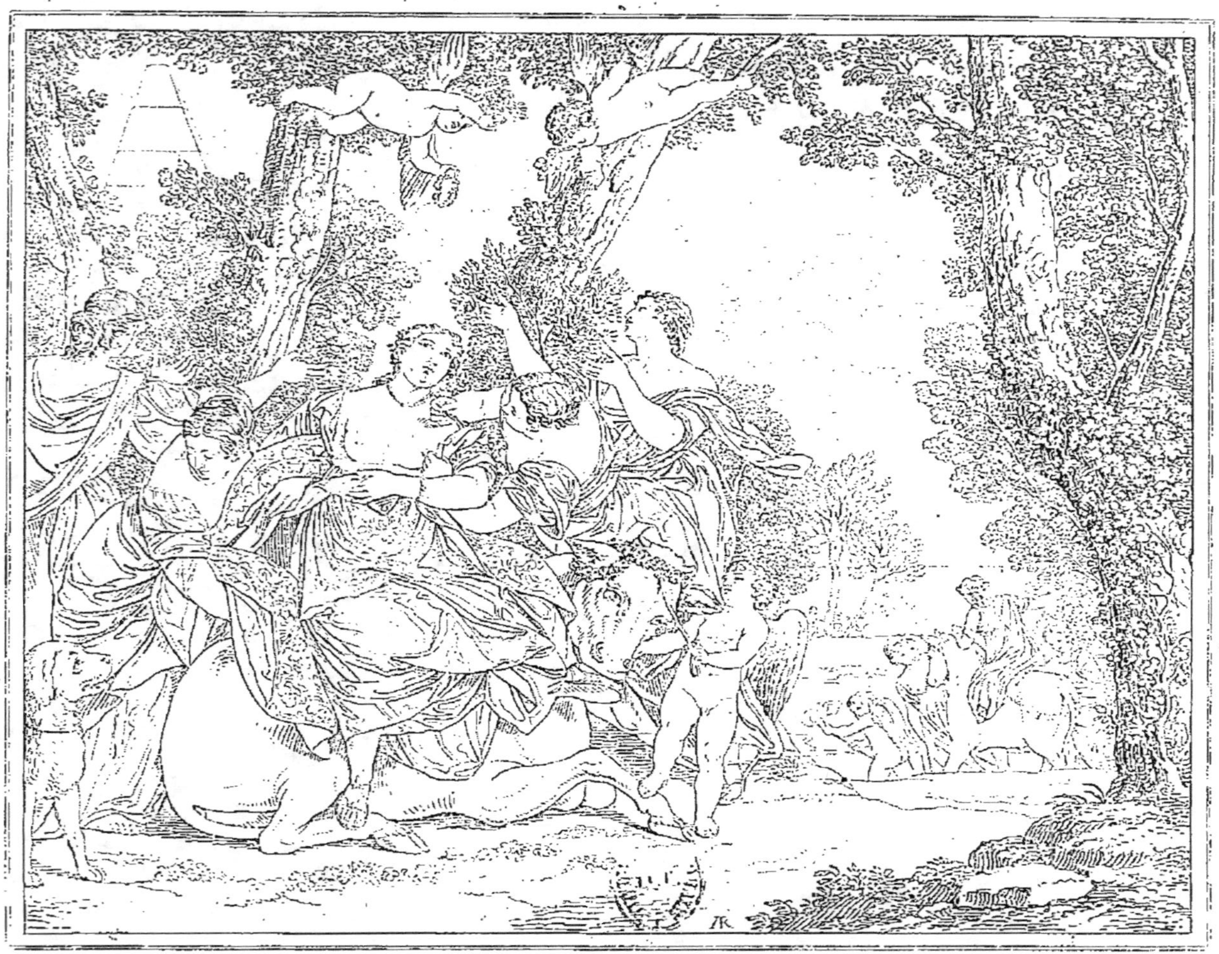

Paul Caliari dit Véronèse.

622.

ENLÈVEMENT D'EUROPE.

Europe, fille d'Agénor, était d'une beauté remarquable, et Jupiter, l'ayant vu jouer sur les bords de la mer, en devint éperdument amoureux. Ovide rapporte qu'il abandonna son sceptre et toute la grandeur qui l'environnait pour prendre la figure d'un taureau remarquable par son extrême blancheur. « La belle Europe, admirant sa beauté et sa douceur, lui présente quelques fleurs qu'il mange en lui baisant les mains, puis, retenant avec peine la passion qui l'enflamme, il se joue et bondit sur le sable. Europe rassurée le caresse, orne ses cornes de guirlandes de fleurs, et, ne s'imaginant pas que ce fût un amant, elle a la hardiesse de monter sur son dos. Jupiter alors s'avance du côté du rivage, met d'abord les pieds dans la mer, s'avance ensuite davantage et enlève sa proie. »

Paul Véronèse, en représentant cette scène, nous fait voir Europe entourée de ses compagnes. Les amours qui voltigent en l'air, et surtout celui qui semble arrêter la monture d'Europe, rappellent suffisamment le motif de la métamorphose; mais on pourrait désirer dans ce tableau un dessin plus correct, des costumes moins bizarres et des expressions plus nobles. On peut encore reprocher à l'auteur d'avoir voulu retracer dans le même tableau, plusieurs faits arrivés successivement, en montrant à droite la promenade du taureau sur lequel est montée Europe, puis dans l'éloignement le taureau fuyant au milieu de la mer.

Ce tableau est au palais ducal de Venise. Il a été gravé par Lefebvre.

Larg., 9 pieds; haut., 7 pieds 6 pouces.

823.

THE RAPE OF EUROPA.

Europa, the daughter of Agenor, was of surpassing beauty, and Jupiter, seeing her sporting on the margin of the sea, fell desperately in love with her. Ovid relates that he laid aside his sceptre and divine majesty, and assumed the form of a snow-white bull. — « The fair Europa, admiring his beauty and gentleness, presents him flowers, which he eats, and, at the same time, licks her hands ; then, with difficulty repressing the passion that consumes him, bounds and gambols on the sand. Emboldened by his caresses, Europa dresses his horns with garlands, and, little suspecting that his form conceals a lover, ventures upon his back. Jupiter now proceeds towards the sea : at first, he just wets his hoofs ; then, gradually advancing, launches into the deep, and bears off his prey. »

In depicting this scene, Paul Veronese has shewn Europa in the midst of her companions. The Loves that flutter in the air, and especially the one that holds the bull, sufficiently indicate the object of the metamorphosis ; but the picture is liable to reproach, on the score of correct design, propriety of costume, and nobleness of expression. It was an error of judgment, also, to attempt representing successive stages of the action in the same piece ; by shewing the bull, with Europa on his back, walking on the shore, and again, in the distance, pursuing his flight through the sea.

This picture is in the Ducal Palace of Venise : it has been engraved by Lefebvre.

Width, 9 feet 7 inches ; height, 7 feet 11 inches.

823.

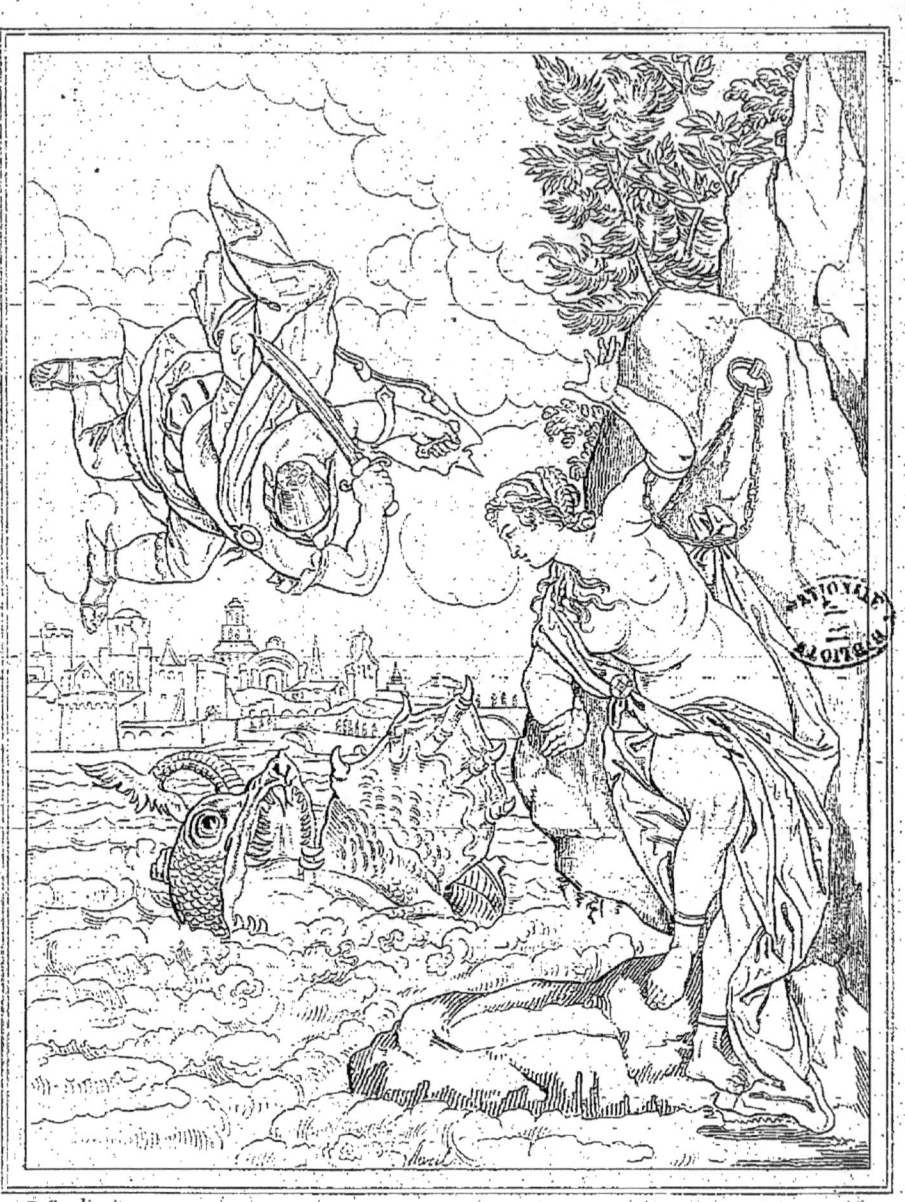

P. Cagliari p.   57.

PERSÉE ET ANDROMÈDE.

PERSÉE ET ANDROMÈDE.

En punition de l'orgueil qu'avaient eu Andromède et Cassiope sa mère de se croire plus belles que Junon et les Néréides, Neptune envoya un monstre affreux qui répandit la désolation dans le royaume d'Éthiopie. Pour délivrer son pays, le malheureux Céphée n'eut d'autre moyen que d'exposer sa fille Andromède sur un rocher où elle devait être dévorée. Mais Persée, qui venait de conquérir la tête de Méduse, se servit de ce magique épouvantail pour pétrifier le monstre marin et délivrer Andromède, qu'il rendit à son père et qu'il épousa ensuite.

Il est difficile de savoir pourquoi Paul Véronèse ne nous montre pas Persée armé de la redoutable tête de Méduse; mais cette faute ne peut empêcher d'admirer le grand effet de ce tableau, et surtout la figure d'Andromède, qui paraît glacée de crainte, et cependant soutenue par l'espérance que lui donne le combat dont elle est témoin. Le fond représente une ville dont l'apparence a quelque rapport avec Venise.

Le tableau a été gravé par Louis Jacob.

Haut., 9 pieds; larg., 8 pieds.

57. G.

PERSEUS AND ANDROMEDA.

To punish the pride of Andromeda and Cassiope her mother, for esteeming themselves more beautiful than Juno and the Nereides, Neptune sent a hideous monster which spread desolation in the kindom of Ethiopa. To deliver his country, the unfortunate Cepheus had no alternative but to expose his daughter Andromeda on a rock were she was to be devoured. But Perseus, who had just overcome the head of Medusa, employed this terrible weapon to frighten the sea-monster and deliver Andromeda, whom he restored to her father and afterwards married.

It is difficult to conceive why Paul Veronese does not present to us Perseus armed with the formidable head of Medusa; but this omission cannot prevent our admiring the powerful effect of this picture, and especially the face of Andromeda, who appears petrified with dread, and yet supported by hope arising from the combat of which she is a witness. The background represents a city which bears some resemblance to Venice.

An engraving was taken from this picture by Louis Jacob.

Height, 9 feet 10 inches; breadth, 8 feet 9 inches.

www.ingramcontent.com/pod-product-compliance
Lightning Source LLC
Chambersburg PA
CBHW051339220526
45469CB00001B/38